똑똑한 독해

똑똑

중학 국어

비문학

독해+어휘

1 기본편

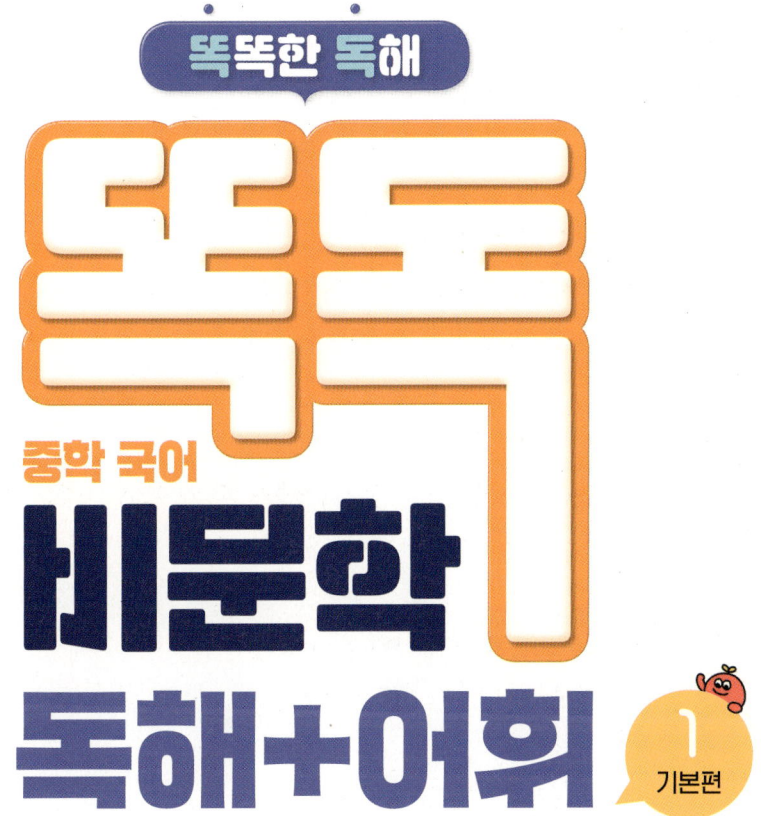

STAFF

발행인 정선욱

퍼블리싱 총괄 남형주

기획·개발 김태원 박하영 이소영 박수빈

디자인 김정인

유통·마케팅 서준성 김지희

제작·물류 김한길 김경수 신영민

똑똑 중학 국어 비문학 독해+어휘 1 기본편 202010 초판 1쇄 202601 초판 8쇄

펴낸곳 이투스에듀(주) 서울시 서초구 남부순환로 2547

전화 1599-3225

등록번호 제2007-000035호

ISBN 979-11-6598-123-5 [53700]

똑독 중학 국어 비문학 독해+어휘는

비문학 독해력과 어휘력을 함께 기를 수 있는
독해력 향상 훈련서입니다.

1 『똑독 중학 국어 비문학 독해+어휘』로 '독해 기술'을 익힐 수 있습니다.

비문학을 처음 접하는 학생들도 쉽게 지문을 읽을 수 있도록 도와주는 독해 기술 연습을 통해 지문에
접근하는 방법을 익힐 수 있는 도서입니다. 문단별 핵심 내용을 요약하는 연습을 통해 독해력을 키울
수 있습니다.

2 『똑독 중학 국어 비문학 독해+어휘』로 '독해 연습'을 할 수 있습니다.

교과서 내용과 연계한 지문을 수능 국어 영역으로 구분하여 중학생 수준에 맞는 지문으로 부담 없이
독해 훈련을 할 수 있는 도서입니다. 수능형 및 서술형 문제를 포함한 다양한 유형의 문제로 독해력을
완성시킬 수 있습니다.

3 『똑독 중학 국어 비문학 독해+어휘』로 '어휘력'을 기를 수 있습니다.

비문학 지문을 읽기 전 자신의 어휘력을 확인해 볼 수 있는 '어휘 미리보기'와 지문을 읽은 후 어휘의
의미와 쓰임을 확인할 수 있는 '어휘 완성하기', 마지막으로 '수능형 어휘 TEST'로 어휘 심화 학습까
지 단계별 학습을 통해 어휘력을 기를 수 있는 도서입니다. 지문과 관련된 어휘 학습을 통해 어휘력과
독해력을 함께 성장시킬 수 있습니다.

4 『똑독 중학 국어 비문학 독해+어휘』로 '배경지식'을 쌓을 수 있습니다.

도덕/사회/역사/과학/기술·가정/음악/미술 등 국어 외의 교과 영역에 대한 읽기 자료를 통해 교
과별 배경지식을 쌓을 수 있는 도서입니다. 타 교과의 기초 배경지식을 쌓아 두면 어떤 비문학 지문이
나오더라도 더 쉽고 빠르게 내용을 이해할 수 있습니다. 그리고 이 배경지식을 바탕으로 한 논술형 글
쓰기 연습을 통해 논술은 물론 타 교과의 수행평가에 대비할 수 있습니다.

이 책의 구성과 특징

 독해력과 어휘력을 모두 키우는 똑똑 비문학 독해

❶ 독해 기술 습득과 비문학 지문 분석 및 문제 풀이로 독해력 키우기

단계적으로 학습하는 독해 기술

· 단계적 독해 기술 학습

'문단'에서 '글'의 순서로, 단계적 독해 기술을 담아 독해 방법을 체계적으로 익힐 수 있습니다.

· 예문과 확인 문제

예문을 통해 독해 기술을 쉽게 익히고 확인 문제 풀이로 독해 기술을 갖출 수 있습니다.

교과 내용과 연계한 지문과 실전 문제 풀이

· 지문 독해

중학교 전 교과의 내용과 100% 연계된 지문을 읽으며 비문학 독해 실력을 기르고 교과 학습에 관한 배경지식까지 쌓을 수 있습니다.

· 독해 기술 적용 연습

독해 기술을 지문에 적용해 보며 독해 기술을 완전히 습득할 수 있습니다.

· 수능형 / 서술형 실전 문제 풀이

수능형 객관식 문제를 풀며 지문을 제대로 이해하였는지 확인하면서 수능 실전 감각을 익히고, 서술형 문제를 통해서는 수행평가 및 서술형 내신 문제도 대비할 수 있습니다.

배경지식으로 사고력 키우기

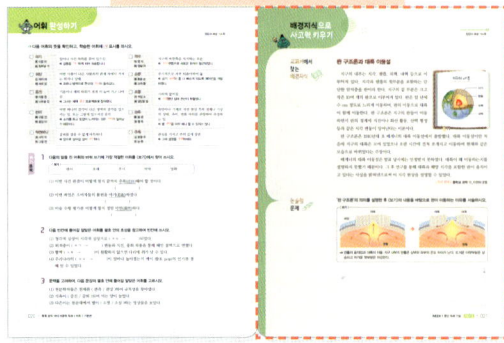

· 교과서에서 찾는 배경지식

앞서 학습한 내용과 관련해 교과서에 수록된 배경지식을 살펴봄으로써 지문 이해도를 높이고 타 교과 영역에 관한 지식을 쌓을 수 있습니다.

· 논술형 문제

논술형 문제를 통해 주제에 관한 자신의 생각을 작성해 보며 비판적 사고력을 향상시킬 수 있고, 논술 및 수행평가에 대비할 수 있습니다.

❷ 단계별 어휘 학습으로 **어휘력 키우기**

어휘 미리보기

- **어휘 미리보기**
  독해에 앞서 지문에 나온 중요 어휘를 미리 확인하고, 독해 과정에서 어휘의 뜻을 추론해 볼 수 있습니다.

어휘 완성하기

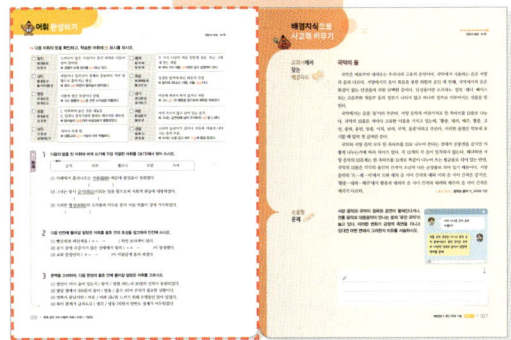

- **어휘의 의미와 쓰임 확인하기**
  어휘의 뜻풀이와 예문을 통해 어휘의 의미와 쓰임을 확인하고 각 어휘의 정확한 의미를 확인할 수 있습니다.

- **어휘 문제 풀이**
  확인한 어휘를 간단한 문제 풀이를 통해 확실히 학습할 수 있습니다.

어휘 심화하기

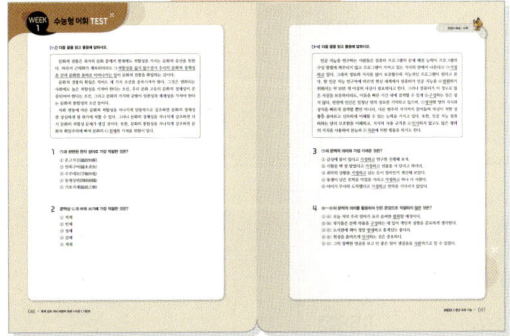

- **수능형 어휘 TEST**
  한 주의 마지막 학습으로 지문에서 나온 어휘를 수능형 문제로 익혀 어휘 심화 학습은 물론 수능에 대비할 수 있습니다.

정답과 해설

- **정답과 해설**
  상세하고 정확한 해설을 통해 지문과 문제에 대해 더욱 쉽고 명확하게 이해할 수 있습니다.

이 책의 차례와 학습 계획표

 똑똑! 비문학 독해력+어휘력 4주 완성 학습 계획

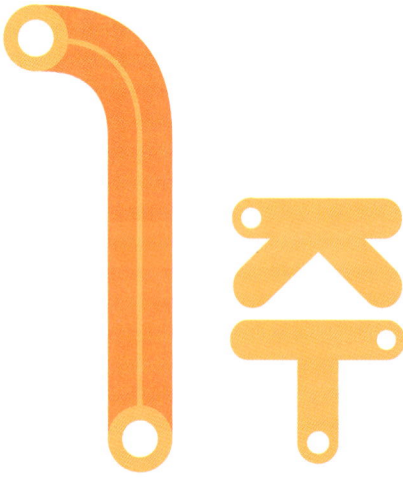

1주

문단 독해 기술

이번 주에 배울 내용이야!

문단 독해 기술

 **1 중심 화제**

중심 화제란 글에서 다루고 있는 화제 중 **가장 핵심이 되는 것**으로, 글의 도입부에 제시되는 경우가 많다. 중심 화제는 지문 전체에서 자주 언급된다.

> 예 ¹현대인들은 (행복)을 물질적인 것을 통해 느끼는 안락이나 단순한 쾌감과 동일시하는 경향이 있다. ²그러나 아리스토텔레스는 (행복)을 현대인들이 생각하는 것과는 다르게 설명한다. ³그는 (행복)을 인간 고유의 기능인 이성을 발휘하여 그것을 완전하게 실현한 상태라고 규정하였다.

⇒ '행복'이라는 화제가 문단 전체에 걸쳐 자주 언급되고 있으므로 중심 화제는 '행복'이다.

확인 문제 다음은 어떤 글의 첫 문단이다. 이를 통해 알 수 있는 글의 중심 화제를 쓰시오.

〈 국가 학업 성취도 평가 〉

> 1573년, 포천의 현감이 된 토정 이지함은 나라의 부를 쌓을 수 있는 방법을 제안하는 상소를 올린다. 이는 영국의 경제학자 애덤 스미스의 「국부론」에 견줄 만한 '조선 최초의 국부론'으로 일컬어진다. 현재 많은 역사학자와 경제사학자들은 토정 이지함을 실학의 선구자로 인정하고 있다.

● 중심 화제:

확인 문제 다음 문단의 중심 화제를 고르시오.

〈 국가 학업 성취도 평가 〉

> 인간의 얼굴은 생김새 면에서 여타의 포유류가 갖고 있는 얼굴과 뚜렷이 구별되는 특징들을 갖고 있다. 또한, 인간의 얼굴은 다양하고 섬세한 표정을 지을 수 있어 의사소통 과정에서 중요한 역할을 하기도 한다. 이러한 점들을 생각하면서 우리 주변의 다양한 '얼굴'을 관찰하는 것은 꽤나 흥미로운 일이 될 것이다.

① 포유류의 얼굴　　　　　　② 인간의 의사소통 과정
③ 인간의 섬세한 표정　　　　④ 인간의 얼굴 생김새

② 중심 문장

중심 문장이란 문단 안에서 의미상 가장 중요한 문장이다. 중심 문장은 주로 중심 화제가 포함된 문장으로 문단의 처음이나 끝에 등장한다.

> 예 [1]우리 음악은 하나의 선율만으로 구성되는 단선율이다. [2]서양 음악과 같은 화성을 필요로 하지 않는다. [3]단선율은 우리 그림에서 나타나는 여운과 여유를 지닌, 여백을 인정하는 세계를 지닌 것이다.
>
> ⇒ 이 문단의 중심 화제는 '우리 음악의 단선율'이다. 첫째 문장은 우리 음악이 단선율로 되어 있음을 밝히고 있다. 둘째와 셋째 문장은 모두 우리 음악의 단선율이 지닌 특성을 설명하고 있으므로, 이를 포함하는 첫째 문장을 이 문단의 '중심 문장'으로 파악하는 것이 적절하다.

확인 문제 다음 문단의 중심 문장을 찾아 쓰시오.

〈 국가 학업 성취도 평가 〉

> 오늘날은 누구든지 인터넷 검색을 통해 원하는 정보를 손쉽게 얻을 수 있다. 그러나 이러한 정보를 삭제할 수 있는 권한은 특정 기업에 있기 때문에 개인이 자신과 관련된 정보를 삭제·폐기하는 데는 많은 시간과 노력이 소요된다. '잊힐 권리'는 바로 이러한 인터넷 환경에서 나온 개념이다. 잊힐 권리란 인터넷에서 생성·저장·유통되는 개인 정보에 대해 유통 기한을 정하거나 이의 수정, 삭제, 영구적인 폐기를 요청할 수 있는 권리를 말한다.

● 중심 문장:

확인 문제 다음 ①~③ 중, 중심 문장에 해당하는 것을 고르시오.

〈 국가 학업 성취도 평가 〉

> ① 요즘 3차원 프린터가 주목받고 있다. ② 약 30년 전에 이 프린터가 처음 등장했을 때에는 가격이 비싸 전문가들이 산업용으로만 사용해 왔다. ③ 그러나 3차원 프린터의 가격이 떨어지고 생산량이 증가하면서 일반 가정에서도 접할 수 있게 되었다.

 **중심 내용 요약**

중심 내용 요약이란 문단이 **표현하고자 하는 중심 생각을 간략하게 정리하는 것**이다. 문단의 중심 내용을 요약할 때는 중심 문장의 내용이 포함되어야 한다.

> **예** [1]극지방은 적극적으로 개발되어야 한다. [2]남극이나 북극과 같은 극지방은 경제적으로 매우
> _{주장}
> 높은 가치를 지니고 있기 때문이다. [3]먼저 극지방에는 수많은 에너지 자원과 수산 자원 등이
> _{근거}
> 있다. [4]북극 지방에는 전 세계 석유 매장량(천연가스 포함)의 25% 정도가 매장되어 있으며,
> 남극에도 많은 양의 에너지 자원과 광물 자원이 있는 것으로 알려져 있다.

> ⇒ 논설문에서는 **주장이 포함된 문장이 중심 문장**이므로, 이를 포함하면 '극지방은 경제적으로 매우 높은 가치를 지니고 있기에 적극적으로 개발되어야 한다.' 정도로 요약할 수 있다.

확인 문제 다음 글의 내용을 한 문장으로 요약하시오.

⟨ 국가 학업 성취도 평가 ⟩

시장이 새롭게 형성되는 초반에는 생산자나 소비자가 많지 않고 그 존재 여부도 잘 알려지지 않아 경쟁자가 거의 없기 마련이다. 이러한 시장을 경제학에서는 평화로운 푸른 바다를 의미하는 '블루 오션(blue ocean)'이라고 한다. 예를 들어 어느 한 기업이 즉석밥을 최초로 판매하면 즉석밥의 편리함에 반한 소비자들이 몰리면서 큰 시장을 형성하게 되고 이 기업은 독점적으로 많은 이익을 얻게 된다. 이렇게 다른 경쟁자가 거의 없는 시장이 바로 블루 오션이다.

● 요약문:

확인 문제 다음 글의 내용을 빈칸을 채워 넣으며 요약하시오.

⟨ 국가 학업 성취도 평가 ⟩

식용 곤충은 매우 경제적인 식재료이다. 누에는 태어난 지 20일 만에 몸무게가 1,000배나 늘어나고, 큰메뚜기의 경우에는 하루 만에 몸집이 2배 이상 커질 수 있다. 이처럼 곤충은 성장 속도가 놀랍도록 빠르다. 또한, 식용 곤충을 키우는 데 필요한 토지는 가축 사육에 비해 상대적으로 훨씬 적으며 필요한 노동력과 사료도 크게 절감된다.

● (   )은 성장 속도가 빠르고 가축 사육에 비해 토지가 적게 들고, 사료와
(   )도 절감되므로 (   )인 식재료이다.

4 글의 주제

주제란 글에서 글쓴이가 독자에게 전달하고자 하는 중심 생각이다. 문단별 중심 내용을 파악한 후 이를 한 문장으로 정리한다.

예 **①** ¹기계 번역이란 기계가 사람의 개입 없이 한 언어를 다른 언어로 번역하는 것을 말한다.
<u>중심 화제</u>
²2015년 아일랜드에서는 영어를 전혀 하지 못하는 아프리카계 여성이 영어만 할 수 있는 의료진의 지시에 따라 무사히 출산을 했다. ³기계 번역을 도입한 스마트폰 애플리케이션을 통해서였다.
② ¹기계 번역이 이 정도 수준까지 발전한 것은 <u>인공 지능 기술</u> 덕분이다. ²인공 지능을 활용
<u>중심 화제</u>
한 기계 번역은 컴퓨터가 인터넷상의 빅 데이터를 활용하여 스스로 오류를 수정하며 번역한다. ³그렇기 때문에 기계 번역의 속도는 물론 정확성까지 상당히 향상되었다.

➡ 1문단의 중심 내용은 스마트폰 애플리케이션을 통한 기계 번역이 발전했다는 것이고, 2문단의 중심 내용은 인공지능의 기술로 인해 기계 번역의 속도와 정확성이 향상되었다는 것이다. 이를 종합하면 주제는 '인공지능 기술이 가져온 기계 번역의 발전'이다.

확인 문제 빈칸을 채워 넣으며, 다음 글의 주제를 파악하시오.

〈 국가 학업 성취도 평가 〉

① 기원전 1세기경부터 서기 562년까지 약 600년 동안은 '고구려, 백제, 신라, 가야' 사국(四國)이 있었고, 가야가 멸망하고 삼국(三國)만 유지된 기간은 100여 년 정도이다. 통일 신라 이전 시기를 '삼국 시대'라고 부르면 한국 고대사는 가야를 제외한 3국만의 역사로 축소된다. 가야는 국력은 약했지만 동시대의 다른 나라들과 경쟁하며 발전하였다. 실제로 가야 지역에서는 우수한 제철 기술, 선진적인 토기 문화를 보여 주는 유물이 많이 나왔고, 이를 통해 백제나 신라와 다른, 가야만의 독자적인 문화를 엿볼 수 있다.
② 또한, 조선 중기의 한백겸이 지리 고증을 통해 고구려, 백제, 신라, 가야의 위치를 논증하여 4국이 존재했음을 밝혔고, 이수광, 안정복, 정약용 등 조선 후기 실학자들도 4국을 인정하였다. 가야를 포함한 4국이라는 인식은 한국 고대사를 올바로 이해하는 관건이며, 우리 민족의 역사 인식을 확장하는 방안이다.

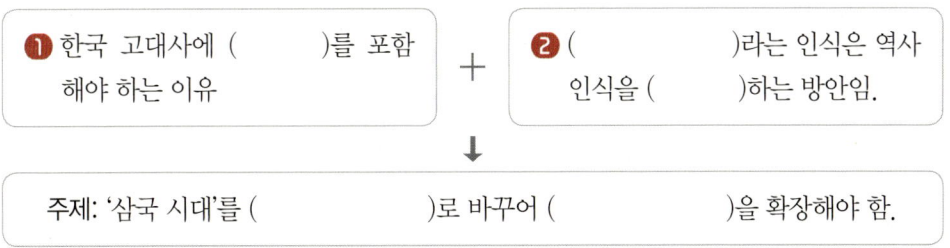

① 한국 고대사에 (   )를 포함해야 하는 이유 **+** **②** (   )라는 인식은 역사 인식을 (   )하는 방안임.

⬇

주제: '삼국 시대'를 (   )로 바꾸어 (   )을 확장해야 함.

5 종합적 독해

앞에서 배운 문단별 독해 기술을 토대로 아래 글을 종합적으로 독해해 본다.

 다음 글을 읽고 물음에 답하시오.

〈 국가 학업 성취도 평가 〉

❶ 저금리가 유지되고 있는 사회에서는 저축에 대한 사람들의 인식이 상당히 회의적이다. 저축은 미래의 소비를 위해 현재의 소비를 억제하는 것을 의미하는데, 이때 그 대가로 주어지는 것이 이자이다. 하지만 저금리 상황에서는 현재의 소비를 포기하는 대가로 보상받는 비용인 이자가 적기 때문에 사람들은 저축을 신뢰하지 못하게 되는 것이다.

❷ 화폐의 효용성과 합리적인 손익을 따져 본다면 저금리 시대의 저축률은 줄어드는 것이 당연하다. 물가 상승에 비해 금리가 낮을 때에는 시간이 경과할수록 화폐의 가치가 떨어지게 되어 저축으로부터 얻을 수 있는 실질적인 수익이 낮아지거나 오히려 손해를 입을 수 있기 때문이다.

❸ 그런데 한국은행이 발표한 최근 자료를 보면, 금리가 낮은 수준에 머물고 있을 때에도 저축률이 상승하였음을 알 수 있다. 20○○년에 3.4%였던 가계 저축률이 20□□년에는 6.1%로 상승한 것이다. 왜 그럴까? 사람들이 저축을 하는 데에는 단기적인 금전상의 이익 이외에 또 다른 요인이 작용하기 때문이다. 살아가다 보면 예기치 않은 소득 감소나 질병 등으로 인해 갑자기 돈이 필요한 상황이 생길 수 있다. 이자율이 낮다고 해서 돈이 필요한 상황에 대비할 필요가 없어지는 것은 아니다. 이런 점에서 볼 때 금리가 낮음에도 불구하고 사람들이 저축을 하는 것은 장래에 닥칠 위험을 대비하기 위한 적극적인 의지의 반영인 것이다.

❹ 저금리 상황 속에서 저축을 하지 않는 것이 당장은 경제적인 이득을 얻는 것처럼 보일 수 있다. 하지만 이는 미래에 쓸 수 있는 경제 자원을 줄어들게 만들고 개인의 경제적 상황을 오히려 악화시킬 수도 있다. 또한, 고령화가 급격하게 진행되는 추세 속에서 노후 생활을 위한 소득 보장의 안전성을 저해하는 등 사회 전반의 불안감을 높일 수도 있다. 따라서 눈앞에 보이는 이익에만 치우쳐서 저축이 가지는 효용 가치를 단기적인 측면으로 한정해서 바라보아서는 안 된다.

(1) 윗글의 중심 화제를 한 단어로 쓰시오.

(2) 각 문단별로 중심 문장에 밑줄을 그으시오.

(3) ❶~❹의 중심 내용으로 적절하지 <u>않은</u> 것을 고르시오.

① ❶: 저금리 시대의 저축에 대한 사람들의 인식
② ❷: 저금리 상황에서 저축률 감소가 예상되는 이유
③ ❸: 저금리 상황에서 사람들이 저축을 하지 않는 이유
④ ❹: 단기적 측면에서 저축의 가치를 판단하지 말아야 하는 이유

(4) 다음 문장의 빈칸을 채워 윗글의 내용을 한 문장으로 요약하시오.

> 이 글은 (   ) 시대의 (   )에 대한 사람들의 인식을 소개한 뒤, (   ) 측면에서 저축의 가치를 판단하지 말아야 하는 이유를 설명하고 있다.

(5) 윗글의 주제로 가장 적절한 것을 고르시오.

① 습관적 저축의 중요성
② 장기적 측면에서의 저축의 중요성
③ 저금리 시대에 경제적 이익을 얻는 방법
④ 저금리 시대에 줄어드는 저축률에 대한 대응 방안

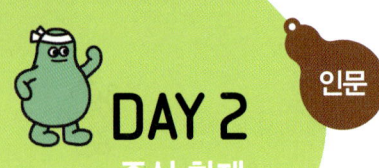
은유의 개념과 특성

모르는 어휘에 ✓ 표시를 하고, 표시한 어휘에 주목하여 지문을 읽어 보시오.

☐ 야기　　☐ 위상　　☐ 증진　　☐ 전이　　☐ 막연하다

>> 한 문장으로 요약하기

❶ 문단:

은유는 어떤 것을 다른 것의 특성에 기대어 이해하고 체험하게 해 주는 방식이다. ㉠ 은유는 서로 다른 두 사물 간에 유사성이 있을 때 사물의 의미가 기존과 다르게 새로운 상황을 나타내는 것을 말한다. 이러한 은유는 곧 의미의 확장을 야기하게 된다.

❷ 문단:

은유의 예로 '너는 나의 오른팔이다.'라는 문장은 논리적으로는 어긋난 문장이기는 하지만, 화자와 청자의 관계가 매우 밀접하다는 것을 표현하고 있다. 이는 '오른팔'이 내 몸의 일부분이면서 내 의사대로 움직이며 여러 가지 일을 수행하는 것처럼, '나'에게 있어서 '너'의 위상과 역할이 이러한 오른팔과 유사함에 근거하여 비유한 표현인 셈이다.

❸ 문단:

어떻게 비유를 하는지에 따라 은유는 대체로 네 가지 유형으로 나눌 수 있다. 첫째는 의인법적 은유로 사물을 인간에 비유하여 표현하는 것이고, 둘째는 사물의 명칭이나 현상을 동물에 비유함으로써 표현의 효과를 증진시키는 경우에 해당한다. 셋째는 추상적인 개념이나 특성을 구체적인 단어로 나타내는 방법으로, 이는 표현을 분명히 하는 효과가 있고 화자와 청자 간에 친숙감을 줄 수도 있다. 넷째로는 공감각적 전이를 들 수 있는데, 이는 감각어들끼리도 유사성에 기대어 그 사이에서 전이가 일어나는 것을 말한다.

❹ 문단:

은유는 임시적으로 그때그때 생성되는 언어 표현이라는 점을 특징으로 하고 있다. 시간적으로 오래, 공간적으로 널리 확대되어 쓰이게 되면 원관념은 없어지고 보조 관념만 쓰이게 되는 경우가 발생하는데, 이렇게 되면 그 은유는 이미 사은유(死隱喩) 또는 관용어가 된다.

❺ 문단:

은유는 참신하고 효과적인 표현을 위한 수단으로서, 추상적이고 막연한 개념을 구체적이고 분명한 개념으로 나타내는 표현의 효과를 가져오는 데 그 목적이 있다. 진정한 은유는 맨 처음 한 사람이 처음 썼을 때 가장 가치가 있고 은유의 참된 본질을 나타내는 것으로, 주로 시에 쓰이는 은유가 바로 이와 같이 참신한 개인 은유로서 창조적인 면이 강하다.

독해 기술 적용　윗글의 **중심 화제**를 찾아 쓰시오.

1 윗글을 읽은 독자의 반응으로 가장 적절한 것은?

① 은유는 단어가 지닌 지시적 의미 안에서 이루어지겠군.

② 은유의 기법을 사용하지 않은 시(詩)는 존재할 수가 없겠군.

③ 일정 기간이 지나면 은유는 모두 사은유로 변화하게 되는군.

④ 참신하고 효과적인 표현을 얻고자 할 때 은유를 활용할 수 있겠군.

⑤ 은유가 사용된 문장은 그렇지 않은 문장보다 추상적인 표현이 많겠군.

2 ㉠과 관련하여 〈보기〉의 문장을 이해한 내용으로 적절하지 <u>않은</u> 것은?

┌─〔 보기 〕─────────────────────────┐
│   │
│   인생은 마라톤이다.   │
│   │
└──────────────────────────────────────┘

① '서로 다른 두 사물'은 '인생'과 '마라톤'이다.

② '긴 시간 동안 이루어진다'는 것이 두 사물이 지닌 '유사성'이다.

③ '마라톤'의 '기존의 의미'는 '육상 경기에서 길이가 가장 긴 장거리 경주 종목'이다.

④ '새로운 상황'은 '내가 마라톤에 참가하게 되었다'는 것이다.

⑤ '의미의 확장'은 '마라톤'이 육상 경기가 아닌 다른 의미를 갖게 되었다는 것이다.

3 윗글을 통해 알 수 있는 '은유'의 효과를 〈조건〉에 맞게 쓰시오.

┌─〔 조건 〕─────────────────────────┐
│ • '추상적', '구체적'이라는 단어를 모두 포함하여 쓸 것. │
│ • 한 문장으로 쓸 것.   │
└──────────────────────────────────────┘

판 운동이 일어나는 이유

| 교과 연계 |
중학교 과학 ①_지권의 운동

모르는 어휘에 ☑ 표시를 하고, 표시한 어휘에 주목하여 지문을 읽어 보시오.

☐ 지각   ☐ 순환   ☐ 소멸   ☐ 관측   ☐ 주목

>> 한 문장으로 요약하기

❶ 문단:

❷ 문단:

❸ 문단:

❹ 문단:

지구에서 큰 지진이 일어날 때마다 흔히 '판 구조론'이라는 용어가 등장한다. 이는 지구 껍질이 몇 개의 거대한 조각들로 이루어져 있고, 이들이 움직이면서 서로 부딪치고 갈라지는 과정에서 지진과 화산이 발생한다는 이론이다. 그렇다면 판들은 왜 움직이는 것일까? 그것은 지구가 식는 과정에서 표면과 내부의 온도 차이가 발생하여 지각 아래의 맨틀이 순환하기 때문이다. 판들은 맨틀의 순환 운동으로 인해 지금도 꾸준히 움직이고 있다.

판들은 움직이며 서로 부딪치곤 하는데, 판과 판은 서로를 밀어내기도 하고, 하나의 판이 다른 판 밑으로 들어가기도 한다. 판들이 반대로 밀려 갈라지는 빈 공간에는 판 아래에서 순환하던 맨틀이 올라와 식으면서 굳어지기 때문에 새로운 지각이 생겨난다. 반대로 하나의 판이 다른 판 밑으로 들어가면서 지각이 소멸하는 곳도 있는데, 이 과정에서는 지진이 일어나고 화산이 폭발하는 현상이 나타나기도 한다.

판 운동이 지구가 식는 과정에서 생겼다면 다른 행성에서도 이와 유사한 일이 발생할 수 있을 것이다. 태양계에서 지구와 크기가 가장 비슷한 행성은 금성이다. 행성의 크기는 그 행성이 대기와 바다를 지닐 수 있느냐를 결정하는 매우 중요한 요인이다. 작은 행성은 중력도 작아 대기가 우주 공간으로 다 날아가 버리기 때문이다.

과학자들은 금성에도 지구와 같은 판 운동이 있을 것이라고 추측했다. 문제는 금성은 두꺼운 구름에 덮여 있어서 판의 유무가 확인되지 않는다는 점이었다. 하지만 과학자들은 표면이 보이지 않을 뿐이지 금성에도 판이 있고 그 판이 움직일 것이라고 생각했다. 판 구조론에 대한 오랜 수수께끼는 1989~1994년 미국의 무인 탐사선 마젤란호가 레이더로 금성의 구름을 뚫고 표면을 관측함으로써 풀리는 듯했다. 그런데 금성을 아무리 자세히 살펴봐도 지구에서와 같은 판의 움직임이 관측되지 않았다. 그러자 과학자들은 금성에는 바다가 없다는 사실에 주목했다. 지구의 경우에는 상당량의 물이 다시 맨틀로 함께 들어가기 때문에 맨틀이 덜 끈적끈적해져 판의 원활한 이동이 가능하지만, 바다가 없는 금성에는 이러한 일이 생길 수가 없다는 결론을 내리게 되었다.

독해 기술 적용 윗글의 **중심 화제**를 고르시오.

❶ 판 운동
❷ 태양계의 운동
❸ 지구와 금성의 차이
❹ 지구의 지진과 화산

수능형 문제

1 윗글을 통해 알 수 있는 내용으로 적절한 것은?

① 지구의 지형은 지구 내부에서 맨틀이 굳어진 양에 따라 결정된다.

② 지구의 표면이 굳어 있어도 그 아래에 있는 맨틀은 계속 움직인다.

③ 지구 외에 태양계의 행성 중에서 판의 이동이 일어나는 행성이 있다.

④ 판과 판이 충돌하는 곳에는 화산이 폭발하는 현상이 반드시 일어난다.

⑤ 맨틀 안으로 유입되는 물은 판의 온도를 낮추어 이동성을 감소시킨다.

수능형 문제

2 윗글에 나타난 '금성의 판 운동에 대한 연구'를 다음과 같이 나타낼 때, 각 단계에 대한 이해로 적절하지 <u>않은</u> 것은?

> [문제의식] 지구가 식는 과정에서 판의 운동이 생겨난다.
> [가설 설정] 지구에서처럼 다른 행성에서도 판의 운동이 존재할 것이다. ——— ㄱ
> [자료 수집] 지구와 크기가 비슷한 행성은 금성이다. ——— ㄴ
> [관찰 및 실험] 마젤란호가 레이더로 금성을 관측하였다. ——— ㄷ
> [관찰 결과 해석] 판의 움직임이 관측되지 않았다. ——— ㄹ
> [결론 도출] 금성에는 판의 운동이 없다. ——— ㅁ

① ㄱ: 모든 행성은 식는 과정을 거친다는 보편적 사실에 기댄 가설이다.

② ㄴ: 행성의 크기를 고려한 것은 대기를 지닐 수 있는 가능성과 관련이 있기 때문이다.

③ ㄷ: 구름층으로 인해 보이지 않던 금성의 표면에 대한 관찰이 가능해진 것이다.

④ ㄹ: 금성의 판은 지구의 판과 성분이 달라 관측되지 않은 것이다.

⑤ ㅁ: 금성에는 바다가 없다는 사실을 근거로 도출한 결론이다.

서술형 문제

3 윗글을 참고하여 금성에서는 '판 운동'이 일어나지 <u>않는</u> 이유를 쓰시오.

어휘 완성하기

정답과 해설 · 04쪽

>> 다음 어휘의 뜻을 확인하고, 학습한 어휘에 ☑ 표시를 하시오.

☐ **야기** 惹 이끌 야 起 일어날 기	일이나 사건 따위를 끌어 일으킴. 예 갈등을 야기하게 되어 죄송합니다.
☐ **위상** 位 자리 위 相 서로 상	어떤 사물이 다른 사물과의 관계 속에서 가지는 위치나 상태. 예 코로나 방역으로 한국의 위상이 올라갔다.
☐ **증진** 增 더할 증 進 나아갈 진	기운이나 세력 따위가 점점 더 늘어 가고 나아감. 예 그녀는 체력 증진 프로젝트에 참여했다.
☐ **전이** 轉 구를 전 移 옮길 이	어떤 하나의 감각이 다른 영역의 감각을 일으키는 일. 또는 그렇게 일으켜진 감각. 예 소리를 듣고 빛깔이 느껴지는 것은 전이가 일어났기 때문이다.
☐ **막연하다** 漠 사막 막 然 그럴 연	갈피를 잡을 수 없게 아득하다. 예 앞으로 살아갈 길이 막연하다.

☐ **지각** 地 땅 지 殼 껍질 각	지구의 바깥쪽을 차지하는 부분. 예 지각 변동으로 새로운 화석이 발견되었다.
☐ **순환** 循 좇을 순 環 고리 환	주기적으로 자꾸 되풀이하여 돎. 예 공기 순환이 좀 더 빠르게 되도록 에어컨을 개발하였다.
☐ **소멸** 消 꺼질 소 滅 멸망할 멸	사라져 없어짐. 예 소멸했던 장마 전선이 부활했다.
☐ **관측** 觀 볼 관 測 잴 측	육안이나 기계로 자연 현상 특히 천체나 기상의 상태, 추이, 변화 따위를 관찰하여 측정하는 일. 예 별 관측을 아무 때나 할 수 있지는 않다.
☐ **주목** 注 물댈 주 目 눈 목	관심을 가지고 주의 깊게 살핌. 예 그의 결정을 주목하세요.

확인 문제

1 다음의 밑줄 친 어휘와 바꿔 쓰기에 가장 적절한 어휘를 〈보기〉에서 찾아 쓰시오.

┌─ 보기 ┐
변이   초래   주시   막막   명확
└──────────────────────────────────┘

(1) 이번 사건 판결이 어떻게 될지 끝까지 <u>주목(注目)</u>해야 할 것이다.
(　　　　　　　)

(2) 이번 파업은 소비자들의 불편을 <u>야기(惹起)</u>하였다.
(　　　　　　　)

(3) 미술 수행 평가를 어떻게 할지 정말 <u>막연(漠然)</u>하다.
(　　　　　　　)

2 다음 빈칸에 들어갈 알맞은 어휘를 괄호 안의 초성을 참고하여 빈칸에 쓰시오.

(1) 청각적 심상이 시각적 심상으로 (ㅈㅇ → 　　　)되었다.

(2) 퇴적층이 (ㅈㄱ → 　　　) 변동과 지진, 풍화 작용을 통해 해안 절벽으로 변했다.

(3) 혈액 (ㅅㅎ → 　　　)이 원활하지 않으면 다리에 쥐가 날 수 있다.

(4) 우리나라의 (ㅇㅅ → 　　　)이 얼마나 높아졌는지 케이 팝(K-pop)의 인기를 통해 알 수 있었다.

3 문맥을 고려하여, 다음 문장의 괄호 안에 들어갈 알맞은 어휘를 고르시오.

(1) 천문학자들은 천체를 (관측 / 관망)하여 규칙성을 찾아냈다.

(2) 식욕이 (증진 / 감퇴)되어 먹는 양이 늘었다.

(3) 다은이는 천문대에서 별이 (소멸 / 소실)하는 영상물을 보았다.

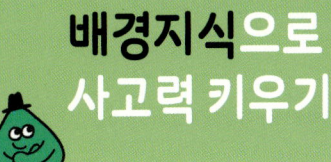

교과서에서
찾는
배경지식

판 구조론과 대륙 이동설

지구의 내부는 지각, 맨틀, 외핵, 내핵 등으로 이루어져 있다. 지각과 맨틀의 윗부분을 포함하는 단단한 암석층을 판이라 한다. 지구의 겉 부분은 크고 작은 10여 개의 판으로 이루어져 있다. 판은 일 년에 수 cm 정도로 느리게 이동하며, 판의 이동으로 대륙이 함께 이동한다. 판 구조론은 지구의 판들이 이동하면서 판의 경계에 지진이나 화산 활동, 산맥 형성 등과 같은 지각 변동이 일어난다는 이론이다.

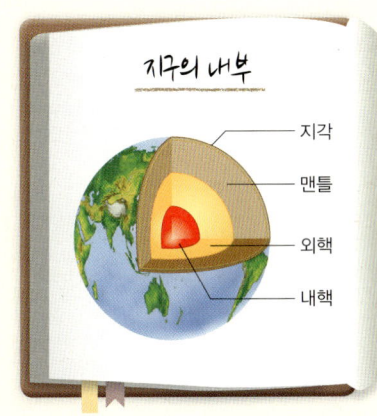

판 구조론은 1910년대 초 베게너의 대륙 이동설에서 출발했다. 대륙 이동설이란 처음에 지구의 대륙은 모여 있었으나 오랜 시간에 걸쳐 쪼개지고 이동하여 현재와 같은 모습으로 바뀌었다는 주장이다.

베게너의 대륙 이동설은 발표 당시에는 인정받지 못하였다. 대륙이 왜 이동하는지를 설명하지 못했기 때문이다. 그 후 연구를 통해 대륙과 해양 지각을 포함한 판이 움직이고 있다는 사실을 밝혀냄으로써 이 지각 현상을 설명할 수 있었다.

| 교과 연계 | **중학교 과학 ①_지권의 운동**

논술형
문제

'판 구조론'의 의미를 설명한 후 〈보기〉의 내용을 바탕으로 판이 이동하는 이유를 서술하시오.

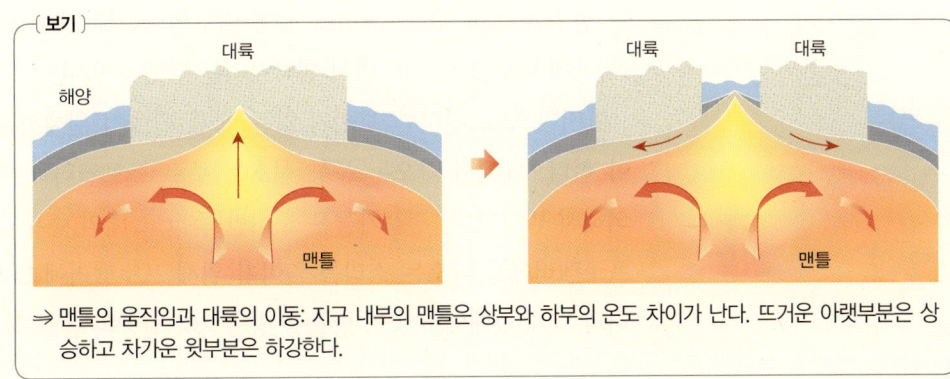

⇒ 맨틀의 움직임과 대륙의 이동: 지구 내부의 맨틀은 상부와 하부의 온도 차이가 난다. 뜨거운 아랫부분은 상승하고 차가운 윗부분은 하강한다.

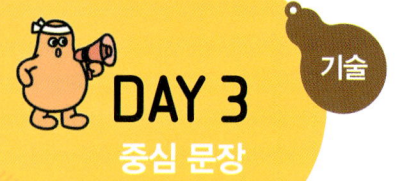

보이지 않는 배

| 교과 연계 |
중학교 기술·가정 ②_수송 기술과 효율

모르는 어휘에 ☑ 표시를 하고, 표시한 어휘에 주목하여 지문을 읽어 보시오.

☐ 탐지 ☐ 산란 ☐ 형상 ☐ 방출 ☐ 냉각

>> 한 문장으로 요약하기

❶ 문단:

중세 시대에 만들어진 함정*에서는 기껏해야 배의 갑판 위에 올라가서 쌍안경으로 적함을 파악하는 것이 유일한 탐지 방법이었다. 그러나 세계 대전을 통해 레이더라는 놀라운 탐지 장비를 사용하여 인간의 눈이 볼 수 있는 거리의 한계를 벗어나 적함을 탐지할 수 있게 되었다. 이 레이더는 전파를 발사한 후 반사되는 파를 분석하는 것이 원리인데, 이를 이용하여 적함이 존재하는지와 적함의 크기를 파악한다. 반면에 이러한 상대방 레이더 탐지에 잡히지 않는 것을 스텔스 기능이라 한다. 전파를 산란시키거나 흡수함으로써 들키지 않거나, 혹은 크기를 속일 수 있다. 이렇게 군함*들은 '보이지 않는 배'가 되기 위한 여러 가지 기술들을 사용한다.

❷ 문단:

함정은 스텔스 효과를 위해 형상 변화를 주고 있다. 예를 들어, 단순히 선체에 3도 정도의 경사각을 주는 것만으로도 레이더의 반사량을 거의 절반 정도로 감소시킬 수 있고, 선체 표면을 매끈하게 만드는 것으로도 반사파를 줄일 수 있다. 그리고 반사가 심한 부분은 램이라는 레이더 흡수 재료를 써서 보충하기도 한다.

❸ 문단:

한편, 전쟁에서는 레이더뿐만 아니라 적외선 감지기도 이용하기 때문에, 배가 보이지 않게 하려면 열 적외선을 줄여야 한다. 배에서는 연통 따위를 통해서 직접적으로 열 적외선이 나오기도 하고, 내부의 각종 열기관들에서 발생하는 열이 선체를 통해 간접적으로 방출되기도 한다. 이런 고온의 배기가스 온도를 낮추기 위해 외부에서 끌어들인 차가운 공기와 배기가스를 혼합시켜 미리 온도를 낮추어 배출시키는 방법을 쓰고 있다. 그리고 함정 내부의 열기관에서 발생되는 열을 차단하기 위해 아예 바닷물을 끌어 와서 냉각시키는 방법도 있다.

❹ 문단:

마지막으로, 진정한 '보이지 않는 배'를 만들기 위해서는 '소리 없는 배'를 만들어야 한다. 배에서 나오는 음향 신호는 주로 프로펠러와 이를 회전시키는 시스템에 의해서 발생한다. 전문가들은 소리만 듣고도 배의 종류를 파악할 수 있다. 그래서 프로펠러에서 나오는 소리를 줄이기 위해 프로펠러에 날개를 많이 달거나, 프로펠러의 날개나 배에서 공기 방울을 방출시켜 일종의 음향 장벽을 사용하기도 한다.

• **함정:** 크거나 작은 군사용 배를 통틀어 이르는 말.
• **군함:** 해군에 소속되어 있는 배.

독해 기술 적용   각 문단의 중심 문장을 찾아 밑줄을 그으시오.

1 윗글을 통해 알 수 있는 내용이 <u>아닌</u> 것은?

① 배에서 나오는 음향 신호는 배의 종류에 따라 다르다.
② 배의 연통에서는 열 적외선이 배기가스와 함께 방출된다.
③ 항공기와 함정의 스텔스 기능은 그 장착 방식에서 차이가 난다.
④ 램은 적군이 발사한 레이더 파가 아군 함정에서 반사되는 현상을 줄여 준다.
⑤ 배의 열기관을 식히는 데에는 공기로 식히는 방법과 바닷물로 식히는 방법이 두루 사용된다.

2 윗글을 읽고 다음과 같은 대화를 나누었다. 빈칸에 들어갈 말로 적절한 것은?

> 도윤: 스텔스 기능이란 한마디로 적에게 자신의 존재를 들키지 않도록 하는 기능이구나.
> 성윤: 그래, 맞아. 마치 (　　　　　　　) 천적으로부터 자신을 방어하는 것과 비슷한 거지.

① 스컹크가 고약한 냄새의 액체를 내뿜어
② 도마뱀이 자신의 꼬리를 끊고 도망감으로써
③ 카멜레온이 주위 환경에 따라 피부색을 바꾸어
④ 영양이 자신의 빠른 발을 이용하여 달아남으로써
⑤ 목도리도마뱀이 목도리를 펼치고 괴성을 지르면서

3 글쓴이가 진정한 '보이지 않는 배'를 만들기 위한 요건으로 제시한 것이 무엇인지 〈조건〉에 맞게 쓰시오.

> ─ 조건 ─
> • 윗글에서 찾아 쓰되 3어절로 쓸 것.

우리 음악과 서양 음악의 차이

모르는 어휘에 ☑ 표시를 하고, 표시한 어휘에 주목하여 지문을 읽어 보시오.

☐ 배색   ☐ 화성   ☐ 금기   ☐ 여운   ☐ 선율

>> 한 문장으로 요약하기

❶ 문단:

서양에서 분홍색을 만들 때 좋은 배색법은 빨간색에 흰색을 섞는 것이다. 그래야 예쁜 분홍색을 얻을 수 있다고 한다. 이 방법은 서양 음악의 화성적 방법과 일치한다. 즉 서양에서는 색에 색을 더하여 혹은 덧칠을 하여 새로운 색을 만들어 내듯 음악도 그와 같은 방법으로 만들었다.

❷ 문단:

우리의 전통적 그림에서는 이러한 배색법이 고려되지 않는다. 우리의 그림에서는 붓에 검은 먹물을 듬뿍 묻혀 그려 나가는 방법을 택한다. 한번 붓이 지나간 부분에 다시 덧칠을 허용하지 않는다. 한번 붓이 거친 자리가 못마땅하다고 해서 다시 덧칠을 하는 것은 금기였다.

❸ 문단:

한편 서양화는 캔버스의 구석구석을 색으로 꽉 채워 놓아야 한다. 그래야 완성된 작품으로 인정받는다. 서양화에서 흰 공간은 좀처럼 발견되지 않는다. 서양 음악의 화성도 이와 똑같은 방법으로 만들어진다. 그림에서와 마찬가지로 음악에서도 빈 틈과 공간이 있어서는 안 된다. 그래서 여러 음들을 수직적 방법으로 꽉 채워 놓는다.

❹ 문단:

반면에 우리의 그림은 많은 빈 공간의 여백을 남겨 둔다. 커다랗고 넓은 화선지에 한 일 자(一) 하나만을 써 넣어도 우리에게는 완성된 작품이다. 어떤 전통적 한국화가 화선지 구석구석까지를 색으로 채워 놓았던가? 우리의 그림은 충분한 여백을 남겨 놓음으로써 묘한 여운과 여유를 던져 준다.

❺ 문단:

우리 음악은 하나의 선율만으로 구성되는 단선율이다. 서양 음악과 같은 화성을 필요로 하지 않는다. 단선율은 우리 그림에서 나타나는 여운과 여유를 지닌, 여백을 인정하는 세계를 지닌 것이다. 그래서 여러 사람이 부르는 합창도 사실은 하나의 선율이요, 가야금, 거문고, 젓대, 피리도 모두가 하나로 일관되어 흐른다. 그 하나됨 속에 여유와 화합의 모습이 있다. 바로 이 점이 우리 음악을 우리 음악답게 해 주는 하나의 특징적인 요소이다. 단선율에 의한 이러한 음악은 화성적 음악에 비해 표현의 방법이 솔직·담백하여 따뜻하고 부드럽다.

독해 기술 적용   각 문단의 중심 문장을 찾아 밑줄을 그으시오.

수능형 문제

1 윗글의 전개 방식으로 가장 적절한 것은?

① 대상의 구조를 체계적이고 단계적으로 나누어 설명하고 있다.
② 유사한 다른 대상을 빌려와 두 대상의 차이점을 밝히고 있다.
③ 기존 이론이 지니고 있는 허구적인 부분을 조목조목 비판하고 있다.
④ 서로 완전히 다른 견해의 장점을 통합하여 새로운 견해를 제시하고 있다.
⑤ 자신이 내세우고자 하는 주장을 먼저 제시하고 이를 하나하나 뒷받침하고 있다.

수능형 문제

2 윗글의 논지를 보충하기 위하여 〈보기〉를 이용할 때, 가장 적절한 것은?

〔보기〕

　단선율 속에서 자란 우리의 가락은 곡선적 흐름을 갖는다. 이러한 곡선의 가락에서 나타나는 한 음 한 음은 고정적이지 않고 유동적이다. 한 음에서 다음 음으로의 연결은 무지개 다리와 같은 곡선의 모습이다. 그리고 음악에 따라, 연주자의 개성에 따라 무궁무진한 모습을 지닌다. 언제나 둥글게 흐르는 가락의 흐름은 부드러움을 그 생명의 하나로 한다.

① 우리 음악의 보편성을 드러내는 자료로 삼는다.
② 우리 음악의 선율상의 특징을 드러내는 자료로 삼는다.
③ 우리 음악의 즉흥적인 특성을 드러내는 자료로 삼는다.
④ 우리 음악과 서양 음악의 차이점을 드러내는 자료로 삼는다.
⑤ 우리 음악이 단순한 음으로 이루어졌음을 드러내는 자료로 삼는다.

서술형 문제

3 윗글에 나타난 우리 음악의 특징을 설명한 다음 문장의 빈칸을 채워 넣으시오.

　우리 음악은 (　　　　)을 필요로 하지 않고, (　　　　　　)만으로 구성하기 때문에 음악의 표현이 솔직·담백하다.

 **어휘 완성하기**

>> 다음 어휘의 뜻을 확인하고, 학습한 어휘에 ☑ 표시를 하시오.

□ **탐지**
探 찾을 탐
知 알 지

드러나지 않은 사실이나 물건 따위를 더듬어 찾아 알아냄.
예 경찰이 도청 장치를 탐지하고 있다.

□ **배색**
配 짝 배
色 빛 색

두 가지 이상의 색을 알맞게 섞음. 또는 그렇게 만든 색깔.
예 여러 가지 색을 배색하면 결국 검정색이 된다.

□ **산란**
散 흩을 산
亂 어지러울 란

파동이나 입자선이 물체와 충돌하여 여러 방향으로 흩어지는 현상.
예 빛이 산란하면서 밤하늘이 밝아졌다.

□ **화성**
和 화목할 화
聲 소리 성

일정한 법칙에 따른 화음의 연결.
예 음악의 3요소는 리듬, 선율, 화성이다.

□ **형상**
形 형상 형
狀 형상 상

사물의 생긴 모양이나 상태.
예 그는 동물의 형상을 본뜬 조각상을 만들었다.

□ **금기**
禁 금할 금
忌 꺼릴 기

마음에 꺼려서 하지 않거나 피함.
예 그는 금기된 행동을 함으로써 쾌락을 맛보았다.

□ **방출**
放 놓을 방
出 날 출

1. 비축하여 놓은 것을 내놓음.
2. 입자나 전자기파의 형태로 에너지를 내보냄.
예 방사능이 방출되어 비상경보가 발동되었다.

□ **여운**
餘 남을 여
韻 운 운

아직 가시지 않고 남아 있는 운치.
예 그녀는 공연장에 남아 콘서트의 여운을 느꼈다.

□ **냉각**
冷 찰 냉
却 물리칠 각

식어서 차게 됨.
예 냉동고의 냉각 기능이 아주 탁월하다.

□ **선율**
旋 돌 선
律 법 율

소리의 높낮이가 길이나 리듬과 어울려 나타나는 음의 흐름.
예 수지는 눈을 감고 재즈 선율에 몸을 맡겼다.

확인 문제

1 다음의 밑줄 친 어휘와 바꿔 쓰기에 가장 적절한 어휘를 〈보기〉에서 찾아 쓰시오.

┌─ 보기 ─
│ 금식   터부   멜로디   모양   가사
└─

(1) 카페에서 흘러나오는 선율(旋律) 때문에 발걸음이 멈춰졌다.
(   )

(2) 그녀는 당시 금기(禁忌)시되는 일을 함으로써 사회적 관습에 대항하였다.
(   )

(3) 기괴한 형상(形狀)의 조각품과 어두운 톤의 미술 작품이 성에 가득하였다.
(   )

2 다음 빈칸에 들어갈 알맞은 어휘를 괄호 안의 초성을 참고하여 빈칸에 쓰시오.

(1) 빨간색과 파란색을 (ㅂㅅ →   )하면 보라색이 된다.
(2) 공기 중에 수증기가 많은 상태에서 빛의 (ㅅㄹ →   )이 발생했다.
(3) 교회 중창단의 (ㅎㅅ →   )이 아름답게 울려 퍼졌다.

3 문맥을 고려하여, 다음 문장의 괄호 안에 들어갈 알맞은 어휘를 고르시오.

(1) 범인이 어디 숨어 있는지 (탐지 / 탐험)하느라 30명의 인력이 동원되었다.
(2) 팔당 댐에서 300톤의 물이 (방출 / 흡수)되어 주의가 필요한 상황이다.
(3) 영화가 끝났지만 (여운 / 여파)을/를 느끼기 위해 오랫동안 앉아 있었다.
(4) 북미 관계가 급속도로 (냉각 / 냉동)되면서 한반도 정세가 어두워졌다.

국악의 율

국악은 예로부터 내려오는 우리나라 고유의 음악이다. 국악에서 사용하는 음은 서양의 음과 다르다. 서양에서의 음이 화음을 통한 화합의 음인 데 반해, 국악에서의 음은 화성이 없는 단선율에 의한 담백한 음이다. 단선율이란 소프라노·알토·테너·베이스 또는 고음부와 저음부 등의 성부가 나뉘지 않고 하나의 성부로 이루어지는 선율을 말한다.

국악에서는 음을 '율'이라 부른다. 서양 음악과 마찬가지로 한 옥타브를 12율로 나눈다. 국악의 12율은 저마다 고유한 이름을 가지고 있는데, '황종, 대려, 태주, 협종, 고선, 중려, 유빈, 임종, 이칙, 남려, 무역, 응종'이라고 부른다. 이러한 율명은 악보에 표기할 때 앞의 첫 글자만 쓴다.

국악과 서양 음악 모두 한 옥타브를 12로 나누어 쓴다는 점에서 공통점을 갖지만 어떻게 나누는가에 따라 차이가 있다. 즉 12개의 각 음이 일치하지 않는다. 왜냐하면 서양 음악의 12음계는 한 옥타브를 12개로 똑같이 나누어 쓰는 평균율로 되어 있는 반면, 국악의 12율은 각각의 율간의 간격이 조금씩 다른 순정률로 되어 있기 때문이다. 서양 음악의 '도−레−미'에서 도와 레의 음 사이 간격과 레와 미의 음 사이 간격은 같지만, '황종−대려−태주'에서 황종과 대려의 음 사이 간격과 대려와 태주의 음 사이 간격은 제각기 다르다.

| 교과 연계 | **중학교 음악 ①**_국악의 기본

서양 음악과 국악이 접목된 공연이 펼쳐진다거나, 전통 음악과 대중음악이 만나는 등의 '퓨전 국악'이 늘고 있다. 이러한 변화가 긍정적 측면을 지니고 있다면 어떤 면에서 그러한지 이유를 서술하시오.

> 어제 다녀온 국악 공연 어땠어?

> 전통 국악 공연은 아니고 퓨전 국악 공연이었어. 퓨전 국악은 국악과 다양한 장르의 음악이 결합한 형태를 말해.

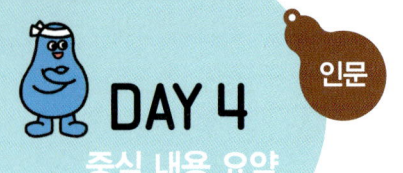

학문을 하는 목적

| 교과 연계 |
중학교 도덕 ①_정신적 가치의 추구

>> 한 문장으로 요약하기

❶ 문단:

❷ 문단:

❸ 문단:

❹ 문단:

모르는 어휘에 ☑ 표시를 하고, 표시한 어휘에 주목하여 지문을 읽어 보시오.

☐ 궁극　　☐ 도피　　☐ 몰두　　☐ 왜곡　　☐ 실증성

　어떤 분야를 체계적으로 배워서 익히고, 그렇게 함으로써 얻은 지식을 '학문'이라 한다. 학문을 하는 궁극적 목적은 무엇인가? 학문이 실생활에 유용하게 쓰이거나 학문을 하는 그 자체가 즐거울 수도 있다. 그러나 학문은 진리를 탐구하는 것이다. 실용적이니까, 또는 재미가 나는 것이니까 진리요 학문인 것이 아니라, 그것이 진리이기 때문에 인간 생활에 유용한 것이요, 재미도 나는 것이다.

　학문의 목적은 진리를 탐구하는 데 있다. 이렇게 말하면 또 진리 탐구는 무엇을 위해서 하는가 물을 수 있다. 학문의 목적은 진리를 탐구한다는 그것만으로 충분한 것이다. 가끔 학문이 가진 진리 탐구로서의 목적을 두고 현실 생활과 너무 동떨어진 것이라고 탓하는 경우도 있다. 그러나 오히려 학문은 현실 생활로부터 멀어 보일 때, 학문을 하는 가장 풍부한 축복을 현실 생활 위에 내리는 수가 많다. 세상에서는 학문밖에 모르는 일을 현실을 도피하는 행위로 보기도 한다. 그러나 오늘날의 우리 현대인들이 누리는 모든 편리한 생활들은 진리 탐구에만 몰두한 학자들의 노고를 바탕으로 생겨난 것이다.

　㉠학문에 진리 탐구 이외의 다른 목적이 앞장을 설 때, 그 학문은 자유를 잃고 왜곡될 염려조차 있다. 학문을 악용하여 오히려 좋지 못한 일을 하는 경우가 얼마나 많은가? 진리 탐구가 학문의 유일한 목적일 때, 그리고 무엇에도 속박됨이 없는 학문에만 매진하는 숭고한 정신은 온갖 어려움을 극복하는 힘을 길러 줄 것이다. 그리고 그것은 우리의 인격 완성의 길로 통하게도 된다.

　학문의 본질은 합리성과 실증성에 있고, 학문의 목적은 진리 탐구에 있다. 이것은 무엇으로도 굽힐 수도 없고, 학문으로서의 권위도 이러한 본질 밖에서 찾을 수 있는 것이 아니다.

 독해 기술 적용　다음 빈칸을 채워 각 문단의 중심 내용을 요약하시오.

❶ 문단: (　　　　)을 하는 궁극적 목적
❷ 문단: 학문의 목적은 (　　　　)를 탐구하는 데 있음.
❸ 문단: 학문에 진리 탐구 이외의 다른 목적이 앞설 때 학문은 (　　　　)될 염려가 있음.
❹ 문단: 학문의 본질은 (　　　　)과 (　　　　)에 있고 목적은 진리 탐구에 있음.

1 윗글의 내용과 일치하지 <u>않는</u> 것은?

① 학문의 본질은 합리성과 실증성에 있다.

② 학문의 궁극적인 목적은 진리 탐구에 있다.

③ 학문에 순수하지 않은 목적이 개입될 경우 왜곡될 수 있다.

④ 학문은 실용적이고 재미가 있기 때문에 진리에 가까운 것이다.

⑤ 진리 탐구에 매진한 학문 연구가 현대인에게 혜택을 주고 있다.

2 ㉠에서 글쓴이가 경계하는 학문에 대한 태도와 관련된 것은?

① 곡학아세(曲學阿世)

② 망양지탄(亡羊之歎)

③ 실사구시(實事求是)

④ 온고지신(溫故知新)

⑤ 타산지석(他山之石)

3 윗글에서 학문만을 추구하는 행위를 부정적으로 표현한 부분을 찾아 쓰시오.

> ─ 조건 ─
> • 3어절로 쓸 것.

방사선 기술

모르는 어휘에 ☑ 표시를 하고, 표시한 어휘에 주목하여 지문을 읽어 보시오.

☐ 투과　　☐ 피폭　　☐ 시급하다　　☐ 이전　　☐ 전망

>> 한 문장으로 요약하기

❶ 문단:

퀴리 부부가 라듐을 발견한 이후 방사선 기술은 의료 분야뿐만 아니라 국방, 신소재, 농업, 환경, 식품 등의 매우 넓은 분야에서 응용되고 있다. 방사선 기술이란 방사성 동위 원소에서 나오는 전자파나 전자선을 비파괴 검사, 암 치료, 농·식물 육종, 의료 기기 멸균 등에 이용하는 것이다.

❷ 문단:

방사선은 투과력과 살균력이 뛰어나다. 이 살균력은 문화재 보존에 사용되기도 한다. 예를 들어 문화재에 생물학적 손상을 야기하는 흰개미나 곰팡이에 방사선을 쬐면 깨끗하게 멸균되는 효과를 거둘 수 있다. 이 정도의 방사선 세기는 의료 기기 멸균에 평균적으로 사용되는 방사선량의 10~20분의 1에 불과하다.

❸ 문단:

방사선 기술은 화성을 향해서도 나아가고 있다. 1969년 아폴로 11호의 달 착륙으로 인류가 지구 이외의 행성에 첫발을 내딛은 이후, 다음 우주 탐사의 목표는 늘 화성이었다. 그러나 아직까지 화성 탐사가 이뤄지지 않고 있는 것은 비행 시간 때문이다. 달까지 비행하는 데는 4일이면 되지만, 화성까지 가는 데는 무려 여섯 달에서 여덟 달이 걸린다. 유인 우주선으로 화성 탐사를 한다면 왕복 약 500일이 소요될 것으로 예상된다. 제한된 공간에서 지구보다 훨씬 강한 방사선에 장기간 노출되면 우주인의 건강에 심각한 문제가 생길 수 있다. 그런데 이와 관련한 방사선 기술은 아직까지 개발되지 않았다.

❹ 문단:

따라서 장기간의 우주 탐사 기간 동안 우주 방사선을 효과적으로 차폐*할 수 있는 기술과, 우주 방사선 피폭에 따른 신체 영향을 최소화할 수 있는 식이 요법 또는 차단제의 개발이 시급한 실정이다. 국내외 연구진이 개발 중인 이 같은 기술들은 다른 산업으로 이전되어 실생활에서도 이용이 가능할 것으로 전망된다. 우주 방사선의 차폐 기술은 비행기나 기구 또는 전자 제품 등에 적용될 수 있으며, 우주 방사선의 생물학적 영향 평가와 방어제의 개발은 환경 오염 등으로 파괴되고 있는 오존층의 영향 예측과 대비책, 방사선을 이용한 암 치료 분야에서 활용이 가능하다.

• **차폐:** 일정한 공간이 외부의 전기, 자기 따위의 영향을 받지 않도록 함.

독해 기술 적용 　각 문단의 **중심 내용**으로 적절한 것을 찾아 선으로 연결하시오.

❶ 문단 •　　• 방사선 기술의 정의

❷ 문단 •　　• 우주 방사선 차폐 기술이 필요한 이유와 활용 분야

❸ 문단 •　　• 방사선의 특징

❹ 문단 •　　• 화성 탐사에 문제가 되는 방사선과 추후 방사선 기술 개발의 과제

1 윗글의 내용과 일치하지 <u>않는</u> 것은?

① 화성 탐사는 방사선 기술이 적용될 새로운 분야에 속한다.

② 우주 방사선 차폐 기술은 우주선 이외의 기구나 기계에도 적용할 수 있다.

③ 방사선 기술은 방사성 동위 원소의 전자파나 전자선을 이용하는 기술로 다양한 영역에서 사용된다.

④ 화성 탐사가 지연되고 있는 이유 중의 하나는 오랜 비행 시간 동안 방사선에 노출되는 문제 때문이다.

⑤ 문화재 보존에 사용하는 목재의 멸균에는 의료 기기 멸균에 쬐는 것보다 많은 양의 방사선을 조사하는 것이 좋다.

2 〈보기〉를 활용하여 윗글을 보완하려고 한다. 그 방안으로 적절한 것은?

> ─ 보기 ─
>
> 국내의 한 연구팀이 낚시 떡밥에 물을 섞어 반죽한 뒤 밀봉 포장한 상태에서 방사선을 쬐어 완전 멸균된 반죽 떡밥 제조 기술을 개발했다. 이 기술로 제조한 떡밥은 1년 이상 장기 보존이 가능하고, 떡밥 전분과 단백질 분자 구조가 변화되어 떡밥으로 인한 수질 오염도 대폭 감소시킬 것으로 기대하고 있다.

① 방사선 기술의 활용 범위와 부수적 효과가 무궁무진할 수 있음을 강조하는 자료로 활용한다.

② 방사선 기술이 우주 방사선을 효과적으로 차폐하는 데 큰 기여를 할 수 있다는 근거 자료로 활용한다.

③ 방사선 기술이 문화재 보존 및 관리 문제를 근본적으로 해결할 수 있는 획기적인 방안임을 뒷받침하는 자료로 활용한다.

④ 방사선 기술 분야가 암 치료 등 의료 분야에 산적한 문제를 해결할 수 있는 돌파구가 될 수 있음을 보여 주는 자료로 활용한다.

⑤ 방사선 기술을 활용하여 신제품을 개발한다면 국내의 침체된 경기를 활성화하는 데 보탬이 될 수 있다는 주장의 근거로 활용한다.

3 다음 빈칸에 들어갈 낱말을 윗글에서 찾아 쓰시오.

> 방사선 기술이란, (   )에서 나오는 전자파나 전자선을 다양한 분야에 이용하는 것이다.

>> 다음 어휘의 뜻을 확인하고, 학습한 어휘에 ☑ 표시를 하시오.

☐ **궁극** 窮 다할 궁 極 지극할 극	어떤 과정의 마지막이나 끝. 예 네가 궁극적으로 바라는 것은 무엇이냐?	
☐ **도피** 逃 달아날 도 避 피할 피	도망하여 몸을 피함. 예 그는 도피 자금을 마련하고 도망갔다.	
☐ **몰두** 沒 잠길 몰 頭 머리 두	어떤 일에 온 정신을 다 기울여 열중함. 예 나는 게임에 몰두하기 시작하면 3시간씩 해!	
☐ **왜곡** 歪 비뚤 왜 曲 굽을 곡	사실과 다르게 해석하거나 그릇되게 함. 예 현실을 왜곡하는 가짜 뉴스를 골라내자.	
☐ **실증성** 實 열매 실 證 증거 증 性 성품 성	사실로써 증명할 수 있는 성질. 예 논문의 실증성을 뒷받침할 자료가 필요하다.	

☐ **투과** 透 통할 투 過 지날 과	1. 장애물에 빛이 비치거나 액체가 스미면서 통과함. 2. 광선이 물질의 내부를 통과함. 예 인체를 투과한 엑스선의 세기를 측정하였다.
☐ **피폭** 被 입을 피 曝 쬘 폭	인체가 방사능에 노출됨. 예 방사능 피폭 피해자들을 도와야 한다.
☐ **시급하다** 時 때 시 急 급할 급	시각을 다툴 만큼 몹시 절박하고 급하다. 예 수해 대책 마련이 시급하다.
☐ **이전** 移 옮길 이 轉 구를 전	1. 장소나 주소 따위를 다른 데로 옮김. 2. 권리 따위를 남에게 넘겨주거나 또는 넘겨 받음. 예 건물의 소유권을 이전하려면 계약을 해야 한다.
☐ **전망** 展 펼 전 望 바랄 망	1. 넓고 먼 곳을 멀리 바라봄. 또는 멀리 내다 보이는 경치. 2. 앞날을 헤아려 내다봄. 또는 내다보이는 장래의 상황. 예 코로나 시대에 경기 전망이 어둡다.

확인문제

1 〈보기〉의 밑줄 친 상황에 사용할 수 있는 어휘로 적절한 것은?

─〔보기〕─
문영이는 동규가 한 말의 뜻을 <u>헤아리지 못하고 엉뚱하게 해석하며</u> 화를 내기 시작했다.

① 이전　　② 왜곡　　③ 궁극　　④ 도피　　⑤ 피폭

2 다음 밑줄 친 단어의 뜻풀이가 잘못된 것을 고르시오.

(1) 산소 <u>투과</u>율이 높은 렌즈를 꼈더니 눈이 편하네. → 막힌 물체를 환히 꿰뚫어 봄.

(2) 윤재는 올해 수능 공부에 <u>몰두</u>할 거야. → 어떤 일에 온 정신을 다 기울여 열중함.

(3) 나는 좀 더 좋은 <u>전망</u>을 얻기 위해 고개 마루턱까지 올라갔다. → 넓고 먼 곳을 멀리 바라봄. 또는 멀리 내다보이는 경치.

3 다음 빈칸에 들어갈 말로 가장 적절한 것은?

채원: 사마천이 엮은 「사기」의 사료는 어떤 특징이 있는지 알아?
지우: 알지, 그럼! 「사기」는 (　　　　　)을 바탕으로 해서 쓴 믿을 만한 역사서야.

① 실증성　　② 일관성　　③ 경계심　　④ 상관성　　⑤ 주관성

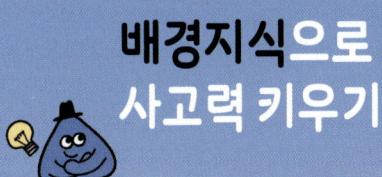

교과서에서
찾는
배경지식

큰사람이 되기 위한 학문

유학은 중국의 공자를 시작으로 하는 전통적 학문이다. 그리고 유학의 주요 사상을 담은 대표적인 책의 하나로 「대학(大學)」이 있다. '대학'은 '대인지학(大人之學)', 즉 '큰 사람이 되기 위한 학문'을 줄인 말로, 자신의 내면을 닦고 사회를 바로잡는 방법을 서술하고 있다. 도덕적 행위에 담긴 원리를 파악하고 깊이 사고하여 자기 스스로 도덕을 실천할 수 있게 하는 것을 목적으로 한다. 이 책을 누가 썼는지에 대해서는 여러 의견이 있는데, 공자의 유서(遺書)라는 설과 자사 또는 증자의 저서라는 설이 있다.

「대학」의 내용을 간단히 요약하면 수기치인(修己治人), 곧 자신을 수양한 후에 백성을 다스리라는 것이다. 그리고 이에 이르는 방법이 격물(格物), 치지(致知), 성의(誠意), 정심(正心), 수신(修身), 제가(齊家), 치국(治國), 평천하(平天下)를 통해 드러난다.

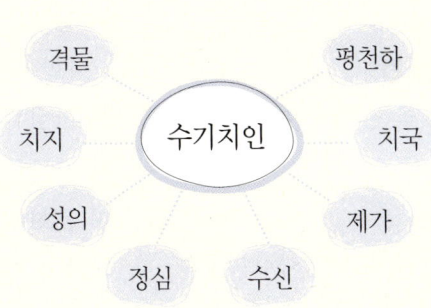

순서대로 풀이하면 다음과 같다. 먼저 사물의 본질을 꿰뚫은 후에야 알게 되고, 바르게 알아야 뜻이 성실해지고, 뜻이 성실해져야 마음이 바르게 된다. 또 마음이 바르게 되어야 몸이 닦이고, 몸이 닦아져야 집안이 바로잡히고, 집안이 바로잡혀야 나라가 다스려지고, 나라가 다스려져야 천하가 편안해진다는 뜻이다.

| 교과 연계 | **중학교 도덕 ①**_정신적 가치의 추구

논술형
문제

다음은 공자가 '학문'에 대해 한 말이다. 공자와 같이 '학문'에 대해 생각해 보고, '학문을 하는 사람이 가져야 할 올바른 자세'에 대한 자신의 생각을 이유와 함께 서술하시오.

배우기만 하고 생각하지 않으면 어리석어지고, 생각하기만 하고 배우지 않으면 위태로워진다.

문화적 전통의 확립

| 교과 연계 |
중학교 사회 ①_한국 사회의 변동

모르는 어휘에 ☑ 표시를 하고, 표시한 어휘에 주목하여 지문을 읽어 보시오.

☐ 충족   ☐ 규범   ☐ 일관성   ☐ 획일주의   ☐ 변동

>> **한 문장으로 요약하기**

❶ 문단:

❷ 문단:

❸ 문단:

❹ 문단:

❺ 문단:

문화적 전통은 과거의 문화 중에서 현재에도 적합성˚을 가지는 문화적 유산을 뜻한다. 따라서 근대화가 계속되더라도 적합성을 잃지 않으면서 우리의 문화적 정체성˚을 살려 문화를 올바로 이어나가는 일이 문화적 전통을 확립하는 길이다.

㉠문화적 전통의 확립은 적어도 세 가지 조건을 충족시켜야 한다. 그것은 변화되는 사회에도 높은 적합성을 가져야 한다는 조건, 우리 문화 고유의 문화적 정체성이 존중되어야 한다는 조건, 그리고 문화의 가치와 규범이 일관성과 체계성을 가져야 한다는 문화적 통합성의 조건 등이다.

사회 변동에 따른 문화적 적합성을 지나치게 일방적으로 강조하면 문화의 정체성를 상실하게 될 위기에 처할 수 있다. 그러나 문화의 정체성을 지나치게 강조하면 다시 문화의 적합성 문제가 생길 것이다. 또한, 문화의 통합성을 지나치게 강조하면 문화적 획일주의에 빠져 문화의 침체를 가져올 위험이 있다. 그러므로 우리는 문화의 적합성, 정체성, 통합성에 대하여 다 같이 관심을 두고, 세 가지 조건을 동시에 충족시키는 문화를 형성해 나가야 한다.

이를 위해서는 첫째, 우리 현대 사회가 경험하고 있는 사회 변동을 정확하게 이해해야 한다. 현재의 사회 구조가 어떠한 방향으로 어떻게 변화하고 있는지를 명확하게 이해한 다음, 미래의 사회 구조에 맞추어 문화 유형을 형성하고 발전시켜야 한다.

둘째, 현대 사회 구조에 적합성을 갖는 전통의 발견과 연구에 집중적인 노력을 기울여야 한다. 조상의 것이라고 무조건 따를 것이 아니라 오늘의 한국 사회에서 알맞은 전통의 요소가 무엇인가를 발견해야 한다. 그래야 변화하는 사회 속에서도 우리의 문화적 전통은 자연스럽게 이어지게 되며, 동시에 세계적으로 인정받는 문화가 될 것이다.

• **적합성**: 일이나 조건 따위에 꼭 알맞은 성질.
• **정체성**: 변하지 아니하는 존재의 본질을 깨닫는 성질.

독해 기술 적용 다음 문장의 빈칸을 채워 윗글의 **중심 내용**을 한 문장으로 **요약**하시오.

이 글에서 글쓴이는 (   )을 확립하기 위해 필요한 조건과 해야 할 노력에 대한 자신의 생각을 밝히고 있다.

1 윗글의 제목으로 가장 적절한 것은?

① 문화적 전통의 특징과 한계
② 문화적 전통의 의미와 종류
③ 사회 변동과 문화 변동의 관계
④ 문화적 전통과 전통 문화의 차이점
⑤ 문화적 전통 확립을 위해 노력해야 할 일

2 〈보기〉는 ㉠의 사례이다. 윗글의 글쓴이가 〈보기〉에 대해 보일 반응으로 적절하지 <u>않은</u> 것은?

〔보기〕

　요즘 날이 갈수록 사회적인 윤리 의식이 마비되고 있다는 우려의 목소리가 높다. 이러한 현상에 대처하는 방안으로 전통적인 효의 회복을 생각할 수 있다. 이때 기존의 효의 관념을 현대 사회의 이념과 제도에 걸맞게 '인간애의 구현'으로 재해석할 필요가 있다. 즉 부모 공경의 마음이 효의 중심을 이루는 개념이 되겠지만, 이 같은 마음으로 모든 인간을 대할 수 있도록 하는 것이다.

① '효'를 우리 문화 고유의 문화적 특성으로 존중한 경우라 할 수 있군.
② '효'를 현대적인 입장에서 재조정, 재적용, 재창조하려는 경우라 할 수 있군.
③ '효'에서 문화적 정체를 살려 주는 문화적 연속성을 발견한 경우라 할 수 있군.
④ '효'의 전통적인 가치와 근대적인 가치가 대립되어 충돌한 경우라 할 수 있군.
⑤ '효'가 현대적 사회 구조에 높은 적합성을 가지고 있다고 생각한 경우라 할 수 있군.

3 '문화적 전통 확립'을 위해 충족되어야 할 세 가지 조건을 윗글에서 찾아 쓰시오.

말매미 소리가 소음인 이유

| 교과 연계 |
중학교 과학 ①_다양한 소리

모르는 어휘에 ☑ 표시를 하고, 표시한 어휘에 주목하여 지문을 읽어 보시오.

☐ 서식　　☐ 소음　　☐ 대역　　☐ 증폭　　☐ 민감

≫ 한 문장으로 요약하기

❶ 문단:

❷ 문단:

❸ 문단:

❹ 문단:

❺ 문단:

　　우리나라에는 5종의 매미가 서식하는 것으로 알려져 있다. 매미는 오직 수컷만이 소리를 내고, 짝짓기할 때 암컷에게 자신의 위치를 알리기 위해서 운다. 그러다 보니 매미는 암컷이 헷갈리지 않도록 저마다 개성 있는 소리를 낸다.

　　우리나라 사람들은 매미가 '맴-맴-맴-' 소리를 내며 운다고 알고 있다. 예전에 우리나라에는 주로 참매미가 서식했기 때문이다. 그런데 최근에는 지구 온난화로 참매미가 줄고 말매미가 늘면서 '차르르' 하는 소리가 주로 들린다. 이렇게 매미 소리가 바뀌면서 사람들은 예전과 다르게 매미 소리를 소음으로 인식한다.

　　일반적으로 소음은 3가지 특징을 갖는다. 첫째, 소리의 크기가 클수록 소음이 된다. 소리의 크기와 불쾌감은 비례하기 때문이다. 둘째, 리듬이 없으면 소음이 된다. 새벽에 TV를 켜면 점들이 반짝반짝하면서 '치이이' 소리가 난다. 이를 백색 소음이라고 하는데, 소리의 크기나 진동수가 변하지 않고 의미 없이 오랫동안 지속되면 지루해지거나 짜증이 밀려온다. 셋째, 저음보다는 고음이 심하면 소음이 된다.

　　말매미는 몸통 중간 안쪽에 있는 발음근이 옆구리 양쪽에 있는 진동막을 흔들어 약 20초간 소리를 낸다. 이때 리듬이 없는 소리를 약 17초 동안 유지한다. 처음 약 2초간은 소리의 크기가 점점 커진다(상승부). 이때는 말매미 꼬리가 천천히 올라간다. 꽁무니를 최대한 올리면 약 17초 동안 동작을 유지하며 소리를 크고 일정하게 낸다. 이와 함께 진동수 대역도 유지된다(유지부). 소리를 멈출 때에는 1초 만에 꽁무니를 내리는데, 이때 소리의 크기도 줄어든다(감쇠부).

　　말매미는 배를 이용하여 유지부에서 소리를 증폭할 수 있다. 게다가 한 마리가 울기 시작하면 경쟁적으로 다른 매미들도 따라서 운다. 또 말매미 소리는 그 소리가 일정하기 때문에 듣는 사람들로 하여금 지루함과 불쾌감을 갖게 한다. 게다가 말매미 소리는 사람이 민감하게 반응하는 영역의 고주파가 특히 많다. 이와 같은 이유 때문에 사람들은 예전과는 달리 매미 소리를 소음으로 인식하게 된 것이다.

독해 기술 적용　각 문단의 중심 내용을 요약한 것으로 적절하지 않은 것을 고르시오.

❶ **❶ 문단:** 매미는 수컷만이 소리를 내고 저마다 개성 있는 소리를 냄.
❷ **❷ 문단:** 참매미 소리와 말매미 소리의 차이점
❸ **❸ 문단:** 말매미 소리의 특징
❹ **❹ 문단:** 말매미가 소리를 내는 원리
❺ **❺ 문단:** 사람들이 매미 소리를 소음으로 인식하는 이유

수능형 문제

1 윗글의 내용과 일치하지 <u>않는</u> 것은?

① 매미는 오직 수컷만이 소리를 낼 수 있다.

② 현재 우리나라에는 참매미보다 말매미가 많다.

③ 같은 종류의 매미라고 하더라도 소리에 차이가 있다.

④ 백색 소음은 소리의 크기가 지나치게 클 때 일어난다.

⑤ 참매미의 소리와 다르게 말매미의 소리는 소음으로 인식되고 있다.

수능형 문제

2 말매미가 소리 내는 과정을 〈보기〉처럼 나타냈을 때, 그 설명으로 적절하지 <u>않은</u> 것은?

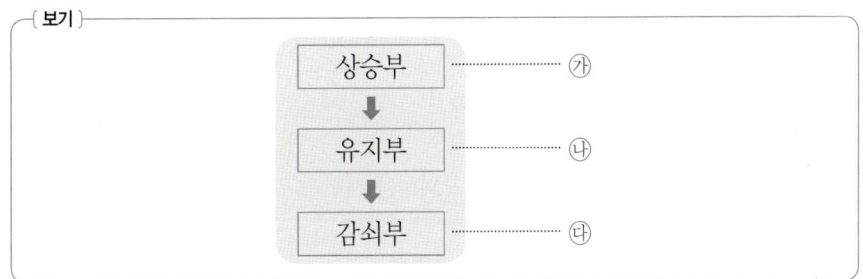

① ㉯에서 말매미의 꽁무니는 최대한 올라간다.

② 말매미는 ㉯에서 배를 이용하여 소리를 증폭한다.

③ ㉰에서 말매미 꽁무니의 위치는 위에서 아래로 이동된다.

④ 말매미가 소리 내는 ㉮~㉰ 과정은 약 20초가량 걸린다.

⑤ 말매미 소리는 ㉮~㉰의 모든 과정에서 소음으로 인식된다.

서술형 문제

3 윗글에 나타난 말매미 소리가 소음으로 인식되는 이유에 대해 요약한 다음 설명의 빈칸을 채워 넣으시오.

> 말매미는 한 마리가 울면 다른 매미들도 따라서 울며, (　　　)를 이용하여 소리를 증폭할 수도 있다. 또한, 소리가 (　　　)하기 때문에 지루하고, 사람들이 민감하게 반응하는 (　　　)가 특히 많아 소음으로 느껴진다.

>> 다음 어휘의 뜻을 확인하고, 학습한 어휘에 ☑ 표시를 하시오.

☐ **충족**
充 가득할 충
足 발 족

넉넉하여 모자람이 없음.
예 조건을 충족시켜야 게임 레벨업이 됩니다.

☐ **서식**
棲 깃들일 서
息 숨쉴 식

생물 따위가 일정한 곳에 자리를 잡고 삶.
예 서식 공간이 개선되자 철새들이 찾아오기 시작했다.

☐ **규범**
規 법 규
範 법 범

인간이 행동하거나 판단할 때에 마땅히 따르고 지켜야 할 가치 판단의 기준.
예 사회적 규범을 따라야 한다.

☐ **소음**
騷 떠들 소
音 소리 음

불규칙하게 뒤섞여 불쾌하고 시끄러운 소리.
예 층간 소음으로 아파트 주민 간의 갈등이 심화되고 있다.

☐ **일관성**
一 하나 일
貫 꿸 관
性 성품 성

하나의 방법이나 태도로써 처음부터 끝까지 한결같은 성질.
예 아이를 교육할 때는 일관성이 필요하다.

☐ **대역**
帶 띠 대
域 지경 역

어떤 폭으로써 정해진 범위. 최대 주파수에서 최저 주파수까지의 구역.
예 통신사들이 서로 다른 대역의 주파수를 사용했다.

☐ **획일주의**
劃 새길 획
一 하나 일
主 주인 주
義 옳을 의

개인의 다양한 심리, 사고, 행동을 무시하고 일정한 틀에 넣어 인위적으로 규격화하고 동질화하는 경향.
예 획일주의로 개성을 무시하는 사회는 발전할 수 없다.

☐ **증폭**
增 더할 증
幅 폭 폭

사물의 범위가 늘어나 커짐. 또는 사물의 범위를 넓혀 크게 함.
예 이번 제재 조치로 양국 간의 갈등이 증폭되었다.

☐ **변동**
變 변할 변
動 움직일 동

바뀌어 달라짐.
예 급격한 사회 변동에 적응하기 힘드네.

☐ **민감**
敏 민첩할 민
感 느낄 감

자극에 빠르게 반응을 보이거나 쉽게 영향을 받음.
예 주가는 경제 상황에 민감하게 반응한다.

확인문제

1 〈보기〉의 밑줄 친 상황에 사용할 수 있는 어휘로 적절한 것은?

┌─ 보기 ─────────────────────────────────────┐
학교는 한 가지 형태의 교복을 통해 학생들의 자율성과 창의성을 제한하고 있다.
└──┘

① 규범 　　　　　② 일관성 　　　　　③ 통일성
④ 획일주의 　　　⑤ 외모 지상주의

2 다음 밑줄 친 단어의 뜻풀이가 잘못된 것을 모두 고르시오.

(1) 모든 욕구를 충족시킬 순 없어. → 한껏 차서 가득함.
(2) 은행의 금리가 변동하여 1%까지 떨어졌다. → 바뀌어 달라짐.
(3) 엄마는 아기 피부가 민감하게 반응하는 것을 보고 놀랐다. → 재빠르고 날쌤.

3 다음 빈칸에 들어갈 말로 가장 적절한 것은?

┌──┐
성준: 우리 학원에서는 앞으로 쉬는 시간에도 핸드폰을 못 쓰게 한대.
시영: 알아. 그것 때문에 불만이 (　　　　)되면서 몇몇 수강생들이 학원을 그만두었어.
└──┘

① 서식 　　　② 소음 　　　③ 대역 　　　④ 증폭 　　　⑤ 피폭

교과서에서
찾는
배경지식

사회 변동

　사회 변동이란 시간의 흐름에 따라 사회의 모습이나 질서에 일정한 규모 이상의 변화가 나타나는 현상을 말한다. 현대 사회는 특히 교통·통신 및 과학 기술의 발전 때문에 그 변화의 속도가 이전 사회에 비해 굉장히 빠른 편이다. 현대 사회의 변동은 산업화, 세계화, 정보화의 흐름으로 나타나고 있다.

　먼저, '산업화'는 농업 중심의 사회에서 공업 중심의 사회로 변화하는 현상을 말한다. 수세기 동안 우리 사회는 농업을 중심으로 이어졌다. 그러나 18세기 영국에서 일어난 산업 혁명 이후로 세계는 농업이 아닌 공업 중심의 사회가 되었다. 산업화로 대량 생산과 도시화가 이루어졌고, 빈부 격차가 커졌으며 환경 오염의 문제가 나타났다.

　다음으로, 이어진 변화는 '세계화'이다. 전 세계가 하나의 생활 단위로 통합되어 가는 현상을 세계화라고 부른다. 국가 간의 교류가 많아지고 다른 나라에서 생산되는 물건을 바로 살 수 있게 되었다. 세계화가 진행되는 동안 국가 간 불평등이 발생하기도 하고 문화의 다양성이 파괴되기도 했다.

　마지막으로, '정보화'는 지식과 정보가 중심이 되어 사회의 변화를 이끌어 나가는 현상이다. 시간과 공간의 제약이 줄어들어 생활이 매우 편리해졌지만, 개인 정보의 유출로 사생활 침해 문제가 생겼다.

| 교과 연계 | **중학교 사회 ①**_한국 사회의 변동

논술형
문제

현재 우리 사회가 경험하고 있는 가장 큰 사회 변동은 '정보화'라고 할 수 있다. 정보화 사회는 어떤 장점이 있는지 서술하시오.

인공 지능 컴퓨터

| 교과 연계 |
중학교 기술·가정 ②_정보 통신 기술

>> 한 문장으로 요약하기

❶ 문단:

❷ 문단:

❸ 문단:

❹ 문단:

모르는 어휘에 ☑ 표시를 하고, 표시한 어휘에 주목하여 지문을 읽어 보시오.

☐ 보유   ☐ 범주   ☐ 모호   ☐ 주입   ☐ 윤택

　　현재의 인공 지능 컴퓨터는 한정된 범위의 지식 영역에서는 우수한 인간 전문가에게 견줄 만한 지적 능력을 보여 주고 있다. 그러나 상식을 이용한 추론 능력과 인간이 매일 겪는 문제와 상황을 이해하는 능력 및 감각 정보의 처리 등에서는 이렇다 할 성과를 거두지 못하고 있다.

　　현재 인공 지능을 연구하는 사람들은 컴퓨터 프로그램의 문제 해결 능력이 프로그램의 구성 방법에 좌우되지 않고 프로그램이 가지고 있는 지식의 양에서 나온다고 가정하고 있다. 그래서 정보와 지식을 많이 보유할수록 지능적인 프로그램이 된다고 본다. 한 인공 지능 연구자에 따르면, 현실 세계에서 컴퓨터가 인공 지능을 발휘하기 위해서는 약 10만 개 이상의 사실이 필요하다고 한다. 그러나 컴퓨터가 이 정도로 많은 사실을 보유하더라도, 이들을 빠른 시간 내에 검색할 수 있게 구성하는 일은 쉽지 않다. 반면에 인간은 엄청난 양의 정보를 기억하고 있으며, 방대한 양의 지식과 상식을 빠르게 검색할 뿐만 아니라, 다른 범주의 지식까지 끌어들여 자신이 처한 상황을 올바르고 신속하게 이해할 수 있는 능력을 가지고 있다. 또한, 인공 지능 컴퓨터와는 달리 모호함을 이해하고, 지식의 사용 규칙을 인식하지 않고도 많은 형태의 지식을 사용하여 본능과 직관에 의한 행동을 하기도 한다.

　　따라서 인간과 비슷한 컴퓨터 시스템을 개발하는 것은 현재로서는 역부족이라고 할 수밖에 없다. 다만 인간이 행하는 몇 가지 형태의 지적 행위들을 제한된 범위 내에서 흉내 낼 수 있을 뿐이다. 현재 인공 지능이 지향하는 목표를 성취하기 위해서 해결해야 할 장애물은 수없이 많다. 하지만 이들을 개선, 발전시켜 컴퓨터가 인간의 지능을 모방할 수 있도록 하는 인공 지능의 연구는 계속될 것이다.

　　인공 지능의 목표는 사회에 커다란 충격을 주지 않는 범위 내에서 인간의 지능을 가능한 한 많이 컴퓨터에 주입하는 것이다. 그래서 컴퓨터가 기존의 자료를 단순 처리하는 것에 그치지 않고, 부분적이나마 지능을 가진 컴퓨터가 인간의 생활을 윤택하게 할 수 있도록 하자는 것이다. 예를 들어, (　　　　　　　㉠　　　　　　　) 등을 인간 대신 인공 지능 컴퓨터가 대신하도록 하는 것이다.

독해 기술 적용 다음의 빈칸을 채워 윗글의 **주제**를 완성하시오.

(　　　　　　　) 컴퓨터의 목표와 한계

1 윗글의 내용을 고려할 때, 컴퓨터와 구별되는 '인간'의 특징으로 보기 <u>어려운</u> 것은?

① 상황을 신속하게 이해할 수 있다.

② 모호함에 대한 대처 능력이 뛰어나다.

③ 기억된 정보를 완전하게 재생할 수 있다.

④ 방대한 양의 지식을 빠르게 검색할 수 있다.

⑤ 지식 사용 규칙을 인식하지 않고도 문제를 해결할 수 있다.

2 ㉠에 들어갈 예로 적절하지 <u>않은</u> 것은?

① 계산하기 힘든 큰 숫자들을 사칙연산을 이용하여 계산하는 일

② 출발 전에 자동차 상태를 진단하여 사고 가능성을 미리 파악하는 일

③ 실내 공기의 오염 정도를 측정하여 창문을 자동으로 열어 환기하는 일

④ 사람의 얼굴을 인식하여 자동적으로 초점을 인물에 맞추어 사진을 찍는 일

⑤ 거동이 불편한 노인의 건강 상태를 체크하여 위급 시 자동으로 병원에 연락하는 일

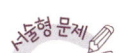

3 인공 지능 연구자들은 컴퓨터 프로그램의 문제 해결 능력을 좌우하는 것을 무엇이라 생각하는지 윗글에서 찾아 2어절로 쓰시오.

민화의 상징성

모르는 어휘에 ☑ 표시를 하고, 표시한 어휘에 주목하여 지문을 읽어 보시오.

☐ 내포   ☐ 부여   ☐ 통용   ☐ 변질   ☐ 해학

▶▶ 한 문장으로 요약하기

❶ 문단:

    민화는 주로 서민 계층의 무명 화가들이 실용을 목적으로 그렸던 옛 그림으로 소박하고 파격적이며 익살스러운 것이 특징이다. 민화의 또 다른 두드러진 특성으로는 실용성과 상징성을 들 수 있다. 순수 미술이 예술성을 강조했다면 민화는 예술성보다는 실용성을 강조한다. 그리고 그 실용성은 민화가 가진 독특한 상징성과도 관련이 있다. 각 시대마다 그때에 그려진 그림에 공통적으로 드러나는 상징성이 있기 마련인데, 이러한 상징성은 그 시대의 문화적 특성을 파악하는 데 도움을 준다.

❷ 문단:

    민화에는 장식적 필요에 의한 것이든 주술˙적 필요에 의한 것이든 많은 상징들이 내포되어 있다. 이러한 상징적 표현은 서민들이 일상생활에서 느끼는 희로애락을 보여 줄 뿐 아니라 의사소통을 가능케 하며 인간으로서의 소박한 바람을 나타내 주고 있다. 예를 들어, 물고기의 생물학적 특징, 즉 한꺼번에 많은 알을 낳는다는 점과 떼 지어 다닌다는 점은 「어해도(魚蟹圖)」에 [㉠](이)라는 상징성을 부여하였으며, 연못 속에 유유히 떠다니는 잉어 그림은 부귀를, 폭포를 거슬러 뛰어넘는 잉어 그림인 「약리도(躍鯉圖)」는 [㉡]을(를) 상징하게 되었다.

❸ 문단:

    민화에서 표현되는 이러한 상징성들은 사회 전체에 의해 공유되기도 하지만, 특수한 사회 부류에서만 통용되는 것이기도 하고 개인적인 감수성에 의해 그 상징이 변질되기도 한다. 이러한 상징성이 민화만의 독특한 미술 세계를 이루게 하며, 민화의 아름다움과 해학 역시 이러한 상징적 표현에서 얻어지는 것이라 할 수 있을 것이다.

〈민화 작가 장산파의 「어해도」〉

• **주술**: 불행이나 재해를 막으려고 주문을 외거나 술법을 부리는 일. 또는 그 술법.

독해 기술 적용 **윗글의 주제**로 가장 알맞은 것을 고르시오.

❶ 민화의 상징성
❷ 민화의 시대적 특징
❸ '어해도'의 아름다움
❹ 민화의 아름다움과 해학

1 윗글에 나타난 글쓴이의 민화에 대한 관점으로 가장 적절한 것은?

① 민화는 장식적 필요에 의해 그린 그림이다.

② 민화는 민중의 현실 소망을 반영하는 그림이다.

③ 민화에는 사회 계층 간의 대립이 반영되어 있다.

④ 민화는 정해진 틀과 소재 안에서 그린 그림이다.

⑤ 민화는 각 민족이 가진 집단적 감수성의 표현물이다.

2 ㉠과 ㉡에 들어갈 말로 가장 적절한 것은?

㉠	㉡
① 부귀(富貴)	장수(長壽)
② 우애(友愛)	화목(和睦)
③ 장수(長壽)	다산(多産)
④ 출세(出世)	무병(無病)
⑤ 다산(多産)	출세(出世)

3 다음 빈칸에 들어가는 말을 윗글에서 찾아 2어절로 쓰시오.

> 민화의 실용성은 그림에 공통적으로 드러나는 상징성과 관련이 있고, 이러한 상징성을 통해 그 시대의 (   )을 파악할 수 있다.

어휘 완성하기

>> 다음 어휘의 뜻을 확인하고, 학습한 어휘에 ☑ 표시를 하시오.

☐ **보유** 保 보전할 보 有 있을 유	가지고 있거나 간직하고 있음. 예 이런 시국에 금을 **보유**해 놓았으면 좋았을걸!
☐ **범주** 範 법 범 疇 밭 두둑 주	동일한 성질을 가진 부류나 범위. 예 일기는 수필의 **범주**에 속한다.
☐ **모호** 模 법 모 糊 풀 호	말이나 태도가 흐리터분하여 분명하지 않음. 예 **모호**한 태도로 상대방을 놀리지 마라.
☐ **주입** 注 물댈 주 入 들 입	1. 흘러 들어가도록 부어 넣음. 2. 기억과 암기를 주로 하여 지식을 넣어 줌. 예 지식을 **주입**한다고 아이가 똑똑해질 수 없다.
☐ **윤택** 潤 윤택할 윤 澤 못 택	1. 광택에 윤기가 있음. 2. 살림이 풍부함. 예 그는 **윤택**한 가정에서 자랐다.

☐ **내포** 內 안 내 包 쌀 포	어떤 성질이나 뜻 따위를 속에 품음. 예 동생의 표정은 무언가 꿍꿍이를 **내포**하고 있는 것 같다.
☐ **부여** 附 붙을 부 與 더불 여	사람에게 권리·명예·임무 따위를 지니도록 해 주거나, 사물이나 일에 가치·의의 따위를 붙여 줌. 예 그런 권리를 누가 **부여**해 줬단 말이냐.
☐ **통용** 通 통할 통 用 쓸 용	일반적으로 두루 씀. 예 달러는 국제적으로 **통용**되는 화폐이다.
☐ **변질** 變 변할 변 質 바탕 질	성질이 다른 어떤 것으로 변하게 됨. 예 상업적으로 **변질**된 그의 음악은 예술성을 잃었다.
☐ **해학** 諧 고를 해 謔 희롱할 학	익살스럽고도 품위가 있는 말이나 행동. 예 하회탈에는 **해학**과 익살이 새겨져 있다.

확인 문제

1 〈보기〉의 밑줄 친 말과 바꿔 쓰기에 가장 적절한 것은?

> ┌─ 보기 ─┐
> 요즘 소설들은 과거와는 다르게 흥미 위주로 <u>바뀌어</u> 가고 있다.

① 변질되어   ② 통용되어   ③ 매몰되어   ④ 소모되어

2 다음 밑줄 친 단어의 뜻풀이가 <u>잘못된</u> 것을 모두 고르시오.

(1) 유준이네 팀 <u>보유</u> 기록은 세계 최고다. → 보존하여 유지함.

(2) 법의 경계가 <u>모호</u>하여 어디까지 합법이고 불법인지 알 수 없다. → 말이나 태도가 흐리터분하여 분명하지 않음.

(3) 선생님은 다현이에게 상장을 <u>부여</u>하고 중요한 일도 맡겼다. → 도움이 되도록 이바지함.

(4) 공연을 통해 한민족의 <u>해학</u>과 익살을 느낄 수 있었다. → 익살스럽고도 품위가 있는 말이나 행동.

3 문맥을 고려하여, 다음 문장의 괄호 안에 들어갈 알맞은 어휘를 고르시오.

(1) 기말고사 시험 (범주 / 범위)가 너무 많아서 힘들다.

(2) 석유를 안정적으로 (주입 / 수입)해야 유가를 안정시킬 수 있다.

(3) 그는 (윤택 / 광택)이 나도록 가구를 열심히 닦았다.

(4) 어떤 의도가 (내포 / 외연)되어 있는지 탐구해 봐야겠다.

교과서에서
찾는
배경지식

민화와 조선 시대 회화

서민들의 생각이 반영된 실용적인 그림, 민화. 민화의 시작은 언제부터일까? 선사 시대 다산, 수렵, 풍요를 기원하는 내용을 담았던 암각화에서부터 그 기원을 찾을 수 있을지도 모르겠다. 하지만 우리가 흔히 볼 수 있는 민화는 조선 시대 작품들이다. 조선 시대 회화는 어떤 모습을 보이고, 그 속에서 민화는 어떤 의미를 지니고 있을까?

우선 조선 시대 전기에는 불교 미술이 발달하여 회화의 황금기였다. 중기에는 새나 짐승을 그린 영모화와 꽃과 새를 그린 화조화가 발달하였고, 수묵화도 많이 그려졌다. 후기에는 진경 산수화가 발달하였다. 또, 김홍도와 신윤복 등의 화가가 서민의 생활상을 그리거나 양반을 풍자하는 풍속화를 그렸다. 민화는 조선 후기 서민층에서 유행하던 그림으로 정식 미술 교육을 받지 않은 화가가 일상생활이나 종교 생활에 필요한 그림을 그려 냈다. 정통 회화에 비해 작품성이 떨어진다고 볼 수도 있겠지만, 민화는 서민들의 감정을 잘 담아냈다. 파격적인 구성과 아름다운 색채 등으로 한국적 미를 잘 드러낸 민족의 그림이라고 할 수 있겠다. |교과 연계| **중학교 미술 ①**_우리나라 미술

〈「꽃과 나비」, 나비는 무병장수를 상징하고, 모란은 부귀영화를 상징함.〉

논술형
문제

〈보기〉를 읽고 빈칸에 들어갈 책 제목을 결정한 후, 그 책을 고른 이유를 서술하시오.

┌─보기─
민화에는 '책거리 민화'라 불리는 것이 있다. 조선 시대는 유교 사회로 학덕이 높은 사람을 우대했고, 그 시대의 책은 아주 귀했기 때문에 책이 가득 찬 책꽂이 그림으로 사람들의 마음을 대신했다. 내가 만약 나만의 책거리 민화를 그리게 된다면, 나는 ☐☐☐☐☐☐을/를 그려 넣고 싶다.

[1-2] 다음 글을 읽고 물음에 답하시오.

문화적 전통은 과거의 문화 중에서 현재에도 적합성을 가지는 문화적 유산을 뜻한다. 따라서 근대화가 계속되더라도 ㉠적합성을 잃지 않으면서 우리의 문화적 정체성을 살려 문화를 올바로 이어나가는 일이 문화적 전통을 확립하는 길이다.

문화적 전통의 확립은 적어도 세 가지 조건을 충족시켜야 한다. 그것은 변화되는 사회에도 높은 적합성을 가져야 한다는 조건, 우리 문화 고유의 문화적 정체성이 존중되어야 한다는 조건, 그리고 문화의 가치와 규범이 일관성과 체계성을 가져야 한다는 문화적 통합성의 조건 등이다.

사회 변동에 따른 문화적 적합성을 지나치게 일방적으로 강조하면 문화의 정체성를 상실하게 될 위기에 처할 수 있다. 그러나 문화의 정체성을 지나치게 강조하면 다시 문화의 적합성 문제가 생길 것이다. 또한, 문화의 통합성을 지나치게 강조하면 문화적 획일주의에 빠져 문화의 ㉡침체를 가져올 위험이 있다.

1 ㉠과 관련된 한자 성어로 가장 적절한 것은?

① 온고지신(溫故知新)
② 연목구어(緣木求魚)
③ 수주대토(守株待兎)
④ 동병상련(同病相憐)
⑤ 기호지세(騎虎之勢)

2 문맥상 ㉡과 바꿔 쓰기에 가장 적절한 것은?

① 적체
② 연체
③ 정체
④ 삽체
⑤ 계체

[3-4] 다음 글을 읽고 물음에 답하시오.

인공 지능을 연구하는 사람들은 컴퓨터 프로그램의 문제 해결 능력이 프로그램의 구성 방법에 좌우되지 않고 프로그램이 가지고 있는 지식의 양에서 나온다고 ㉠가정하고 있다. 그래서 정보와 지식을 많이 보유할수록 지능적인 프로그램이 된다고 본다. 한 인공 지능 연구자에 따르면 현실 세계에서 컴퓨터가 인공 지능을 ⓐ발휘하기 위해서는 약 10만 개 이상의 사실이 필요하다고 한다. 그러나 컴퓨터가 이 정도로 많은 사실을 보유하더라도, 이들을 빠른 시간 내에 검색할 수 있게 ⓑ구성하는 일은 쉽지 않다. 반면에 인간은 엄청난 양의 정보를 기억하고 있으며, ⓒ방대한 양의 지식과 상식을 빠르게 검색할 뿐만 아니라, 다른 범주의 지식까지 끌어들여 자신이 처한 상황을 올바르고 신속하게 이해할 수 있는 능력을 가지고 있다. 또한, 인공 지능 컴퓨터와는 달리 모호함을 이해하고, 지식의 사용 규칙을 ⓓ인식하지 않고도 많은 형태의 지식을 사용하여 본능과 ⓔ직관에 의한 행동을 하기도 한다.

3 ㉠의 문맥적 의미와 가장 가까운 것은?

① 금성에 물이 있다고 가정하고 연구를 진행해 보자.
② 시험을 백 점 맞았다고 가정하고 선물을 사 달라고 하더라.
③ 최악의 상황을 가정하고 남는 돈이 얼마인지 계산해 보았다.
④ 동생이 남은 호떡을 먹었을 거라고 가정하고 하나 더 사왔다.
⑤ 아이가 무사히 도착했다고 가정하고 연락을 기다리지 않았다.

4 ⓐ~ⓔ의 문맥적 의미를 활용하여 만든 문장으로 적절하지 않은 것은?

① ⓐ: 오늘 저녁 우리 엄마가 요리 솜씨를 발휘할 예정이다.
② ⓑ: 작가들은 문학 작품을 구성하는 데 있어 개인적 경험을 중요하게 생각한다.
③ ⓒ: 도서관에 책이 정말 방대하고 휴게실도 좋더라.
④ ⓓ: 현상을 올바르게 인식하는 것은 중요하다.
⑤ ⓔ: 그의 창백한 얼굴을 보고 안 좋은 일이 생겼음을 직관적으로 알 수 있었다.

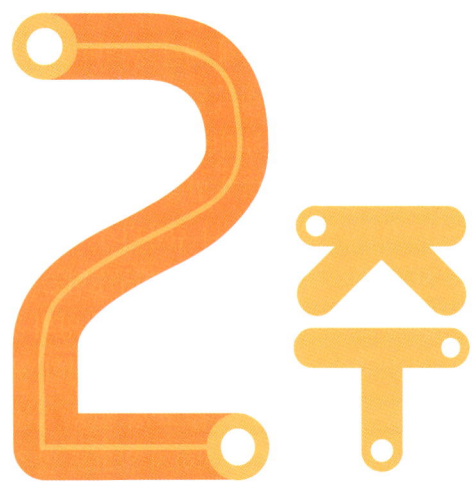

2주

문단 독해 기술

이번 주에
배울 내용이야!

DAY 7

문단 독해 기술

 **정의**

정의란 어떤 말이나 사물의 뜻을 명백히 밝혀 풀이하는 설명 방법이다. 정의는 주로 '~ 은/는 ~이다.' 등의 문장으로 표현된다.

예 [1]고대인들은 평상시에는 생존하기 위해 각자 노동에 힘쓰다가, 축제와 같은 특정 시기가 되면 함께 모여 신에게 제의를 올리며 놀이를 즐겼다. [2]노동은 신이 만든 자연을 인간이 자신에게 유용하게 만드는 속된 과정이다. [3]이는 원래 자연의 모습을 훼손하는 것이기에 신에게 죄를 짓는 것이다.

⇒ 두 번째 문장에서 '~는 ~이다.'의 문장 구조를 활용하여 노동의 개념을 정의하고 있으므로 여기에 정의가 사용되었음을 알 수 있다.

확인 문제 다음 ①~⑤ 중, 정의의 방법이 사용된 문장을 고르시오.

〈 전국연합 학력평가 〉

① 직장인 A씨는 셔츠 정기 배송 서비스를 신청하여 일주일 간 입을 셔츠를 제공받고, 입었던 셔츠는 반납한다. ② A씨는 셔츠를 직접 사러 가거나 세탁할 필요가 없어져 시간을 절약할 수 있게 되었다. ③ 이처럼 소비자가 회원 가입 및 신청을 하면 정기적으로 원하는 상품을 배송받거나, 필요한 서비스를 언제든지 이용할 수 있는 경제 모델을 '구독 경제'라고 한다. ④ 신문이나 잡지 등 정기 간행물에만 적용되던 구독 모델은 최근 들어 그 적용 범위가 점차 넓어지고 있다. ⑤ 이로 인해 사람들은 소유와 관리에 대한 부담은 줄이면서 필요할 때 사용할 수 있는 방식으로 소비를 할 수 있게 되었다.

확인 문제 다음 글을 읽고 빈칸을 채워 넣으시오.

〈 전국연합 학력평가 〉

최근 예술 분야에서는 과학 기술을 이용하여 새로운 장르를 개척하려는 시도가 이루어지고 있다. 이러한 배경을 바탕으로 등장한 예술의 하나가 바로 '엑스레이 아트 (X-ray Art)'이다. 엑스레이 아트는 엑스레이 사진을 활용하여 만든 예술 작품을 의미한다.

• (   )의 정의: 엑스레이 사진을 활용하여 만든 예술 작품

2 예시

예시란 내용과 관련된 구체적인 사례를 보여 주는 설명 방법이다. 예시를 들 때에는 주로 '예를 들어, 예컨대, 대표적인 예로, 가령, 이를테면' 등의 표현을 사용한다.

> **예** [1]가령 맨눈으로 황금빛 보름달을 관찰하는 경우, 천체 망원경으로 달의 운동을 관측하는 경우, 그리고 특수 기능의 전파 망원경으로 달을 구성하는 물질들의 성분을 관측하는 경우, 이때 각각의 도구를 통해 드러나는 달의 의미는 달라진다. [2]첫 번째 달은 시적인 존재로서의 의미를, 두 번째 달은 지구 주위를 도는 위성으로서의 존재 의미를 갖게 된다. [3]하지만 세 번째 달은 특정한 광물의 보고(寶庫)로서의 존재 의미를 갖게 된다. [4]이렇게 기술은 세계의 존재론적 의미를 새롭게 구성하는 능력을 가지고 있다고 하이데거는 주장한다.
>
> ⇒ 첫 번째 문장에서 **'가령'의 표현을 사용**하여 달의 의미가 달라지는 경우를 보여 주고 있으므로 여기에 **예시** 가 사용되었음을 알 수 있다.

확인 문제 다음 글에서 예시를 통해 설명하고자 한 내용을 파악하여 빈칸을 채워 넣으시오.

〈 전국연합 학력평가 〉

비트겐슈타인은 언어를 놀이에 비유하여 '언어 놀이'라는 개념을 고안했는데, 그것은 '언어와 그 언어가 뒤얽혀 있는 행위들로 구성된 총체'를 의미한다. 그가 이와 같은 개념을 고안한 것은 언어를 말한다는 것이 어떤 활동의 일부이며 삶의 형식을 바탕으로 이루어지는 것임을 부각하기 위해서이다. 예컨대 건축 현장에서 누가 "망치!"라고 말했을 때, '망치'는 그냥 놓여 있는 망치를 지시하기 위해서가 아니라 망치를 건네달라는 목적으로 사용된 말이다. 그는 이 상황에서 '망치'가 망치라는 대상을 지시하는 것만 안다면 그 건축 현장의 상황 속에서 진행되는 언어 놀이를 할 수 없다고 말한다. 맥락과 규칙을 알고 그에 따른 행위가 전제되어야 언어 놀이가 가능하다는 것이다.

● 언어 놀이는 (　　　　)과 규칙을 알고 그에 따른 행위가 전제되어야 가능함.
　예 건축 현장에서 "망치!"는 망치를 건네달라는 의미임.

 **3 주장과 근거**

주장은 어떤 사물이나 대상에 대한 자기의 의견이나 입장이고, **근거**는 이를 뒷받침하는 것이다. 주장은 대체로 글의 앞이나 뒷부분에 제시되며, 근거는 '왜냐하면 ~ 때문이다.' 등의 표현을 통해 주장의 타당성을 보충한다.

> 예 ¹기업과 소비자, 기업과 지역 사회의 관계가 매우 밀접한 현대 사회에서는 기업의 경영 행위가 소비자와 지역 사회에 막대한 영향을 끼친다. ²기업은 투명하고 효율적인 경영으로 기업을 유지할 책임이 있다.〔주장〕 ³한 기업이 망하면 직원들과 관련 기업들이 어려움을 겪게 되고, 나아가 지역 사회와 국가 경제도 타격을 받기 때문이다.〔근거〕

⇒ 두 번째 문장에는 상황에 대한 글쓴이의 **주장**이 드러나 있고, 세 번째 문장에서는 '~ 때문이다.'의 표현을 사용하여 주장의 **근거**를 제시하고 있으므로 이 글에는 **주장**과 **근거**가 나타나 있음을 알 수 있다.

확인 문제 다음 글을 읽고 빈칸을 채워 넣으시오.

⟨ 전국연합 학력평가 ⟩

> 현대 사회에서도 연민은 생길 수 있으며 연민의 가치 또한 커질 수 있다. 그 이유를 세 가지로 제시할 수 있다.
>
> 첫째, 현대 사회는 과거보다 안전한 것처럼 보이지만 실은 도처에 위험이 도사리고 있다.
>
> 둘째, 행복과 불행이 과거보다 사람들의 관계에 더욱 의존하고 있다. 친밀성은 줄었지만 사회·경제적 관계가 훨씬 촘촘해졌기 때문이다.
>
> 셋째, 교통과 통신이 발달하면서 현대인은 이전에 몰랐던 사람들의 불행까지도 의식할 수 있게 되었다. 물론 간접 경험에서 연민을 갖기가 어렵다고 치더라도 고통을 대면하는 경우가 많아진 만큼 연민의 필요성이 커져 가고 있다. 이러한 정황에서 볼 때 연민은 그 어느 때보다 절실히 요구되며 그만큼 가치도 높다.

● 주장: 현대 사회에서도 (   )이 요구되며 그 가치도 높다.

● 근거: ① 현대 사회는 도처에 (   )이 도사린다.

  ② 행복과 불행이 과거보다 더 사람들의 (   )에 의존한다.

  ③ 이전에 몰랐던 사람들의 (   )도 의식할 수 있다.

 **귀납과 연역**

귀납은 **구체적이고 개별적인 사실로부터 일반 법칙을 이끌어 내는 논증 방법**이고, 연역은 **일반 법칙으로부터 개별적이고 구체적인 사실을 이끌어 내는 논증 방법**이다. 귀납은 여러 개의 근거가 나온 후 '따라서, 그러므로' 등의 표현을 사용해 결론을 도출하고, 연역은 대전제와 소전제가 나온 후 '따라서, 그러므로' 등의 표현을 사용해 결론을 도출한다.

예 ¹결혼 30년차 잉꼬부부인 인기 연예인의 기사가 나올 때면 두 사람의 외모가 남매처럼 닮았다는 댓글이 달린다. ²한 방송에는 쌍둥이로 착각할 만큼 닮은 외모를 가진 결혼 13년차 부부가 등장하기도 하였다. ³이러한 사례를 볼 때 오랜 시간을 함께 산 부부의 외모는 닮았다는 결과를 알 수 있다. ⁴실제로 우리는 결혼한 지 오래된 부부의 사진만 보고도 두 사람이 부부임을 알아차리기도 한다.

⇒ 첫 번째 문장과 두 번째 문장에서 **구체적인 사례를** 제시하고 있고 세 번째 문장에서 '오랜 시간을 함께 산 부부의 외모는 닮았다.'라는 **결론을** 내리고 있으므로 이 글에는 **귀납**이 사용되었음을 알 수 있다.

확인 문제 다음 글의 빈칸에 들어갈 문장으로 알맞은 것을 고르시오.

〈 전국연합 학력평가 〉

다이아몬드는 우리가 생각하는 것보다 구하기 힘든 광물이 아니다. 오히려 루비와 같은 보석이 다이아몬드보다 만들어지는 양이 더 적으므로 구하기 어려운 광물이다. 다이아몬드의 가격이 오른 이유는 다음과 같다. 한 다이아몬드 회사가 다이아몬드는 영원한 사랑을 의미하며 부와 행운을 가져다주는 보석이라는 광고를 하였다. 그 결과 많은 사람들이 다이아몬드를 가지고 싶어 했고 다이아몬드의 가격이 크게 올랐다.

바이러스성 질병인 ◇◇◇이 확산되며 바이러스 감염을 막으려 많은 사람들이 '마스크'를 사기 위해 약국을 찾았다. 이에 '마스크'를 구하기 힘들어지면서 '마스크'는 구하고 싶어도 구하기 어려운 물건이 되었다. 많은 사람이 사고 싶어 하던 약 2,500원 정도의 '마스크'는 한 장에 8,000원가량에 팔리기도 하였다.

위의 두 사례처럼, 생산되는 양이 많다고 하더라도 (   ).

① 다이아몬드와 '마스크'는 비싸다.
② 원래 다이아몬드와 '마스크'는 귀하지 않다.
③ 사람들은 가격을 신경 쓰지 않고 물건을 산다.
④ 사고 싶은 사람이 많아지면 그 가격은 오른다.

확인 문제 ㈀에 들어갈 문장으로 알맞은 것을 고르시오.

〈 전국연합 학력평가 〉

대다수의 사람들이 들고 있던 그릇을 바닥으로 떨어뜨려 깨뜨린 경험을 가지고 있을 것이다. 모든 물건을 공중에서 떨어뜨리면 바닥으로 떨어진다. 지구가 지구의 중심으로 물체를 끌어당기는 힘인 중력이 작용하고 있기 때문에 물건을 공중에서 놓으면 물체가 바닥으로 떨어지게 된다. ⎣　　㈀　　⎦ 따라서 사과도 공중에서 놓으면 바닥으로 떨어진다. 지구 중심으로 사과를 끌어당기는 중력이 작용하고 있기 때문이다.

① 사과는 물건이다.
② 사과는 과일 중 하나이다.
③ 사과는 중력의 영향을 받는다.

5 비판과 반박

비판과 반박이란 어떤 주장의 옳고 그름을 가리거나 그 주장에 반대하여 말하는 방식이다. 비판이나 반박은 비판이나 반박이 이루어지는 핵심 주장과 근거가 반드시 글 안에 있기 때문에 글 안에서 이를 파악하고, 타당성 여부를 파악한다.

 ❶ ¹의무론적 관점은 행위에 대한 도덕적 판단이 도덕 법칙에 따라 이루어져야 한다고 보았다. ²이 관점은 도덕 법칙을 지키려는 의지를 의무로 보았으며 결과와 무관하게 행위 자체의 옳고 그름에 주목하였다. ³도덕 법칙은 언제나 타당하고 보편적인 것이기에 '왜'라는 질문은 성립하지 않는다. ⁴따라서 좋지 않은 결과를 초래하더라도 도덕 법칙은 지켜야 한다. ⁵이런 의미에서 의무론적 관점을 법칙론이라고도 한다.

❷ ¹한편, 목적론적 관점은 행복이나 쾌락을 인간이 추구해야 할 목적으로 보았다. ²이 관점은 오로지 최선의 결과를 가져오는 행위가 옳은 행위이며, 경험을 통하여 도덕을 얻을 수 있다고 생각하였다. ³도덕은 '보다 많은 사람들에게 보다 많은 행복을 가져오는 행위'이다. ⁴따라서 어떤 행위를 결정할 때는 미래에 있을 결과를 고려해야 한다. ⁵이런 의미에서 목적론적 관점을 결과론이라고도 한다.

⟹ ❷의 중심 화제인 목적론적 관점에서 ❶의 중심 화제인 의무론적 관점을 비판한다고 가정하면, 그 내용은 '좋지 않은 결과를 초래하더라도 도덕 법칙을 지켜야 한다는 의무론적 관점은 보다 많은 사람들에게 보다 많은 행복을 가져오는 결과를 고려하지 않았기에 옳지 않다.'로 정리할 수 있다.

확인 문제 다음 글의 입장에서 〈보기〉의 견해를 비판한 내용으로 가장 적절한 것을 고르시오.

〈 전국연합 학력평가 〉

공공 미술에서는 대중과의 소통을 위해 누구나 쉽게 다가가 감상할 수 있는 작품을 만들어야 하므로, 미술가는 자신의 미학적 입장을 어느 정도 포기해야 한다고 우려할 수 있다. 하지만 이러한 우려는 대중의 미적 감상 능력을 무시하는 편협한 시각이다. 왜냐하면 추상적이고 난해한 작품이라도 대중과의 소통의 가능성은 늘 존재하기 때문이다. 따라서 공공 미술에서 예술의 자율성은 소통의 가능성과 대립하지 않는다. 공공 미술가는 예술의 자율성과 소통의 가능성을 높이기 위해 대중의 예술적 감성이 어떠한지, 대중이 어떠한 작품을 기대하는지 면밀히 분석하며 작품을 창작해야 한다.

〔보기〕

그동안 공원이나 광장 같은 공공장소에 주변 공간과의 조화를 고려하지 않고 마치 던져 놓은 듯 만들어 놓은 공공 미술 작품들은 대중의 관심을 끌지 못했다. 이는 대중과의 소통을 염두에 두지 않았기 때문에 발생하는 것이다. 따라서 공공 미술가는 대중과의 소통을 위해 때로는 자신의 미학적 입장을 포기할 수 있어야 한다.

① 공원이나 광장 같은 공공장소에 설치된 작품들은 예술 작품으로 볼 수 없다.

② 대중의 미적 감상 능력은 한계가 있으므로 작품에서 작가의 미학적 입장을 강조해서는 안 된다.

③ 공공 미술에서 미술가가 자신의 미학적 입장을 포기하지 않아도 대중과의 소통 가능성은 열려 있다.

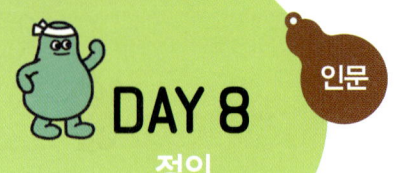
유추를 통한 사고 방법

모르는 어휘에 ☑ 표시를 하고, 표시한 어휘에 주목하여 지문을 읽어 보시오.

☐ 짐작   ☐ 행하다   ☐ 여부   ☐ 확정   ☐ 폄하

» 한 문장으로 요약하기

❶ 문단:

❷ 문단:

❸ 문단:

❹ 문단:

무엇인가를 알아내는 사고 방법에는 여러 가지가 있는데 그중 하나가 유추이다. 유추란 어떤 사물이나 현상의 성질을 그와 비슷한 다른 사물이나 현상에 기초하여 미루어 짐작하는 것을 말한다. 이는 학문 또는 예술 활동에서뿐만 아니라 일상생활에서도 흔히 행하고 있는 사고법이다.

유추는 '알고자 하는 특성의 확정 – 알고 있는 대상과의 비교 – 결론 내리기'의 과정을 통해 이루어진다. 동물원에 가서 '백조'를 처음 본 어린아이가 그것이 날 수 있는가의 여부를 판단하는 과정을 생각해 보자. 이 경우 '알고자 하는 대상'과 그 '알고자 하는 특성'을 확정하면 '백조가 날 수 있는가?'가 된다. 그런데 그 아이가 자신이 이미 알고 있는 '비둘기'를 떠올리고는 백조와 비둘기 사이에 '깃털이 있다', '다리가 둘이다', '날개가 있다' 등의 공통점을 발견하였다. 이렇게 공통점을 발견하는 것이 바로 비교이다. 그다음에 '비둘기는 난다'는 특성을 다시 확인한 후 '백조가 날 것이다'라고 결론을 내리면 유추가 끝난다.

많은 논리학자들은 유추가 판단을 그르치게 한다고 폄하한다. 유추를 통해 알아낸 것이 옳다는 보장이 없기 때문이다. 위의 경우 '백조가 난다'는 것은 옳다. 그런데 똑같은 방법으로 '타조'에 대해 '타조가 난다'라는 결론을 내렸다면, 이는 사실에 어긋난다. 이는 공통점이 가장 많은 대상을 비교 대상으로 선택하지 못했기 때문이다. 이렇게 유추를 통해 알아낸 것은 옳을 가능성이 있다고는 할 수 있어도 반드시 옳다고 할 수는 없다.

결국 ㉠유추를 통해 옳은 결론을 내릴 가능성을 높이는 것이 중요한데, '범위 좁히기'의 과정을 통해 비교할 대상을 선정함으로써 그 가능성을 높일 수 있다. 만약 어린아이가 수많은 새 중에서 비둘기 말고, 타조와 더 많은 공통점을 갖고 있는 것, 예를 들면 '몸통에 비해 날개 크기가 작다'는 공통점을 하나 더 갖고 있는 '닭'을 가지고 유추를 했다면 '타조는 날지 못할 것이다'라는 결론을 내렸을 것이다. 따라서 옳지 않은 결론을 내릴 가능성을 항상 안고 있음에도 불구하고 유추는 필요하다. 우리 인간이 많은 지식을 갖게 된 것은 유추와 같은 사고법을 가지고 있기 때문이다.

독해 기술 적용   윗글을 바탕으로 '유추'의 뜻을 정의하여 쓰시오.

🛡 유추란

1 윗글에 대한 설명으로 가장 적절한 것은?

① 유추의 활용 사례들을 분석하면서 그 유형을 소개하고 있다.

② 유추의 방법과 효용을 알려 주면서 그 유용성을 강조하고 있다.

③ 유추에 대한 학문적 논의의 과정을 시간 순서대로 소개하고 있다.

④ 유추의 문제점을 지적하면서 새로운 사고 방법의 필요성을 역설하고 있다.

⑤ 유추와 다른 사고 방법들과의 차이점을 부각하면서 그 본질을 이해시키고 있다.

2 윗글의 내용을 바탕으로 판단할 때, ㉠을 위해 할 일로 가장 적절한 것은?

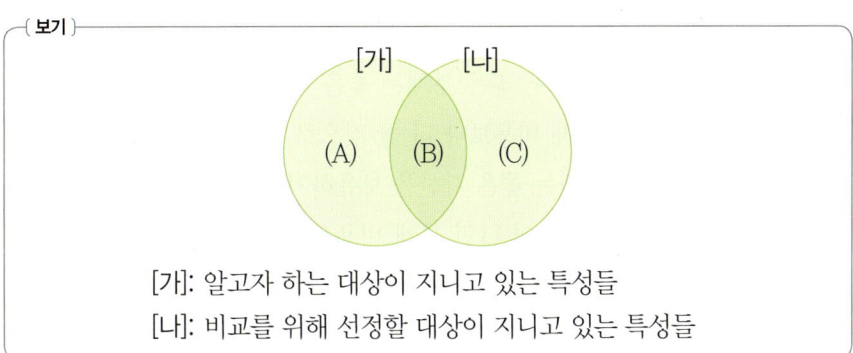

─ 보기 ─

[가]   [나]

(A) (B) (C)

[가]: 알고자 하는 대상이 지니고 있는 특성들
[나]: 비교를 위해 선정할 대상이 지니고 있는 특성들

① (A)의 범위가 가장 넓은 대상을 선택해야 한다.

② (B)의 범위가 가장 넓은 대상을 선택해야 한다.

③ (C)의 범위가 가장 넓은 대상을 선택해야 한다.

④ (A)와 (C)의 면적 차이가 가장 큰 대상을 선택해야 한다.

⑤ (A), (B), (C)의 면적이 동일한 대상을 선택해야 한다.

3 윗글에서 '유추'의 과정을 찾아 한 문장으로 쓰시오.

좋고 나쁜 자산과 부채

모르는 어휘에 ☑ 표시를 하고, 표시한 어휘에 주목하여 지문을 읽어 보시오.

☐ 수익　　　☐ 정기　　　☐ 전세금　　　☐ 회수　　　☐ 보유

>> 한 문장으로 요약하기

❶ 문단:

　　자산을 한마디로 정의하면 '내가 가진 돈(재산)'이다. 자산은 주인이 관심을 갖고 잘 관리하면 수익을 생산한다. 자산은 수익을 내는지의 여부에 따라 좋은 자산과 나쁜 자산으로 구분한다. 좋은 자산이란 수익을 내는 자산을 말한다. 정기 예금처럼 투자 위험은 낮으나 낼 수 있는 수익도 적은 자산, 주식처럼 위험이 높은 대신에 낼 수 있는 수익이 많은 자산, 부동산처럼 직접 사용하면서도 수익을 낼 수 있는 자산 등이 좋은 자산에 해당한다. 반면, 나쁜 자산이란 수익을 내지 못하는 자산을 말한다. 주택 전세금처럼 수익을 낼 수 없거나, 자동차처럼 오히려 가치가 감소하는 자산이 나쁜 자산이다.

❷ 문단:

　　한편, 부채란 '빌린 돈'을 말한다. 남의 것이기 때문에 약속한 기간 내에 전부 돌려줘야 한다. 부채는 비용을 발생시킨다. 즉 남의 것을 사용한 대가로 이자나 수수료 등을 지불해야 하는데, 이를 부채 비용이라 한다. 부채도 사용 목적에 따라 좋은 부채와 나쁜 부채로 구분한다. 좋은 부채는 좋은 자산을 보유하기 위한 것으로, 해당 자산이 내는 수익이 부채 비용보다 더 클 것으로 기대될 때 이용한다. 예를 들어 주택을 구입하기 위한 부채는 좋은 자산을 보유하기 위한 것이기 때문에 좋은 부채이다. 주택 매매를 통해 이익이 나면 부채 비용을 모두 갚을 수도 있고, 주택도 남게 되므로 좋은 부채인 셈이다. ㉠이는 마치 바가지로 물을 빌려 와 항아리에 옮긴 후 다시 바가지로 퍼서 빌린 물을 돌려줄 수 있는 것과도 같다.

❸ 문단:

　　반면에, 자산을 늘리는 데 방해가 되는 부채는 모두 나쁜 부채가 된다. 소비를 위해 빌리는 돈이 대표적이다. 빌린 돈은 소비로 없어지고, 부채 비용도 회수할 수 없으므로 자산을 늘리는 데 큰 방해가 되기 때문이다. 만약 주택으로 추가 부채를 얻어서 자동차를 구입했다면 이 역시 나쁜 부채라 할 수 있다. (　　　㉡　　　)

❹ 문단:

　　그렇다면 수익을 위한 가장 빠른 방법은 부채를 이용하는 것일까? 그렇지는 않다. 좋은 자산을 보유하기 위한 목적이 아니라면 가급적 돈을 빌리지 말아야 한다. 또한, 좋은 자산이라도 가치가 하락하거나 수익을 생산하지 못하는 경우도 있다.

독해 기술 적용　윗글의 중심 화제와 그 뜻을 **정의**하여 쓰시오.

🐟 중심 화제:

🐟 뜻:

1 윗글의 서술상 특징에 대한 설명으로 적절하지 <u>않은</u> 것은?

① 용어의 개념을 설명하고 있다.

② 중심 화제와 관련된 다양한 이론을 소개하고 있다.

③ 서로 대비되는 서술 대상을 다시 나누어 서술하고 있다.

④ 자문자답을 통해 말하고자 하는 바를 이끌어 내고 있다.

⑤ 구체적인 예를 제시함으로써 서술 내용에 대한 이해를 돕고 있다.

2 ㉠을 참고할 때, ㉡에 들어갈 수 있는 내용으로 가장 적절한 것은?

① 이는 마치 더러운 하수를 모아 두었다가 몇 단계의 정수 과정을 거쳐 깨끗한 물로 바꾸어 주는 것과 같다.

② 이는 마치 오랜 시간 동안 어렵게 바가지로 물을 모았다가 자동 펌프를 이용해 순식간에 물을 퍼내는 것과 같다.

③ 이는 마치 도랑물이 모여서 개천을 이루고, 또 개천이 모여서 강물을 이루고, 강물이 모여서 바닷물을 이루는 것과 같다.

④ 이는 마치 물탱크로 유입된 물을 서로 다른 배관을 통해 주방, 화장실, 주차장, 화단 등 필요한 곳으로 보내는 것과 같다.

⑤ 이는 마치 바가지로 물을 빌려 와 깨진 항아리에 옮겼다가 빌린 물을 돌려주기 위해서 새로 물을 길어 오거나 또다시 물을 빌려 와야 하는 것과 같다.

3 윗글을 바탕으로 A의 질문에 적절한 B의 대답을 쓰시오.

> A: 주택을 구입하기 위해 돈을 빌리는 것을 왜 좋은 부채라고 하는 거야?
>
> B: 응, 그건 말이야, _____

_____

_____

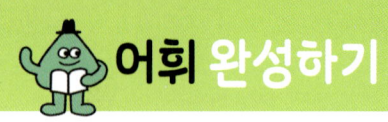
>> 다음 어휘의 뜻을 확인하고, 학습한 어휘에 ☑ 표시를 하시오.

☐ **짐작**
斟 짐작할 짐
酌 따를 작

사정이나 형편 따위를 어림잡아 헤아림.
⑩ 우리는 사건의 진상을 짐작할 수 있었다.

☐ **수익**
收 거둘 수
益 더할 익

이익을 거두어들임. 또는 그 이익.
⑩ 가게를 열어 막대한 수익을 올렸다.

☐ **행하다**
行 다닐 행

어떤 일을 실제로 해 나가다.
⑩ 김 대리는 회사에서 업무를 행하였다.

☐ **정기**
定 정할 정
期 기약할 기

기한이나 기간이 일정하게 정하여져 있는 것.
또는 그 기한이나 기간.
⑩ 정기 여객선을 타고 그 섬을 방문하였다.

☐ **여부**
與 더불 여
否 아닐 부

그러함과 그러하지 아니함.
⑩ 구급 대원들은 사람들의 생사 여부를 확인하였다.

☐ **전세금**
傳 전할 전
貰 세낼 세
金 쇠 금

전세를 얻을 때 그 부동산의 소유주에게 맡기
는 돈.
⑩ 이사 철을 맞아 점점 전세금이 오르고 있다.

☐ **확정**
確 굳을 확
定 정할 정

일을 확실하게 정함.
⑩ 그 기업은 새로운 진출 분야를 자동차 산업으로 확정하였다.

☐ **회수**
回 돌아올 회
收 거둘 수

도로 거두어들임.
⑩ 우리 회사는 자금의 회수가 늦어져 은행 이자를 갚지 못했다.

☐ **폄하**
貶 떨어뜨릴 폄
下 아래 하

가치를 깎아내림.
⑩ 기존의 연구 성과들을 폄하하였다.

☐ **보유**
保 보전할 보
有 있을 유

가지고 있거나 간직하고 있음.
⑩ 그 회사의 보유 한도가 얼마나 되는지를 살폈다.

확인 문제

1 다음 빈칸에 들어갈 알맞은 어휘를 괄호 안의 초성을 참고하여 빈칸에 쓰시오.

(1) 그분은 선(善)을 몸소 (ㅎㅎ →   )신 분이야.

(2) 사건의 사실 (ㅇㅂ →   )를 반드시 확인하고 기사를 써야 한다.

(3) 정부의 부동산 정책으로 인해 (ㅈㅅㄱ →   )이 나날이 오르고 있다.

2 문맥을 고려하여, 다음 문장의 괄호 안에 들어갈 알맞은 어휘를 고르시오.

(1) 한 달에 한 번씩 (정기 / 임시) 모임을 갖자.

(2) 다 함께 노력한 결과 높은 (수익 / 수입)을 남겼다.

(3) 당시의 사람들은 그 책의 가치를 (차별 / 폄하)하며 업신여겼다.

(4) 병이나 종이 등 재활용품의 (철회 / 회수)가 잘 이루어지지 않고 있다.

3 다음의 밑줄 친 어휘와 바꿔 쓰기에 가장 적절한 어휘를 〈보기〉에서 찾아 쓰시오.

┌ 보기 ┐
     보류   짐작   보유   확정   유보

(1) 중소기업에서 우수한 전문 IT 기술을 확보(確保)하고 있다.

(   )

(2) 부모가 일방적으로 자식의 진로를 결정(決定)해서는 안 된다.

(   )

(3) 나는 지난밤 어떤 일이 벌어졌었는지 추측(推測)할 수 있었다.

(   )

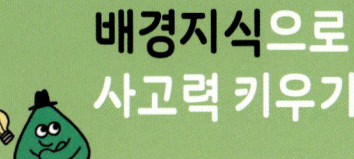

합리적인 자산 관리 방법

자산 관리란 자신이 벌어들인 소득으로 언제, 얼마만큼 소비할지, 어떻게 자산을 모으고 불릴지 미리 계획을 세우고, 이를 실천하는 것을 말한다. 개인은 벌어들인 소득 중 소비하고 남은 저축을 현금으로 보유하거나, 여러 형태로 투자할 수 있다. 합리적인 자산 관리를 위해서는 저축이나 투자의 목적과 기간을 살펴보고, 수익성과 안전성, 유동성 등을 고려해야 한다.

수익성은 투자를 통해 수익을 얻을 수 있는 정도를, 안전성은 투자한 원금이 손실되지 않고 보장되는 정도를, 유동성은 필요할 때 쉽고 빠르게 현금으로 전환할 수 있는 정도를 의미한다.

일반적으로 예금이나 적금은 안전성은 높은 데 비해 수익성이 낮고, 주식은 수익성이 높지만 안전성이 낮다. 이와 같은 자산의 특성을 잘 고려하여 적절한 자산 관리 방법을 선택해야 한다. 또한, 자산 관리를 할 때에는 자산을 늘리는 것뿐만 아니라 지출을 체계적으로 관리하여 불필요한 낭비를 줄이는 것도 중요하다.

| 교과 연계 | **중학교 사회 ②**_금융 생활의 중요성

다음 질문자의 자산 관리 유형을 밝히고, 올바른 자산 관리 방법을 제안해 서술하시오.

○○○
이투스 지식in

Q. 자산 관리의 노하우를 알려 주세요.

학교를 졸업하고 취업한 지 5년차입니다.

모아 놓은 돈으로 무엇을 할까 고민하다가 그동안 꼭 한번 갖고 싶었던 고급 자동차를 사려고 합니다. 물론 돈이 모자라 대출을 받아서요. 주변에서 말리시는데, 이유를 알 수가 없어요. 돈은 앞으로 벌어서 갚으면 되잖아요. 고민 상담 좀 부탁드립니다.

무선 주파수 인식 칩

| 교과 연계 |
중학교 기술·가정 ②_정보 통신 기술의 발달

모르는 어휘에 ☑ 표시를 하고, 표시한 어휘에 주목하여 지문을 읽어 보시오.

☐ 대체　　☐ 판독기　　☐ 재고　　☐ 수시로　　☐ 단언

>> 한 문장으로 요약하기

❶ 문단:

❷ 문단:

❸ 문단:

❹ 문단:

　상품에 붙어 있는 바코드를 본 적이 있을 것이다. 여기서 바코드는 상품 관리를 컴퓨터로 할 수 있도록 상품에 표시해 놓은 막대 모양의 검고 흰 줄무늬 기호를 말한다. 그러나 무선 주파수 인식 칩의 기술은 급속히 바코드를 대체할 태세다.

　무선 주파수 인식 칩은 1970년대 탄도 미사일 추적을 위해 개발된 기술로, 매우 간단한 원리로 작동한다. '파워'가 필요치 않은 태그 안에 전자 회로를 심어 멀리 떨어져 있는 판독기에서 에너지를 받아 정보를 교환하는 것이다. 태그는 실리콘 칩에 단순한 안테나 하나를 붙여 유리나 플라스틱에 넣은 것으로, 데이터를 저장하는 무선 주파수 인식 칩의 핵심 기능을 맡는다. 초창기에 쓰인 무선 주파수 인식 칩 태그는 인식 거리가 1m 이내로 짧아 출입 통제나 재고 관리에 쓰이는 정도였다. 그러다가 사용 가능한 주파수의 영역이 늘어나 인식 거리가 길어지면서 물류·유통의 핵심적인 요소로 여겨지게 되었다.

　기껏해야 가격 정보나 표시하는 바코드와 달리 무선 주파수 인식 칩 태그는 복제가 불가능하고 재활용이 가능하며 다양한 정보를 넣어 암호화할 수 있다. 예컨대, 중고차 구매 과정에서 자동차 생산 공장, 팔린 날짜, 정비나 사고 일자 등을 확인할 수 있다. 무선 주파수 인식 칩 태그를 넣은 상품들은 진열대에서 빛을 발한다. 매장에서 선반에 있는 무선 주파수 인식 칩 상품은 판매 여부가 수시로 확인되기 때문에 팔린 자리에 곧바로 상품을 채워 놓을 수 있다. 또한, 대형 할인 매장에서 '쇼핑 카트'가 계산대를 그대로 빠져 나오면서 순식간에 정산이 되는 일이 가능해질 것으로 보인다. 그렇게 되면 판독기가 상점의 재고율을 감지해 물류 센터에 주문하는 것까지 자동으로 이루어진다. 무선 주파수 인식 칩은 상점의 상품이 움직이는 것까지 감지해, 따로 폐쇄 회로 텔레비전(CCTV)을 설치하지 않아도 절도를 막을 수 있다.

　무선 주파수 인식 칩은 언제 어디서 무엇이든 할 수 있는 지능적 환경을 구축하는 데 핵심 수단으로 떠올랐다. 그러나 그 미래가 꿈의 시대가 될지는 단언하기 어렵다. 어쩌면 ㉠생각지 못한 모습으로 우리를 힘겹게 할 수도 있음을 생각해 봐야 한다.

독해 기술 적용　윗글에서 예시의 설명 방식이 사용된 문단을 고르시오.

❶ 1 문단　　　　　　　　　　❷ 2 문단

❸ 3 문단　　　　　　　　　　❹ 4 문단

1 윗글을 통해 알 수 있는 사실로 적절하지 <u>않은</u> 것은?

① 무선 주파수 인식 칩은 원래 군사적 목적으로 개발된 기술이다.

② 무선 주파수 인식 칩 태그가 부착된 상품은 그 이동 경로를 파악할 수 있다.

③ 무선 주파수 인식 칩 태그는 작동하는 주파수 영역이 넓어질수록 이용 가치가 높다.

④ 상품에 붙어 있는 바코드는 복제가 가능하고 표시할 수 있는 정보의 양도 적다.

⑤ 무선 주파수 인식 칩 태그는 소비자가 직접 다양한 정보를 입력하여 암호화할 수 있다.

2 ㉠의 한 단면으로 제시하기에 가장 적절한 것은?

① 상점의 진열대에 남아 있는 특정 상품의 수량을 컴퓨터로 파악한다.

② 대형 할인점에서 구매한 물건들의 가격을 한번에 계산하여 지불한다.

③ 통신 기기로 친구에게만 이야기한 비밀이 나도 모르는 사이 컴퓨터에 기록된다.

④ 의류 회사에서 상품의 판매량이 색깔과 치수, 가격과 스타일에 따라 어떻게 달라지는지 종합적으로 파악한다.

⑤ 차에 붙인 무선 주파수 인식 칩 태그로 차량 정보를 확인하여 통행료를 거둬들임으로써 고속도로 요금소의 차량 지체 현상을 해소한다.

3 윗글에서 무선 주파수 인식 칩이 바코드를 대체하게 된 이유가 담긴 문장을 찾아 있는 그대로 쓰시오.

_____

_____

모더니즘 미술과 그리드

| 교과 연계 |
중학교 미술 ①_20세기 미술

모르는 어휘에 ☑ 표시를 하고, 표시한 어휘에 주목하여 지문을 읽어 보시오.

☐ 재현   ☐ 연상   ☐ 분할   ☐ 구획화   ☐ 조형미

>> 한 문장으로 요약하기

❶ 문단:

모더니즘 미술은 19세기 중반부터 20세기 중후반까지 진행된 미술 양식으로, 근대 미술, 근대 예술로 볼 수 있다. 모더니즘 미술은 어떠한 대상을 있는 그대로 재현하는 것을 거부하였다. 흰 바탕에 떨어진 잉크 한 방울은 구름이나 돌멩이와 같은 연상을 일으킬 수 있는데, 모더니즘 미술에서는 그러한 연상에 대해 부정적인 인식을 드러냈다. 이러한 인식은 작품이 보여 줄 수 있는 다양성을 제한하는 측면이 있다는 것이다.

❷ 문단:

대상을 재현하는 것은 미술의 본질이 아니라는 생각이 작품을 추상의 길로 나아가게 했고, 그 대표적 양식이 '그리드'이다. 그리드는 사각형의 격자 구조를 의미한다. 그리드는 네덜란드 화가 몬드리안의 「빨강, 파랑, 노랑의 구성」에 의해 널리 알려져 있다. 빨강, 파랑, 노랑의 색면과 검정의 선만으로 이루어진 이 작품은 기본적인 요소만을 이용하여 조화롭고 균형적인 아름다움을 보여 준다고 평가된다.

〈몬드리안, 「빨강, 파랑, 노랑의 구성」〉

❸ 문단:

그리드는 몬드리안의 작품에서 보는 것처럼 화면을 분할하고 구획화함으로써 조형미를 보여 준다. 이러한 회화 방식은 외부 세계에 대한 감상자의 연상을 차단하고 작품 자체에 집중할 수 있게 유도한다. 작품 안에는 그 어떤 내용도 담기지 않으며, ㉠어떤 미술 외적 대상에 대한 매개의 역할을 하지 않는다. 그리드는 모더니즘 미술의 동력이 되었고, 끊임없이 변화하고 발전하며 포스트모더니즘 미술의 바탕으로까지 이어지게 되었다.

독해 기술 적용   윗글의 서술 방식으로 가장 적절한 것을 고르시오.

❶ '모더니즘 미술'의 의의와 한계를 평가하고 있다.
❷ '모더니즘 미술'과 반대되는 개념을 제시하여 개념을 비교하고 있다.
❸ '모더니즘 미술'의 구체적인 사례를 들어 이해하기 쉽게 설명하고 있다.
❹ 전문가의 견해를 인용하여 문제를 해결하기 위한 방안을 검토하고 있다.

1 윗글의 표제와 부제로 가장 적절한 것은?

① 모더니즘 미술의 특징과 한계
   – 몬드리안의 그리드에 대해 말하다
② 모더니즘 미술의 지향성을 보여 주는 그리드
   – 그리드, 대상 재현의 한계성을 극복하다
③ 시각 예술에서 말하는 예술의 개념
   – 균형과 조화가 이루는 아름다움이란
④ 모더니즘 미술의 발전 양상과 그 가치
   – 모더니즘 미술, 포스트모더니즘 미술의 바탕이 되다
⑤ 모더니즘 미술에서의 그리드와 관련된 논란
   – 그리드는 왜 현실 재현을 거부하였나

2 ㉠을 이해한 것으로 가장 적절한 것은?

① 대상을 온전하고 완벽한 형태로 재현해 내는 양식이라는 뜻이다.
② 어떠한 대상을 모방하지 않고 작품 그 자체로 가치를 지니는 양식이라는
   뜻이다.
③ 작품의 주제나 작가의 의도를 왜곡하지 않고 전달할 수 있는 양식이라는
   뜻이다.
④ 감상자가 창의적이고 다양한 방식으로 작품을 이해할 수 있도록 하는 양식
   이라는 뜻이다.
⑤ 시각적 이미지를 통해 세계가 지닌 문제점을 상징적으로 표현할 수 있는
   양식이라는 뜻이다.

3 윗글에서 '몬드리안'이 작품에 조형미를 드러내기 위해 사용한 방법을 찾아 다음
〈조건〉에 맞게 쓰시오.

> ┌ 조건 ┐
> • '몬드리안은 ~함으로써 작품에 조형미를 드러내었다.'의 형식으로 쓸 것.

어휘 완성하기

>> 다음 어휘의 뜻을 확인하고, 학습한 어휘에 ☑ 표시를 하시오.

☐ **대체** 代 대신할 대 替 바꿀 체	다른 것으로 대신함. 예 그것을 대체할 방안에 대해 생각해 봅시다.
☐ **판독기** 判 판가름할 판 讀 읽을 독 機 틀 기	기계적으로나 전기적으로 기록된 기호나 인쇄된 글자를 구분해 파악하여, 컴퓨터에 이용하기 편리한 형태의 신호로 바꾸는 장치. 예 카드 판독기는 슈퍼마켓에서 상품을 판매하는 데 사용된다.
☐ **재고** 在 있을 재 庫 곳집 고	창고에 쌓여 있음. 또는 창고에 있는 물건. 예 그는 남은 재고를 헐값에 넘겨주었다.
☐ **수시로** 隨 따를 수 時 때 시	아무 때나 늘. 예 날씨가 수시로 변한다.
☐ **단언** 斷 끊을 단 言 말씀 언	주저하지 아니하고 딱 잘라 말함. 예 미래의 일을 단언하다.

☐ **재현** 再 다시 재 現 나타날 현	다시 나타남. 또는 다시 나타냄. 예 그는 예술의 목적을 사물의 재현이라고 보았다.
☐ **연상** 聯 잇닿을 연 想 생각 상	하나의 관념이 다른 관념을 불러일으키는 현상. 예 어제의 더위는 중동의 모래사막을 연상시킬 만한 폭염이었다.
☐ **분할** 分 나눌 분 割 나눌 할	나누어 쪼갬. 예 주택 자금을 7년 분할로 상환하였다.
☐ **구획화** 區 구역 구 劃 새길 획 化 될 화	토지 따위의 경계를 잘라 정함. 예 논밭을 구획화하여 정리하였다.
☐ **조형미** 造 지을 조 形 형상 형 美 아름다울 미	어떤 모습을 입체감 있게 예술적으로 형상하여 표현하는 아름다움. 예 도시의 조형미를 추구하는 작가의 실험 정신이 드러나 있다.

확인 문제

1 문맥을 고려하여, 다음 문장의 괄호 안에 들어갈 알맞은 어휘를 고르시오.

(1) 둘 중 어느 쪽이 좋은지 (일언 / **단언**)하기 어렵다.
(2) 재산 (분리 / **분할**)은/는 공동 재산을 나누는 의미를 지닌다.
(3) 선조들이 장을 만드는 전통적인 방식을 (**재현** / 재연)하여 보급하였다.
(4) 아버지의 건강이 걱정되어 아침저녁에 (**수시로** / 가끔) 전화드려 안부를 여쭈었다.

2 다음의 밑줄 친 어휘와 바꿔 쓰기에 가장 적절한 어휘를 〈보기〉에서 찾아 쓰시오.

┌─ 보기 ┐
교환   연상   대체   연체
└─────────────────┘

(1) 귀신의 집을 상상(想像)하게 한 흉가에 다시 방문하게 되었다.
(   )
(2) 전자책이 종이책을 완전히 대신(代身)할 것인지는 아직 미지수이다.
(   )

3 다음 빈칸에 들어갈 알맞은 어휘를 괄호 안의 초성을 참고하여 빈칸에 쓰시오.

(1) 그는 가게를 처분하기 위해 (ㅈㄱ →   ) 정리에 나섰다.
(2) 불국사 다보탑은 대칭성과 (ㅈㅎㅁ →   )가 뛰어난 작품이다.
(3) 카드를 사용하는 손님들을 위해 카드 (ㅍㄷㄱ →   )를 설치하였다.
(4) 학생들은 운동장에 금을 그어 (ㄱㅎㅎ →   )하고, 게임을 진행하였다.

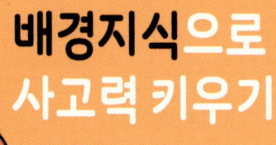
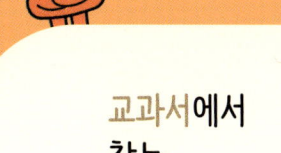
사이버 범죄 예방

현대 사회는 정보 통신 기술의 발전으로 다양한 정보를 쉽게 접하고 공유할 수 있는 환경이 구축되었다. 그리하여 언제 어디서나 시간과 장소에 구애받지 않고 인터넷에 접속하여 전자 상거래, 인터넷 뱅킹, 정보 검색, 온라인 학습 등을 이용함으로써 편리한 생활이 가능해졌다. 그러나 정보 통신 기술 발전의 이면에는 해커에 의한 공격, 개인 정보 유출 등 다양한 사이버 범죄가 있다.

사이버 범죄에는 해킹, 바이러스 유포와 같이 정보 통신망을 이용하는 사이버 테러형 범죄가 있다. 또한, 불법 복제, 불법 사이트 운영과 같은 사이버 공간을 범죄 수단으로 이용하는 일반 사이버 범죄도 있다. 만약 사이버 범죄를 당했을 경우에는 경찰청 홈페이지 범죄 신고 시스템을 이용하여 신고하거나, 가까운 경찰서 민원실에 방문하여 신고해야 한다.

| 교과 연계 | **중학교 기술·가정 ②_정보 통신 기술의 발달**

논술형
문제

다음은 '사이버 범죄 예방의 날'에 대한 기사이다. 기사를 읽고 사이버 범죄 예방 방법을 두 가지 이상 서술하시오.

매년 4월 2일은 사이버 범죄 예방의 날!

4월 2일은 사이버 범죄 예방의 날이다. 사이버(cyber)의 사(4)와 이(2)를 따서 사이버 범죄 예방에 관심을 갖고 그 중요성과 실천 방법에 대해 생각해 보는 기회를 갖자는 취지로 지정되었다. 특히 미성년자 대상 범죄가 높아지는 만큼 사이버 범죄를 막기 위한 예방책을 잘 알고 있어야 한다.

지역 축제 내실화 방안

| 교과 연계 |
중학교 사회 ①_지방 자치 제도

>> 한 문장으로 요약하기

❶ 문단:

❷ 문단:

❸ 문단:

❹ 문단:

모르는 어휘에 ✓ 표시를 하고, 표시한 어휘에 주목하여 지문을 읽어 보시오.

☐ 이바지　　☐ 내실화　　☐ 본격적　　☐ 생태　　☐ 예산

　　지역 축제는 지역 주민의 단합에 이바지하고 지역 경제를 활성화시키는 역할을 한다. 그러나 각 지역의 축제들이 주로 대중 공연을 하거나 기념품 및 먹거리를 판매하는 방식으로 유사하게 진행되다 보니 지역 축제는 본래의 긍정적인 역할을 다하지 못하고 있다. 이에 따라 지역 축제 내실화의 필요성이 제기되고 있다. 그럼 이제 지역 축제를 내실화하기 위한 방안을 본격적으로 살펴보자.

　　지역 축제를 내실화할 수 있는 첫째 방안은 그 지역만의 개성을 담는 것이다. 성공적이라고 평가받고 있는 지역 축제들의 사례를 살펴보자. ㉠'안동 민속 축제'와 '강릉 단오제'는 각 지역의 전통문화인 안동 탈놀이와 강릉 단오굿을 활용하였다. 부산의 '조선 통신사 축제'도 조선 통신사의 무사 항해를 기원하는 해신제를 재현하는 등 그 지역의 전통문화를 활용하였다. 성공적인 지역 축제들은 전통문화를 활용하였음을 알 수 있다. 이외에도 그 지역의 특산물과 생태 환경 등 지역적 특성을 활용한 축제를 개발해서 성공한 사례도 많다.

　　둘째 방안은 지역 축제의 효율적 운영이다. 축제에 지원되는 정부의 예산은 한정되어 있는데, 지역 축제의 수가 많아지면서 몇몇 지방 자치 단체들은 축제 예산 확보에 어려움을 겪고 있다. 좋은 아이디어가 있어도 예산이 부족하면 내실 있게 운영하는 데 한계가 있다. 이를 해결할 수 있는 방법은 주제가 유사한 축제를 통합하는 것이다. 부여와 공주는 '백제 문화'라는 주제로 각각 진행했던 지역 축제를 '세계 대백제전'이라는 하나의 축제로 통합하였다. 그 결과 예산을 효율적으로 사용하면서도 축제의 내용은 더욱 풍성해져 관광객들로부터 좋은 반응을 얻고 있다.

　　지역 축제를 내실화하기 위해서는 내용 측면에서 지역의 개성을 담아 차별화하는 것이 중요하다. 이에 더해 운영 측면에서도 지방 자치 단체들이 서로 협력하여 예산을 효율적으로 활용하는 것이 필요하다. 이러한 노력을 지속해 나간다면 지역 주민의 단합과 지역 경제 활성화라는 역할을 회복할 수 있게 될 것이다.

독해 기술 적용　㉠에서 사용한 논증 방법과 유사한 것을 고르시오.

❶ 모든 사람은 죽는다. 소크라테스는 사람이다. 그러므로 소크라테스는 죽는다.

❷ 참새는 날개가 있다. 방울새도 날개가 있다. 소쩍새도 날개가 있다. 그러므로 모든 새는 날개가 있다.

❸ 오전 9시에 일어나면 학교에 늦는다. 나는 오늘 오전 9시에 일어났다. 그러므로 나는 오늘 학교에 늦을 것이다.

1 ㉠의 논증 방식에 대한 설명으로 가장 적절한 것은?

① 일반적인 원리로부터 구체적 사실을 입증하고 있다.

② 보편적 법칙을 전제로 개별적 현상을 판단하고 있다.

③ 대립되는 특성을 근거로 새로운 인식을 전개하고 있다.

④ 두 대상의 유사성을 근거로 다른 속성을 추리하고 있다.

⑤ 개별적 사례들을 바탕으로 일반적 결론을 이끌어 내고 있다.

2 〈보기〉는 윗글의 중심 내용을 요약한 것이다. ⓐ~ⓔ 중 적절하지 <u>않은</u> 것은?

> ⓐ유사한 방식의 지역 축제가 확산되고 있으므로 지역 축제를 내실화하는 것이 필요하다. 이를 위해서는 ⓑ그 지역만의 개성을 담아 지역 축제를 다른 지역과 차별화해야 한다. 그리고 ⓒ축제에 지원되는 예산은 한정되어 있으므로 지역 축제 예산을 효율적으로 사용해야 한다. 이를 위해 ⓓ주제와 상관없이 여러 지역 축제들을 하나로 통합할 수 있다. ⓔ지역 축제를 내실화하면 지역 축제의 긍정적 역할을 회복할 수 있게 될 것이다.

① ⓐ　　② ⓑ　　③ ⓒ　　④ ⓓ　　⑤ ⓔ

3 윗글에서 지역 축제를 내실화하여 그 지역이 얻을 수 있는 효과를 찾아 쓰시오.

DAY 10 인문

문화를 바라보는 관점

| 교과 연계 |
중학교 도덕 ①_문화 다양성

모르는 어휘에 ☑ 표시를 하고, 표시한 어휘에 주목하여 지문을 읽어 보시오.

☐ 산물 ☐ 금기 ☐ 유용 ☐ 되새김질 ☐ 상호 보완

>> 한 문장으로 요약하기

❶ 문단:

인도인들은 암소를 생명의 상징으로 여기기 때문에 잡아먹지 않는다. 이슬람교도가 돼지고기를 먹지 않는 것 역시 이를 금지하는 종교적 규율 때문이다. 이는 인간의 정신세계가 그 사회의 문화를 형성하는 데에 영향을 미친다는 점을 보여 준다.

❷ 문단:

이러한 인간의 정신세계에 주목하여 문화 현상을 바라보는 관점을 '관념론적 관점'이라 한다. 이 관점에 의하면 문화 현상은 인간의 정신 활동에 의한 산물이 된다. 인류학자 제임스 프레이저는 특정 동물에 대한 금기가 그 동물을 숭배하던 전통 때문에 생긴 것이라고 설명한다.

❸ 문단:

이와 달리 '유물론적 관점'에서는 인간의 정신 활동이 자연 환경에 적응하기 위한 특정한 생존 방식의 영향을 받는다고 본다. 즉 정신이 사물을 만들어 내는 것이 아니라 사물이 정신을 만들어 낸다는 견해이다.

❹ 문단:

인류학자 마빈 해리스는 특정 동물의 고기를 금기하는 현상에 대해 유물론적 관점으로 본다. 그에 따르면 인도인들이 암소 고기를 먹는 것은 그들의 생활 방식에 맞지 않다. 소를 이용하여 농사를 짓는 인도에서는 암소의 존재가 중요하다. 뿐만 아니라 암소는 인간에게 유용한 우유를 제공해 주기도 한다. 암소의 고기를 먹는다는 것은 이러한 암소의 유용성을 포기하는 것이다. 중동 지역에서 돼지를 사육하지 않는 것도 그들의 생활 방식 때문이다. 돼지는 되새김질을 하지 않기 때문에 섬유소가 적은 사료를 먹어야 한다. ㉠따라서 먹이를 놓고 인간과 경쟁 관계에 있다. 유목을 하던 중동 지역의 사람들에게 돼지를 기르는 것은 매우 사치스러운 일이다.

❺ 문단:

이처럼 관념론적 관점과 유물론적 관점은 동일한 문화 현상에 대하여 다른 시각에서 접근하기 때문에 그 해석도 서로 다르다. 그러나 인간의 문화 현상을 좀 더 심층적으로 이해할 수 있게 해 준다는 점에서 상호 보완적인 관계라고 할 수 있다.

독해 기술 적용 ㉠과 같은 결론에 이르는 추론 과정을 다음과 같이 정리할 때, [A]에 들어갈 내용으로 적절한 것을 고르시오.

| 되새김질을 하지 않는 동물은 섬유소가 적은 음식을 먹는다. | ➡ | 인간과 돼지는 되새김질을 하지 않는다. | ➡ | [A] | ➡ | ㉠ |

❶ 인간은 생존을 위해 돼지를 먹어야 한다.

❷ 인간과 돼지는 섬유소가 적은 음식을 먹어야 한다.

수능형 문제

1 윗글의 구조를 도식화한 것으로 적절한 것은?

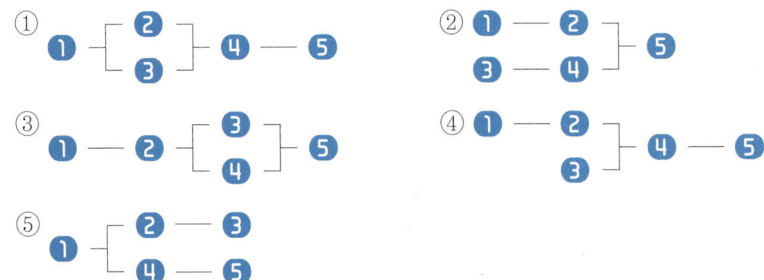

수능형 문제

2 윗글을 읽고 나서 〈보기〉의 내용을 접했을 때, 보일 수 있는 반응으로 적절하지 <u>않</u>은 것은?

관념론적 관점에 따른 접근	〈보기〉	유물론적 관점에 따른 접근
① 삼칠일 동안 출입을 금한 것은 삼(3)과 칠(7)의 결합이 가지는 신성함 때문이었을 거야.	우리나라는 아기가 태어나면 대문에 금줄이라고 부르는 새끼줄을 치고 고추나 한지, 솔가지, 숯 등을 끼워 놓았다. 금줄을 두른 방에는 친척이라도 삼칠일(21일) 안에는 들어가지 못했다. 그동안 산모는 미역국을 먹으며 방 안에서만 지냈다.	③ 새끼줄을 금줄로 사용한 것은 새끼줄이 튼튼하면서도 일상생활에서 쉽게 얻을 수 있었기 때문일 거야.
		④ 금줄에 숯을 끼우는 것은 숯이 오염 물질을 정화해 주기 때문일 거야.
② 산모가 미역국을 먹은 것은 미역에 포함된 성분이 혈액 순환을 도와주었기 때문일 거야.		⑤ 외부인의 출입이 잦았을 때 산모나 아기가 쉽게 병에 걸리는 경우가 많았기 때문일 거야.

서술형 문제

3 윗글에서 '관념론적 관점'의 뜻을 찾아 7어절로 쓰시오.

>> 다음 어휘의 뜻을 확인하고, 학습한 어휘에 ☑ 표시를 하시오.

□ 이바지	도움이 되게 함. 예 그의 발명은 나라 발전에 이바지하였다.
□ 내실화 內 안 내 實 열매 실 化 될 화	내적인 가치나 충실성을 다짐. 예 이 사건을 계기로 사업의 내실화를 꾀하였다.
□ 본격적 本 근본 본 格 격식 격 的 과녁 적	제 궤도에 올라 제격에 맞게 적극적인 것. 예 그 가수는 본격적인 활동을 재개하였다.
□ 생태 生 날 생 態 모양 태	생물이 살아가는 모양이나 상태. 예 환경의 변화가 동식물의 생태에 큰 영향을 끼쳤다.
□ 예산 豫 미리 예 算 계산 산	필요한 비용을 미리 헤아려 계산함. 또는 그 비용. 예 여행 예산에 맞춰 계획을 세우자.

□ 산물 産 낳을 산 物 만물 물	1. 일정한 곳에서 생산되어 나오는 물건. 2. 어떤 것에 의하여 생겨나는 사물이나 현상을 비유적으로 이르는 말. 예 대학 합격은 노력의 산물이다.
□ 금기 禁 금할 금 忌 꺼릴 기	마음에 꺼려서 하지 않거나 피함. 예 지방의 고유한 금기를 깨지 않도록 주의해라.
□ 유용 有 있을 유 用 쓸 용	쓸모가 있음. 예 이것은 어린아이에게 유용한 책이다.
□ 되새김질	한번 삼킨 먹이를 다시 게워 내어 씹는 짓. 예 조카는 소의 되새김질을 보고 놀랐다.
□ 상호 보완 相 서로 상 互 서로 호 補 기울 보 完 완전할 완	서로 모자라거나 부족한 것을 보충하여 완전하게 함. 예 그 집단에는 상호 보완적인 구성이 필요하였다.

확인 문제

1 다음의 밑줄 친 어휘와 바꿔 쓰기에 가장 적절한 어휘를 〈보기〉에서 찾아 쓰시오.

┌─ 보기 ┐
　　보완　　　통합적　　　금기　　　본격적　　　보수

(1) 나라마다 풍속에 따라 금지(禁止)하는 동식물이 있다.
　　　　　　　　　（　　　　　　　）

(2) 이 일은 좀 더 보충(補充)해서 다시 의논하기로 합시다.
　　　　　　　　（　　　　　　　）

(3) 환경 보존에 대한 전면적(全面的) 논의를 더 이상 미룰 수 없다.
　　　　　　　　（　　　　　　）

2 다음 빈칸에 들어갈 알맞은 어휘를 괄호 안의 초성을 참고하여 빈칸에 쓰시오.

(1) 이 지방의 대표적인 (ㅅㅁ →　　　　　)은 인삼이다.
(2) 소가 (ㄷㅅㄱㅈ →　　　　　　　)하는 모습이 한가로워 보인다.
(3) 과학 기술이 인간의 행복에 (ㅇㅂㅈ →　　　　　)할 수 있어야 한다.
(4) 국어 교육의 (ㄴㅅㅎ →　　　　　)를 위해 도서 100권을 선정해서 읽게 하였다.

3 문맥을 고려하여, 다음 문장의 괄호 안에 들어갈 알맞은 어휘를 고르시오.

(1) 도서 목록은 책을 찾는 데 아주 (사용 / 유용 / 이용)하다.
(2) 빠듯한 (계산 / 예산 / 예정)으로 그 장비들을 모두 갖추기란 쉽지 않다.
(3) 강원도에서 동굴 탐사와 동굴 (상태 / 생태 / 현상) 체험 행사가 열렸다.

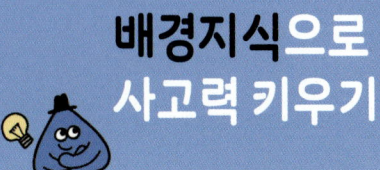
교과서에서 찾는 배경지식

지역 사회 주민으로서의 정치 방법

지역 주민으로서 시민이 지역 사회의 문제 해결에 참여하는 가장 기본적인 방법은 지방 선거에 참여하는 일이다. 시민은 지방 선거를 통해 지역의 일을 해결해 나갈 지역 대표를 뽑음으로써 지역 사회의 문제 해결에 이바지할 수 있다.

또한, 지역 주민들이 모여 주민 회의를 구성하거나 공청회에 참석하여 지역 사회의 문제에 대해 의견을 나누고 해결 방안을 찾을 수 있다. 적극적으로 행정 기관에 지역의 문제를 해결해 달라고 민원을 제기하거나 청원할 수도 있고, 서명에 참여하여 여론을 형성할 수도 있다. 그리고 인터넷이나 언론을 통해 지역 사회의 문제에 대한 자신의 의견을 밝힐 수도 있다.

이와 더불어 지역 주민들이 직접 정책에 참여할 수 있는 '주민 참여 3법'이 있다. 주요 현안을 주민들의 투표로 결정하고(주민 투표제), 지방 의원이나 자치 단체장을 지역 주민이 해직할 수 있으며(주민 소환제), 주민이 필요한 정책을 제안하는 것(주민 조례 발안제)이다.

주민 투표제

주민 소환제

주민 조례 발안제

| 교과 연계 | 중학교 사회 ①_지방 자치 제도

논술형 문제

지역 주민의 일원으로서 우리 지역에 필요한 조례를 제안할 수 있다. 조례를 제안하기에 앞서 자신이 살고 있는 지역 사회가 가진 문제점을 찾고, 그 문제를 해결하기 위한 방안을 서술하시오.

생물의 다양성 보존

| 교과 연계 |
중학교 과학 ①_생물의 다양성

모르는 어휘에 ☑ 표시를 하고, 표시한 어휘에 주목하여 지문을 읽어 보시오.

☐ 배분 ☐ 조성 ☐ 차질 ☐ 심미적 ☐ 탐조

>> 한 문장으로 요약하기

❶ 문단:

❷ 문단:

❸ 문단:

❹ 문단:

생물의 다양성은 어째서 보존되어야 하는가? 최근에 정부가 발표한 바에 따르면 국내 생물 다양성의 총 가치는 목재 생산, 생태 관광, 식물로부터 추출되는 원료, 산림에서 방출되는 산소 등이 모두 몇십 조가 넘는 가치를 갖는 것으로 분석되었다. 그러나 생물 다양성이 가진 가치는 경제적인 것에만 국한되지는 않는다.

생물은 주위 환경에 크게 영향을 미친다. 예를 들면 한 그루의 나무가 그늘을 만들면 이 그늘이 땅속에 있는 물을 끌어올려 다른 생물들이 살기 좋은 환경을 만들어 준다. 나무들이 하나의 숲을 이뤄 그늘이 많이 만들어지면 다른 생물이 많이 살게 되고 결국 이 지역의 수분 배분을 원활하게 만든다. 그러나 반대로 어떤 골짜기 숲이 사라지면 우기 때마다 홍수를 이루는가 하면 건기에는 완전히 말라 버린다. 또 생물 다양성은 물을 정화하고 병충해를 통제하며 여러 가지 생물들에게 각기 적절한 생활 장소도 제공한다.

이 밖에 생물의 다양성은 지구 대기 조성의 변화를 막아 식물 생장의 장애를 억제한다. 특히 열대 우림은 이산화 탄소를 흡수하고 산소를 생산하는 데 대단히 큰 몫을 하므로, 이산화 탄소 증가로 인한 지구 온난화를 억제하기 위해서도 보존되어야 한다. 콩과 식물의 뿌리에는 질소를 공급하는 뿌리혹박테리아가 살고 있는데, 이것들이 사라진다면 지구 전체의 질소 균형이 깨져 심각해질 수 있다. 식물성 단백질은 물론 이를 먹는 가축 사육에 차질을 가져와 인간의 단백질 공급도 차단될 것이다.

생물 다양성은 윤리적인 이유에서도 보존되어야 한다. 인간은 다른 여타 생물들을 우주 내의 생명체 동반자로서 보호할 도덕적 책임을 지니고 있기 때문이다. 그러나 오늘날에는 이러한 윤리적 이유 이외에도 심미적 이유가 점점 더 강조되고 있다. 사실상 최근 성행하고 있는 탐조 활동, 야생 동물 영화, 반려 동물 사육이나 정원 가꾸기, 생태 관광 등은 모두 인간이 누리는 생물 다양성에 대한 심미적 활동이라고 할 수 있다.

독해 기술 적용 윗글에 나타난 글쓴이의 **주장**을 한 문장으로 쓰시오.

◦ 주장:

1 윗글의 글쓴이의 생각에 가장 가까운 것은?

① 생물 다양성의 개념이 시급히 정립되어야 할 것이다.
② 생물 다양성에 대한 심미적 활동만큼은 중단해야 한다.
③ 우리나라는 생물 다양성에 대한 연구의 비중이 매우 낮다.
④ 생물 다양성은 돈으로 따질 수 없는 매우 소중한 가치를 지닌다.
⑤ 생태계를 구성하는 생물 간의 영향 관계에 관한 연구가 더욱 진척되어야
한다.

2 다음 중, 인과 관계의 연결이 적절하지 <u>않은</u> 것은?

원인	결과
① 이산화 탄소 증가	지구 온난화 촉진
② 콩과 식물의 감소	뿌리혹박테리아 번식 급증
③ 삼림의 무분별한 벌채	홍수 유발
④ 지구 대기 조성의 변화	식물 생장의 장애
⑤ 식물성 단백질 감소	가축 사육의 차질

3 윗글을 바탕으로 인간이 생물의 다양성을 보존해야 하는 이유를 〈조건〉을 반영하여
쓰시오.

┌─ 조건 ─
• 윤리적인 이유에서 찾을 것.
└─

기업의 사회적 책임

| 교과 연계 |
중학교 사회 ②_기업의 역할과 사회적 책임

모르는 어휘에 ☑ 표시를 하고, 표시한 어휘에 주목하여 지문을 읽어 보시오.

☐ 막대하다　　☐ 이윤　　☐ 타격　　☐ 환원　　☐ 신장

》》 한 문장으로 요약하기

❶ 문단:

기업과 소비자, 기업과 지역 사회의 관계가 매우 밀접한 현대 사회에서 기업의 경영 행위는 소비자와 지역 사회에 막대한 영향을 끼친다. 그럼에도 불구하고 대다수 기업들은 이윤만을 추구해 왔기 때문에 소비자는 기업을 점점 불신하게 되었다. 불신감이 커지자 기업과 소비자 사이의 신뢰를 회복하기 위해서 기업은 사회적 책임을 다해야 한다는 논의가 확산되었다.

❷ 문단:

기업의 사회적 책임에 대해 구체적으로 살펴보면, ㉠우선 기업은 투명하고 효율적인 경영으로 기업을 유지할 책임이 있다. ㉡한 기업이 망하면 직원들과 관련 기업들이 어려움을 겪게 되고, 나아가 지역 사회와 국가 경제도 타격을 받기 때문이다. 다음으로 기업은 정직한 제품을 생산할 책임이 있다. 정직하지 않은 제품은 그 제품을 사용하는 소비자들에게 돌이킬 수 없는 피해를 입힐 수도 있기 때문이다. 마지막으로 기업은 이익의 일부를 사회에 환원할 책임이 있다. 기업은 그 지역의 교통망이나 통신망, 물과 공기 등을 이용함으로써 지역 사회에 빚을 지고 있는 셈이기 때문이다.

❸ 문단:

기업이 사회적 책임을 다하지 않는 경우에는 소비자의 신뢰를 잃게 되고, 이는 실질적인 이윤의 감소로 이어지기도 한다. 예를 들어, A사는 인체에 유해한 물질을 섞은 식품을 제조하여 소비자에게 큰 피해를 입혔고, 결국 회사는 파산하였다. 반면 B사는 창업주가 전 재산을 사회에 환원함으로써 가장 존경받는 기업 중의 하나가 되었으며, 이는 매출 신장으로 이어졌다.

❹ 문단:

투명하게 경영하고 윤리적으로 제품을 생산하며 이익을 지역 사회에 환원하면 그만큼 기업의 이익은 줄어들 것이라 생각할 수도 있다. 그러나 장기적으로 보면 이미지가 좋아지고 소비자의 신뢰를 얻을 수 있기 때문에 기업은 더 큰 혜택을 받을 수 있다. 실제로 사회적 책임 경영 컨설팅 기업인 콘 로퍼의 「기업 시민 정신에 대한 보고서」를 보면, 소비자 10명 중 8명 이상은 가격이 비슷하면 사회적 책임을 위해 노력하는 기업의 제품을 선택하겠다는 대답을 했다고 한다. 그러므로 기업은 이러한 점을 명심하고 사회적 책임을 다하기 위해 더욱 노력해야 한다.

독해 기술 적용　'주장'과 '근거' 중에서 다음 설명의 빈칸에 들어갈 알맞은 말을 골라 쓰시오.

● ㉠은 글쓴이의 ☐☐☐☐☐ 이고, ㉡은 ㉠에 대한 ☐☐☐☐☐ 이다.

1 윗글을 통해 알 수 있는 내용으로 적절하지 <u>않은</u> 것은?

① 기업의 사회적 책임에 대한 논의가 이루어지고 있다.

② 기업이 생산한 제품은 소비자의 생활에 영향을 미친다.

③ 기업의 사회 공헌에 따른 이윤 감소로 국가 경제가 악화되었다.

④ 소비자들은 사회적 책임을 다하는 기업에 대해 호감을 가진다.

⑤ 비윤리적인 방법의 기업 경영이 실질적인 이윤의 감소를 초래하기도 한다.

2 윗글을 읽고 주장의 타당성을 평가하는 활동으로 적절하지 <u>않은</u> 것은?

① 글쓴이의 주장이 독자의 흥미를 유발하는지 판단해 본다.

② 주장을 뒷받침하기 위해 사용한 기업들의 사례가 적절한지 판단해 본다.

③ 글에 제시된 보고서의 통계 자료가 정확하게 인용되었는지 확인해 본다.

④ 글쓴이의 견해에 대해 기업의 입장에서 반론할 가능성이 있는지 판단해 본다.

⑤ 글쓴이의 주장이 신뢰를 중요하게 여기는 보편적 윤리에 어긋나지 않는지 검토해 본다.

3 윗글에서 기업이 사회적 책임을 다하기 위해 할 수 있는 방안을 찾아 쓰시오.

어휘 완성하기

≫ 다음 어휘의 뜻을 확인하고, 학습한 어휘에 ☑ 표시를 하시오.

☐ **배분**
配 짝 배
分 나눌 분

일정하게 갈라서 나눔.
예 문항을 풀 때 시간 배분에 주의해야 합니다.

☐ **조성**
組 짤 조
成 이룰 성

여러 개의 요소나 성분으로 얽거나 짜서 만듦. 또는 그렇게 만들어진 요소들의 구성.
예 지진으로 인한 암석의 조성이 변화하여 진화하였다.

☐ **차질**
蹉 넘어질 차
跌 넘어질 질

하던 일이 계획이나 의도에서 벗어나 틀어지는 일.
예 그 일이 일어나 계획에 차질이 생겼다.

☐ **심미적**
審 살필 심
美 아름다울 미
的 과녁 적

아름다움을 살펴 찾으려는.
예 사람마다 심미적 기준이 다르다.

☐ **탐조**
探 찾을 탐
鳥 새 조

새의 서식지를 찾아다니며 조류의 생태 따위를 관찰하고 탐색함.
예 탐조는 어린이들에게 훌륭한 자연 학습의 기회를 제공해 준다.

☐ **막대하다**
莫 없을 막
大 큰 대

더할 수 없을 만큼 많거나 크다.
예 이번 사건이 미치는 영향은 막대하다.

☐ **이윤**
利 이로울 이
潤 윤택할 윤

장사 따위를 하여 남은 돈.
예 그는 이윤을 남기기 위해서는 무슨 일이라도 하려고 했다.

☐ **타격**
打 칠 타
擊 부딪칠 격

어떤 일에서 크게 기를 꺾음. 또는 그로 인한 손해·손실.
예 소고기의 가격이 갑자기 떨어져 돼지고기 판매업자가 큰 타격을 입었다.

☐ **환원**
還 돌아올 환
元 으뜸 원

본래의 상태로 다시 돌아감. 또는 그렇게 되게 함.
예 사업가는 자식들에게 재산을 물려주지 않고 사회에 환원하였다.

☐ **신장**
伸 펼 신
張 베풀 장

세력이나 권력 따위가 늘어남. 또는 늘어나게 함.
예 그 이론은 인권 신장에 공헌을 하였다.

확인 문제

1 다음 빈칸에 들어갈 알맞은 어휘를 괄호 안의 초성을 참고하여 빈칸에 쓰시오.

(1) 학생은 갈대밭을 (ㅌㅈ →   )하고 기록하였다.
(2) 평론가는 영화의 (ㅅㅁㅈ →   ) 요소를 중심으로 평론하였다.
(3) 김 교수는 이 물체의 화학적 (ㅈㅅ →   )을 밝혀내는 실험을 하고 있다.

2 문맥을 고려하여, 다음 문장의 괄호 안에 들어갈 알맞은 어휘를 고르시오.

(1) 궂은 날씨 때문에 항공 운행에 (차질 / 실수 / 잘못)이/가 생겼다.
(2) 이번 수해로 남부 지방의 재산 피해가 (매우 넓다 / 막대하다).
(3) 일반 시민들도 자신의 재산을 사회 공공시설에 (복귀 / 환원)하였다.
(4) 상속 재산을 (구분 / 배분 / 분류)하는 과정에서 불화가 생기는 경우가 있다.

3 다음의 밑줄 친 어휘와 바꿔 쓰기에 가장 적절한 어휘를 〈보기〉에서 찾아 쓰시오.

┌ **보기** ┐
    위험   이윤   신장   타격   연장

(1) 기업은 광고를 통해 이익(利益)을 추구하였다.
(   )

(2) 투자 실패로 인해 우리 회사는 큰 손실(損失)을 입었다.
(   )

(3) 예전에 비해 우리나라의 자동차 산업이 크게 성장(成長)하였다.
(   )

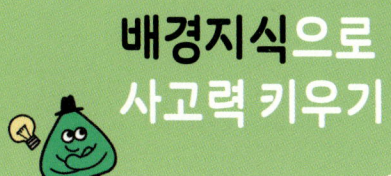

배경지식으로
사고력 키우기

교과서에서
찾는
배경지식

생물의 다양성을 보전해야 하는 까닭

　모든 생물은 생태계의 구성원으로서 인간과 함께 살아갈 권리가 있으며, 생물 다양성은 그 자체로 중요하다. 또, 생물 다양성이 보전되면 인간도 혜택을 얻는다.

　우리 주변의 물건을 만드는 재료는 대부분 생물에서 얻는다. 식량, 의약품, 섬유, 목재 등은 대부분 생물에서 얻은 자원이다. 또한, 미래에 필요한 새로운 식량이나 의약품도 생물에서 찾고 있다.

　우리는 생물 다양성이 보전된 생태계에서 맑은 공기, 깨끗한 물, 비옥한 토양 등을 얻는다. 또한, 산이나 바닷가에서 여가 활동을 하면서 몸과 마음을 건강하게 하는데, 이는 경제적으로 따질 수 없을 만큼 가치가 크다.

　따라서 이러한 생물 다양성의 가치가 알려지면서 많은 사람들이 생물 다양성을 보전하기 위해 노력하고 있다. 생물 다양성의 보전은 한 국가의 노력만으로 완벽하게 이루기 어렵다. 따라서 국제 사회는 여러 가지 협약을 맺어 생물의 다양성을 보전하기 위해 노력하고 있다.

| 교과 연계 | **중학교 과학 ①_생물의 다양성**

논술형
문제

다음 그림 속 사람들의 잘못된 점을 지적하되 생물의 다양성이 보존되어야 하는 이유를 함께 서술하시오.

판소리의 매력

| 교과 연계 |
중학교 음악 ①_창극과 판소리

모르는 어휘에 ☑ 표시를 하고, 표시한 어휘에 주목하여 지문을 읽어 보시오.

☐ 비단   ☐ 사설   ☐ 기교   ☐ 극치   ☐ 치부

>> 한 문장으로 요약하기

❶ 문단:

　판소리는 좋아하는 사람이 매우 많지만 쉽게 접근하기 어려운 음악이기도 하다. 한번 빠져들면 그 매력에 끝도 없이 이끌리게 되지만, 그 과정이 쉽지 않다. ⓐ이와 관련하여, 흔히 판소리가 표현이나 내용 면에서 요즘의 상황에 맞지 않다는 말을 한다. 과거의 이야기이고, 어투나 표현도 한문투가 많기 때문이다. ㉠비단 사설이 어려운 것뿐만 아니라 스토리 자체가 비현실적인 내용이라는 점도 흔히 이야기된다. 또한, 사설의 특성이나 이야기의 내용 외에 음악 자체를 문제로 지적하기도 한다. 판소리의 쉽게 다가가기 어려운 음악적 기교를 문제 삼기도 하고, 여전히 구전으로 전승되고 있어 효과적인 학습이 어렵다는 문제를 제기하기도 한다.

❷ 문단:

　(Ⓐ) 판소리는 많은 매력을 지닌 문학이자 음악이다. 판소리 사설은 민중적 해학성이 뚜렷해서 읽을수록 그 재미에 빠져든다. 예를 들어, 판소리「적벽가」에 나오는 군사 설움 타령은 ㉡영웅의 무용담 속에 묻히기 쉬운 이름 없는 군사의 아픔과 가족에 대한 그리움을 해학적으로 그리고 있다. 또한, 판소리 사설은 뛰어난 문학성을 지니고 있다.「심청가」에서 곽씨 부인이 유언하는 장면이나 죽기 전날 심청이가 자탄하는 장면의 치밀한 심리 묘사는 생생함의 극치를 보여 주면서 진한 공감대를 형성시킨다.

❸ 문단:

　그렇지만 오늘날도 많은 사람들이 판소리에 이끌리게 되는 가장 결정적인 것은 무엇보다도 판소리의 탁월한 음악성 자체이다. 판소리는 ㉢철저하게 사설 내용에 맞게 조와 장단이 짜인다. 예를 들어 곽씨 부인이 유언하는 대목은 '진양조'와 '계면조'로 부르는 반면, '만첩청산 늙은 범이'로 시작하는 꿋꿋한 긴 사랑가는 '진양조'와 '우조'로 부른다. 또한, 판소리는 ㉣장단의 잦은 바뀜으로 변화무쌍한 음악을 만들어, 아무리 들어도 결코 지루함을 느낄 수 없다.

❹ 문단:

　판소리가 구시대적 예술이라면「시경」이나「논어」역시 마찬가지이고, 플라톤이나 소크라테스 역시 마찬가지이다. ㉤감상할 준비를 제대로 하지 않은 채 판소리를 구시대의 것으로 치부하는 것은 옳지 못하다.

🐟 독해 기술 적용   윗글을 참고하여 ⓐ의 입장에서 보일 수 있는 비판·반박으로 적절하면 ○, 적절하지 않으면 ×에 표시하시오.

● 판소리는 구전으로 전승되고 있어 효과적인 학습이 어렵다.　　　　　　(○ , ×)
● 판소리는 스토리 자체가 비현실적이므로 요즘의 상황과 맞지 않다.　　　(○ , ×)
● 판소리는 어투나 표현이 한문투가 많기 때문에 세대를 아우를 수 있다.　(○ , ×)

1 윗글에 사용된 서술상 특징으로 가장 적절한 것은?

① 완곡한 표현으로 자신의 입장을 유보하고 있다.

② 전문가의 견해를 인용하여 자신의 주장을 정당화하고 있다.

③ 점층적인 논지 전개로 대상에 대한 자신의 느낌을 전달하고 있다.

④ 자신의 생각과 다른 견해를 열거하며 그에 대한 반론을 펼치고 있다.

⑤ 다양한 예를 통하여 대상의 단점을 제시함으로써 설득력을 높이고 있다.

2 ㉠~㉤ 중, 〈보기〉의 관점과 가장 유사한 것은?

〔보기〕

　판소리는 특히 서민의 정서와 언어에 밀착되어 있었다는 점이 커다란 특징이다.

① ㉠　　　② ㉡　　　③ ㉢　　　④ ㉣　　　⑤ ㉤

3 Ⓐ에 들어갈 알맞은 접속어를 〈보기〉에서 찾아 쓰시오.

〔보기〕

그래서　　　그리고　　　따라서　　　하지만　　　왜냐하면

우리말의 운명

| 교과 연계 |
중학교 국어 ③-2_우리말과 우리글

모르는 어휘에 ☑ 표시를 하고, 표시한 어휘에 주목하여 지문을 읽어 보시오.

☐ 긍지   ☐ 봇물   ☐ 활개   ☐ 쇠약   ☐ 텃밭

>> 한 문장으로 요약하기

❶ 문단:

　　세계화에 맞추어 우리나라도 영어를 공용어로 선택하자는 주장을 들은 일이 있다. 세계가 영어를 중심으로 움직이고 있으니 우리도 영어를 더 보편적으로 쓰자는 의견이다. 그러나 언어를 잃는다는 것은 곧 그 언어로 세운 문화도 사라진다는 것을 의미한다. 우리가 그토록 긍지를 갖고 있는 우리말의 운명은 과연 어떻게 될 것인가?

❷ 문단:

　　요사이 우리 사회는 터진 봇물처럼 마구 흘러드는 외래 문명에 정신을 차리지 못할 지경이다. 영어뿐 아니라 몇몇 도입종들이 활개를 치고 있다. 예전엔 참개구리가 울던 연못에 요즘은 미국에서 건너온 황소개구리가 들어앉아 이것저것 닥치는 대로 삼키고 있다. 어찌나 먹성이 좋은지 우리 토종 개구리들을 먹고살던 뱀까지 잡아먹는다. 황소개구리는 어떻게 남의 나라에서 잘 살게 된 것일까?

❸ 문단:

　　도입종들이 모두 잘 적응하는 것은 결코 아니다. 사실 절대 다수는 낯선 땅에 발도 제대로 붙여 보지 못하고 사라진다. 정말 아주 가끔 남의 땅에서 들풀에 붙은 불길처럼 무섭게 번져 나가는 것들이 있어 주목을 받을 뿐이다. 그렇게 남의 땅에서 의외의 성공을 거두는 종들은 대개 그 땅의 특정 서식지에 마땅히 버티고 있어야 할 종들이 쇠약해진 틈새를 비집고 들어온 것들이다. 토종이 제자리를 당당히 지키고 있는 곳에 쉽사리 뿌리내릴 수 있는 외래종은 거의 없다.

❹ 문단:

　　흥선 대원군이 살아 돌아온다 하더라도 더 이상 다른 나라의 문명이 유입되는 것을 막을 수는 없다. 어떤 문명들은 서로 만났을 때 충돌을 면치 못할 것이고, 어떤 것들은 비교적 평화롭게 공존하게 될 것이다. 이때 스스로 아끼지 않은 문명은 외래 문명에 텃밭을 빼앗기고 말 것이라는 예측을 해도 큰 무리는 없을 듯싶다. 영어는 국제 경쟁력을 키우는 차원에서 반드시 배워야 한다. 하지만 영어보다 더 중요한 것은 우리말이다. 우리말을 제대로 세우지 않고 영어를 들여오는 일은 ㉠우리 개구리들을 돌보지 않은 채 ㉡황소개구리를 들여온 잘못을 다시 하는 것이다. 따라서 우리말을 바로 세우는 일에 소홀해서는 절대 안 된다.

독해 기술 적용　윗글이 **비판**하고 있는 생각에 가장 가까운 것을 고르시오.

❶ 다른 나라의 문명을 무조건 받아들이는 것은 문제가 될 수 있어.

❷ 언어를 잃는다는 것은 그 언어로 세운 문화도 함께 사라지는 것이야.

❸ 국가 경쟁력을 키우기 위해서는 우리말보다 영어를 배우는 것을 우선시해야 해.

1 윗글에 반영된 글쓴이의 언어에 대한 인식으로 가장 적절한 것은?

① 언어와 문화는 불가분의 관계이다.
② 언어는 사상 표현의 도구에 불과하다.
③ 언어는 사회적 소산이자 자연 발생적인 것이다.
④ 언어는 신이 인간에게 내려 준 신성 불가침의 영역이다.
⑤ 언어가 언어 사회의 변동에 따라 바뀌는 것은 당연한 귀결이다.

2 윗글에 대한 학생들의 감상 내용으로 가장 적절한 것은?

① 샘이: 황소개구리와 같은 외래종들로부터 우리 생태계를 지키는 방법을 찾아볼 거야.
② 규리: 세계가 하나의 문화권으로 묶이고 있는 현실을 감안하여 우리말의 세계화를 위해 노력해야겠어.
③ 다희: 새로운 시대를 맞아 영어 공부도 필요하겠지만, 우리말을 바로 세우는 일에 소홀해서는 안 될 것 같아.
④ 은정: 무분별한 외래 문화의 유입을 막기 위해서는 사라져 가는 우리 문화를 되살리려는 국민의 노력이 필요해.
⑤ 미진: 강대국에 의해 일방적으로 이루어지고 있는 세계화의 문제점을 알아보고 그 바람직한 방향을 모색해 봐야겠어.

3 ㉠, ㉡이 비유하고 있는 대상을 찾아 쓰시오.

>> 다음 어휘의 뜻을 확인하고, 학습한 어휘에 ☑ 표시를 하시오.

□ 비단 非 아닐 비 但 다만 단	부정하는 말 앞에서 '다만', '오직'의 뜻으로 쓰이는 말. 예 이런 일은 비단 어제오늘의 일이 아니다.
□ 사설 辭 말씀 사 說 말씀 설	판소리에서, 창을 하는 중간중간에 가락을 붙이지 않고 이야기하듯 엮어 나가는 말이나 이야기. 예 그가 바로 이 노래의 사설도 지은 사람입니다.
□ 기교 技 재주 기 巧 교묘할 교	기술이나 솜씨가 아주 교묘함. 또는 그런 기술이나 솜씨. 예 그녀는 표현 기교가 매우 뛰어났다.
□ 극치 極 지극할 극 致 이를 치	도달할 수 있는 최고의 정취나 경지. 예 단풍이 곱게 든 산이 아름다움의 극치를 보여 준다.
□ 치부 恥 부끄러워할 치 部 나눌 부	남에게 드러내고 싶지 아니한 부끄러운 부분. 예 그는 자신의 치부까지 말할 만큼 나를 신뢰했다.

□ 긍지 矜 불쌍히 여길 긍 持 가질 지	자신의 능력을 믿음으로써 가지는 당당함. 예 그녀는 자신이 하고 있는 일에 대한 긍지가 높다.
□ 봇물 洑 스며 흐를 보	보에 괸 물. 또는 거기서 흘러내리는 물. 예 경기가 끝나자 관객이 봇물 터지듯 경기장에서 쏟아져 나왔다.
□ 활개	사람의 어깨에서 팔까지 또는 궁둥이에서 다리까지의 양쪽 부분. 예 그는 신이 난 듯 두 활개를 휘저으며 걸었다.
□ 쇠약 衰 쇠할 쇠 弱 약할 약	힘이 쇠하고 약함. 예 그는 몸의 쇠약 때문에 외출도 삼가야 했다.
□ 텃밭	집터에 딸리거나 집 가까이 있는 밭. 예 우리 가족은 뒷마당에 텃밭을 일구었다.

확인 문제

1 다음 빈칸에 들어갈 알맞은 어휘를 괄호 안의 초성을 참고하여 빈칸에 쓰시오.

(1) 그는 회사의 (ㅊㅂ →   )를 끝내 폭로하지 못하였다.
(2) 군인들은 (ㅎㄱ →   )를 저으며 씩씩하게 행진하였다.
(3) 누나는 (ㅂㅁ →   ) 터지듯 나오는 울음을 참지 못했다.

2 문맥을 고려하여, 다음 문장의 괄호 안에 들어갈 알맞은 어휘를 고르시오.

(1) 산성비는 식물을 (퇴락 / 쇠약 / 노약)하게 하고 토양을 메마르게 한다.
(2) (왜 / 비단 / 그렇지만) 너뿐만 아니라 나도 쉬고 싶은 건 마찬가지다.
(3) 사내는 판소리를 하면서 창의 중간중간에 (가사 / 사설 / 줄거리)도 덧붙였다.
(4) 기와에 새겨진 무늬는 한국적인 아름다움의 (정경 / 극치 / 초월)을/를 드러내었다.

3 다음의 밑줄 친 어휘와 바꿔 쓰기에 가장 적절한 어휘를 〈보기〉에서 찾아 쓰시오.

┌─ 보기 ─────────────────────────────┐
| 텃밭   조작   긍지   기교   염치 |
└────────────────────────────────────┘

(1) 아침 일찍 일어나 집 앞의 터전(–田)을 가꾸었다.
                (   )

(2) 영화의 기억에 남는 장면에선 감독의 뛰어난 솜씨가 돋보였다.
                (   )

(3) 그 학생은 늘 독립운동가의 후손이라는 자랑스러움에 차 있었다.
                (   )

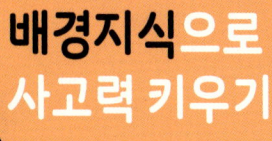

교과서에서
찾는
배경지식

판소리의 교육적 가치

판소리는 광대 한 사람이 북을 치는 고수의 북장단에 맞추어 줄거리가 있는 이야기를 구연하는 우리 민속 음악이다. 우수한 예술성을 지니고 있는 판소리는 종합 예술 형태로 이루어져 있는데, 하나의 독립된 줄거리가 있는 작품을 '마당'이라 한다. 현재까지 소리와 함께 전승되는 작품은 다섯 가지인데 이를 판소리 다섯 마당이라 부른다. 판소리 다섯 마당은 삼강오륜(三綱五倫)의 가르침을 비롯한 교훈적인 내용이 담겨 있어 올바른 인성을 위한 교육적 자료가 될 수 있다.

판소리 다섯 마당의 교훈적 의미를 살펴보면 다음과 같다.

「심청가」는 부자유친(父子有親)의 효(孝)를 강조하고 있으며, 지나치게 개인주의화된 현실에서 심청이 보여 준 희생정신을 통해 깊은 감동을 받을 수 있다.

「춘향가」는 조선 시대 여인의 정절(貞節)을 계몽하는 설화를 소재로 하여, 부부유별(夫婦有別)을 강조하고 있다.

「수궁가」는 군신유의(君臣有義)를 강조하며 임금과 신하 사이의 도리를 가르치고 있다.

「흥보가」는 형제간의 우애(友愛)를 통해 장유유서(長幼有序)의 가르침을 강조한다. 또한, 착한 사람은 좋은 결과를 얻게 되고, 악한 사람은 벌을 받게 된다는 권선징악(勸善懲惡)의 윤리 의식을 교훈으로 삼고 있다.

「적벽가」는 붕우유신(朋友有信)의 교훈적인 면을 강조하며 지혜로운 장수를 찬양하고 간사한 영웅을 벌준다는 내용을 담고 있다.

| 교과 연계 | 중학교 음악 ①_창극과 판소리

논술형
문제

판소리 다섯 마당에 담긴 삼강오륜(三綱五倫) 중에서 현대 사회에 가장 필요하다고 생각하는 것을 하나 고르고, 이유와 함께 서술하시오.

[1-2] 다음 글을 읽고 물음에 답하시오.

기업의 사회적 책임에 대해 구체적으로 살펴보면, 우선 기업은 투명하고 효율적인 경영으로 기업을 유지할 책임이 있다. 한 기업이 망하면 직원들과 관련 기업들이 어려움을 겪게 되고, 나아가 지역 사회와 국가 경제도 타격을 받기 때문이다. 다음으로 기업은 정직한 제품을 생산할 책임이 있다. 정직하지 않은 제품은 그 제품을 사용하는 소비자들에게 ⓐ돌이킬 수 없는 피해를 ㉠입힐 수도 있기 때문이다. 마지막으로 기업은 이익의 일부를 사회에 환원할 책임이 있다. 기업은 그 지역의 ⓑ교통망이나 통신망, 물과 공기 등을 이용함으로써 지역 사회에 빚을 지고 있는 셈이기 때문이다.

기업이 사회적 책임을 다하지 않는 경우에는 소비자의 신뢰를 잃게 되고, 이는 ⓒ실질적인 이윤의 감소로 이어지기도 한다. 예를 들어, A사는 인체에 유해한 물질을 섞은 식품을 제조하여 소비자에게 큰 피해를 입혔고, 결국 회사는 ⓓ파산하였다. 반면 B사는 ⓔ창업주가 전 재산을 사회에 환원함으로써 가장 존경받는 기업 중의 하나가 되었으며, 이는 매출 신장으로 이어졌다.

1 문맥상 ㉠과 같은 의미로 사용된 것은?

① 교복을 입혔다.
② 묘에 잔디를 입혔다.
③ 손님에게 손해를 입혔다.
④ 벽에 페인트를 새로 입혔다.
⑤ 감독은 자신의 영화에 주제곡을 입혔다.

2 ⓐ~ⓔ의 사전적 의미로 적절하지 않은 것은?

① ⓐ: 원래의 상태로 돌아가게 할.
② ⓑ: 교통로가 이리저리 분포되어 있는 상태를 그물에 비유하여 이르는 말.
③ ⓒ: 사실에 없는 일을 사실처럼 꾸며 만드는 성질을 띤 것.
④ ⓓ: 재산을 모두 잃고 망함.
⑤ ⓔ: 회사 따위를 처음으로 세워 사업을 시작하는 데에 주체가 되는 사람.

[3-4] 다음 글을 읽고 물음에 답하시오.

인도인들은 암소를 생명의 상징으로 @여기기 때문에 잡아먹지 않는다. 이슬람교도가 돼지고기를 먹지 않는 것 역시 이를 금지하는 종교적 규율 때문이다. 이는 인간의 정신세계가 그 사회의 문화를 형성하는 데에 영향을 미친다는 점을 보여 준다.

이러한 인간의 정신세계에 ⓑ주목하여 문화 현상을 바라보는 관점을 '관념론적 관점'이라 한다. 이 관점에 ㉠의하면 문화 현상은 인간의 정신 활동에 의한 산물이 된다. 인류학자 제임스 프레이저는 특정 동물에 대한 금기가 그 동물을 ⓒ숭배하던 전통 때문에 생긴 것이라고 설명한다.

이와 달리 '유물론적 관점'에서는 인간의 정신 활동이 자연 환경에 적용하기 위한 특정한 생존 방식의 영향을 받는다고 본다. 즉 정신이 사물을 만들어 내는 것이 아니라 사물이 정신을 만들어 낸다는 견해이다.

인류학자 마빈 해리스는 특정 동물의 고기를 금기하는 현상에 대해 유물론적 관점으로 본다. 그에 따르면 인도인들이 암소 고기를 먹는 것은 그들의 생활 방식에 맞지 않다. 소를 이용하여 농사를 짓는 인도에서는 암소의 존재가 중요하다. 뿐만 아니라 암소는 인간에게 유용한 우유를 제공해 주기도 한다. 암소의 고기를 먹는다는 것은 이러한 암소의 유용성을 ⓓ포기하는 것이다. 중동 지역에서 돼지를 사육하지 않는 것도 그들의 생활 방식 때문이다. 돼지는 되새김질을 하지 않기 때문에 섬유소가 적은 사료를 먹어야 한다. 따라서 먹이를 놓고 인간과 경쟁 관계에 있다. ⓔ유목을 하던 중동 지역의 사람들에게 돼지를 기르는 것은 매우 사치스러운 일이다.

3 문맥상 ㉠과 바꿔 쓰기에 가장 적절한 것은?

① 말하면　　　　② 이르면　　　　③ 생각하면
④ 주의하면　　　⑤ 근거하면

4 @~ⓔ의 사전적 의미로 적절하지 않은 것은?

① @: 사정이나 형편 따위를 어림잡아 헤아리기.
② ⓑ: 관심을 가지고 주의 깊게 살펴.
③ ⓒ: 우러러 공경하던.
④ ⓓ: 권리나 자격 따위를 내던져 버리는.
⑤ ⓔ: 일정한 거처를 정하지 아니하고 물과 풀밭을 찾아 옮겨 다니면서 목축을 하여 삶.

3주

글 독해 기술

이번 주에
배울 내용이야!

DAY 13

글 독해 기술

① 부연 설명

부연 설명은 앞에서 핵심 개념을 제시하고, 뒤에서 핵심 개념을 구체적으로 설명하여 뒷받침하는 의미 관계이다. 핵심 개념의 하위 개념을 부연 설명으로 제시하므로 핵심 개념을 먼저 찾아 부연 설명 내용을 파악한다.

❶ ¹과거 수도 시설이 보편화되기 이전에는 가정마다 수동 펌프로 물을 끌어올려 사용했는데, 펌프질만으로는 물을 끌어올리기 어려워 물 한 바가지를 넣어 펌프질을 했다. ²이때 펌프에서 물이 나오게끔 도움을 주는 소량의 물이 바로 마중물이다. ³이렇게 마중물과 같이 작은 자극이 원인이 되어 더 큰 효과를 일으키는 것을 마중물 효과라 한다.

❷ ¹정부의 마중물 효과는 경제 불황의 극복을 위해 일시적으로 재정 지출을 확대하거나 재정 수입을 감소하는 등의 자극을 주어 경제 활동을 활성화시켜 침체된 경기가 회복되도록 하는 것이었다. ²이런 마중물 효과는 정부의 경제 활성화 정책을 넘어 장학 사업 같은 사회 사업 분야 및 기업의 마케팅 활동 등 우리 생활 전반에까지 그 영역이 확대되었다. ³특히 기업은 마중물 효과를 마케팅 전략으로 활발히 사용하게 되었다.

→ ❶에서 이 글의 핵심 개념인 '마중물 효과'를 설명하고 이와 관련된 부연 설명으로 ❷에서 마중물 효과를 사용한 주체인 정부와 기업을 소개하며 마중물 효과의 영역이 확대되었다는 것을 보여 주고 있으므로, 이 글에서 부연 설명이 사용되었음을 알 수 있다.

확인 문제 다음 글을 내용상의 중요도를 따져 아래와 같이 도식화한다고 할 때, 빈칸에 알맞은 문단 번호를 쓰시오.

〈 전국연합 학력평가 〉

❶ 인간을 흔히 망각의 동물이라고 한다. 망각이란 기억과 반대되는 개념으로 일종의 기억 실패에 해당한다. 기억은 외부의 정보를 기억 체계에 맞게 부호로 바꾸어 저장 및 인출하는 것으로 부호화 단계, 저장 단계, 인출 단계로 나뉜다. 심리학에서는 기억 실패가 기억의 세 단계 중 어느 단계에서 일어난다고 보느냐에 따라 망각 현상을 각기 다르게 설명한다.

❷ 부호화 단계와 관련하여 망각을 설명하는 입장에서는 외부 정보가 부호화되는 과정에서 정보의 일부가 생략되거나 왜곡되어 망각이 일어난다고 본다. 부호화란 외부 정보를 기억에 맞게 변환하는 과정으로, '8255'라는 숫자를 [팔이오오]라는 소리로 부호화할 수도 있고 '빨리 오오.'와 같은 의미로 부호화할 수도 있다.

● 도식화: (   ) > (   )

대등(나열)

대등(나열)은 문단의 관계가 대등하게 배열되어 있으면서 대상의 특징이나 속성 등을 열거하는 의미 관계이다. 주로 '첫째, 둘째', '하나, 둘', '우선, 먼저, 다음으로, 이어서, 마지막으로', '또한, 혹은, 그리고' 등의 표현을 사용한다.

> 예 ❶ ¹먼저, 생산적 효율은 주어진 자원으로 낭비 없이 더 많은 생산을 하는 것으로서, 같은 비용이면 더 많이 생산할수록, 같은 생산량이면 비용이 적을수록 생산적 효율이 높아진다. ²시장이 경쟁적이면 개별 기업은 생존을 위해 비용 절감과 같은 생산적 효율을 추구하게 되고, 거기서 창출된 여력은 소비자의 선택을 받고자 품질을 향상시키거나 가격을 인하하는 데 활용될 것이다.
> ❷ ¹다음으로, 배분적 효율은 사람들의 만족이 더 커지도록 자원이 배분되는 것을 말한다. ²시장이 독점 상태에 놓이면 영리 극대화를 추구하는 독점 기업은 생산을 충분히 하지 않은 채 가격을 올림으로써 배분적 비효율을 발생시킬 수 있다. ³반면에 경쟁이 활발해지면 생산량 증가와 가격 인하가 수반되어 소비자의 만족이 더 커지는 배분적 효율이 발생한다.

⇒ ❶에서 생산적 효율을, ❷에서 배분적 효율을 대등한 관계로 나열하여 설명하고 있으므로, 두 문단이 대등하게 나열되었음을 알 수 있다.

확인 문제 다음 글에서 사용한 논지 전개 방식을 고르시오.

⟨ 국가 학업 성취도 평가 ⟩

아직 문명화가 되지 않은 부족에게는 재난이나 고통이 닥쳤을 때 그것을 다른 대상에 전이하여 평안을 얻으려는 관습이 있다. 이러한 관습은 세계의 전역에 걸쳐 보편적으로 나타나는데 전이의 대상에 따라 몇 가지 유형으로 묶을 수 있다.

첫째, 다른 인간에게 전이하는 경우이다. 실론 섬에서는 중병을 앓아 거의 죽음에 이르게 되는 경우에 '악마 춤'을 추는 사람을 초대한다. 춤꾼은 특이한 가면을 쓰고 춤을 추어, 병자에게서 병마를 꾀어내 자기에게로 끌어들인다. 이어서 춤꾼은 상여 위에 누워 마을 밖의 들로 운반된다. 그러면 본래의 병에 걸린 사람은 낫는다는 것이다.

둘째, 동물에게 전이하는 경우이다. 남부 아프리카의 카피르족은 환자의 머리맡에 산양을 끌어다 놓고, 그 산양의 머리에 환자의 피를 몇 방울 떨어뜨려 인적이 없는 초원으로 내쫓는다. 그러면 병이 산양에게 옮겨져 사막에서 없어진다고 한다.

① 가설을 설정하고 관찰을 통해 증명하였다.
② 현상을 유형화하여 대등하게 연결하여 제시하였다.
③ 시간 흐름에 따른 현상들의 변화 과정을 중심으로 설명하였다.

③ 원인과 결과

원인과 결과는 한 현상이 다른 현상의 원인이 되고, 그 다른 현상은 먼저 현상의 결과가 되는 의미 관계이다. 주로 '따라서'와 같은 표현을 사용하여 결과를 나타낸다.

예 [1]위성의 GPS가 현재 위치를 정확하게 파악하기 위해서는 상대성 이론을 고려해야 한다. [2]『상대성 이론에 따르면 대상이 빠르게 움직일수록 시간은 느리게 흐르고, 대상에 미치는 중력이 약해질수록 시간은 빠르게 흐른다. [3]실제로 위성은 지구의 자전 속력보다 빠르게 지구 주변을 돌고 있기 때문에 지표면에 비해 시간이 느리게 흘러, 위성의 시간은 매일 조금씩 하루에 약 7.2μs씩 느려지게 된다. [4]또한, 위성은 약 20,000km 이상의 상공에 있기 때문에 중력이 지표면보다 약하게 작용해 지표면에 비해 시간이 하루에 약 45.8μs씩 빨라지게 된다.』[5]그 결과 GPS 위성에 있는 원자시계의 시간은 지표면의 시간에 비해 매일 약 38.6μs씩 빨라진다.

『　』: 원인 / 결과

➡ 다섯 번째 문장의 '그 결과'를 통해 해당 문장이 결과에 해당한다는 것을 알 수 있다. 결과의 원인을 추론해 볼 때, 위성에는 시간을 빠르게 하는 요소와 느리게 하는 요소가 모두 작용하는데, 결과적으로 지표면에 비해 시간이 빨라진다. 그리고 두 번째, 세 번째, 네 번째 문장이 시간이 빨라지는 원인에 해당한다는 것을 알 수 있다.

확인 문제 다음 빈칸을 채워 넣으며 글에 나타난 원인과 결과를 정리하여 쓰시오.

〈 전국연합 학력평가 〉

> 기업들은 새로운 내부 조직을 만들거나 다른 기업과 합병하는 등의 방식을 통해 기업의 규모를 변화시키기도 한다. 기업들의 이러한 규모 변화를 거래 비용이라는 개념으로 설명하는 것을 '거래 비용 이론'이라고 한다. 여기에서 말하는 거래 비용이란 재화를 생산하는 데 드는 생산 비용을 제외한, 경제 주체들이 재화를 거래하는 과정에서 발생하는 모든 비용을 말한다.
>
> 거래 비용 이론에서는 기업이 시장에서 재화를 거래할 때 발생하는 거래 비용인 '시장 거래 비용'을 줄이기 위해, 재화를 자체적으로 생산하는 것에 대해 고려하게 된다고 보았다. 이런 상황에서 기업이 새로운 내부 조직을 만들거나 다른 기업을 합병하여 내부 조직으로 흡수하는 등의 방법을 통해 거래를 내부화하면 기업의 조직 내에서도 거래가 일어나게 된다. 그 결과 내부 거래 비용이 발생한다.

● 원인: 기업은 시장에서 재화를 거래할 때 발생하는 거래 비용인 (　　　　　)을 줄이기 위해, 재화를 자체적으로 생산하는 것에 대해 고려하게 된다.

● 결과: 기업이 거래를 내부화하여 기업의 조직 내에서 거래가 일어나며 (　　　　　)이 발생한다.

4 통시(시간 순서)

통시(시간 순서)는 **시대의 흐름, 시간적 순서에 따라 배열**된 의미 관계이다. 주로 '~세기에 이르러, ~ 시대에 접어들어'와 같은 표현을 사용한다.

예

❶ ¹기술이라는 용어는 <u>고대 그리스</u>에서 사용된 '테크네'에서 유래하였다. ²플라톤은 소크
중심 화제
라테스의 영향을 받아 사물의 본질을 밝혀내는 정신적인 활동을 에피스테메, 삶의 가치를 달성하는 데 필요한 도구를 생산해 내는 실용적인 활동을 테크네로 구분하였다. ³고대 그리스의 철학자들은 삶의 정신적 가치보다는 물질적인 가치를 더 중시한다는 이유로 기술을 부정적으로 간주하였다.

❷ ¹그러나 기술에 대한 이러한 관점은 <u>근대 초기</u> 강한 비판을 받았다. ²예컨대 <u>16세기</u> 영국 철학자인 베이컨은 인쇄술이나 화약 발명 등의 기술이 정치적인 정복이나 철학적인 논쟁보다 훨씬 이롭다고 주장하였다. ³또한, 독일의 철학자 피히테는 기술이 인간을 자연의 강압으로부터 해방시켜 줄 것이라는 믿음에서, 기술을 통한 자연의 정복을 선(善)으로 규정하였다.

⟹ ❶의 '고대 그리스 시대', ❷의 '근대 초기'와 '16세기' 등 시간을 나타내는 단어를 통해 이 글이 '기술'에 대한 관점이 변해 온 과정을 **통시(시간 순서)**적으로 설명하고 있다.

확인 문제 다음 각 문단에 드러나 있는 시간적 표현을 찾아 각각 쓰시오.

〈 전국연합 학력평가 〉

❶ 18세기 말에 유럽은 산업 혁명으로 인쇄가 기계화되면서 대량 생산을 위한 기반이 갖추어지고, 경제의 발전으로 일부 계층에만 국한됐던 독서 인구가 확대되어 제책 기술도 대량 생산이 가능한 방식으로 발전해야 했다. 이를 위해 간편하게 철사를 사용해 매는 제책 기술이 개발되었는데 처음에는 '옆매기'라 불리는 기술을 사용하였다. 그러나 옆매기는 책장 넘김이 용이하지 않아 '가운데매기'라 불리는 중철(中綴)이 주된 방식으로 자리 잡았다. 중철은 인쇄지를 포개 놓고 책장이 접히는 한가운데 부분을 ㄷ자형 철침을 이용해 매었는데, 보통 2개의 철침으로 표지와 내지를 고정하지만 표지나 내지가 한가운데서부터 떨어지는 경우가 잦아 철침을 4개로 박기도 하였다.

❷ 20세기 중반에는 화학 접착제가 개발되며 무선철(無線綴)이라는 제책 기술이 등장했다. 이름처럼 실이나 철사 없이 화학 접착제만으로 책을 묶는 방식이다. 이 방법은 자동화가 가능해 대량 생산에 더욱 적합했고, 생산 단가가 낮아지면서 판매 가격을 낮출 수 있어 책의 대중화에 기여했다.

● ❶ :

● ❷ :

 **비교**

비교는 서로 비교되는 둘 이상의 내용을 제시하는 의미 관계로, 둘 이상의 뚜렷한 대상이 등장한다. 주로 '~와 같이, ~와 달리' 등과 같은 표현을 사용한다. 이때 중요한 것은 각 세부 사항이나 정보를 서로 짝 지을 수 있어야 한다는 점이다. 좁은 의미에서 비교는 공통점을 중심으로 견주고, 차이점을 중심으로 견주는 것은 대조로 구분하기도 한다.

예 **1** ¹이론-이론은, 사람이 세상을 접하면서 마음의 작동 방식에 대한 개념적 이론을 갖게 되는데 이를 바탕으로 논리적 추론을 함으로써 타인의 마음을 이해할 수 있다는 이론이다. ²사람은 누구나 넘어졌던 경험이 있다. ³이러한 경험을 통해, 자신이 다쳤다는 사건, 통증을 느낀다는 마음, 소리를 지른다는 표현, 이 세 가지 사이에는 인과적 법칙이 있다는 개념적 이론을 갖게 된다. ⁴그렇기 때문에 사람은 넘어져 다친 타인이 소리를 지르는 모습을 관찰했을 때 개념적 이론에 근거하여 그가 통증을 느꼈을 것이라고 추론할 수 있다. ⁵이론-이론에 따르면, 사람은 4세부터 마음의 작동 방식에 대한 개념적 이론을 갖게 되어 자기중심적으로 사고하지 않고, 자신의 마음과 타인의 마음이 다를 수 있다는 것을 알게 된다. ⁶이를 통해 비로소 타인의 마음을 이해할 수 있게 된다는 것이다.

2 ¹이와 달리 모의 이론은 자신이 타인과 같은 상황에 처했다면 어떠할지를 상상함으로써 타인을 이해할 수 있다는 이론이다. ²모의 이론에 따르면, 사람은 타인의 상황에 자신을 투사시킨 후 그 상황에서 자신의 마음 상태를 상상하는 모의실험을 하고, 그로 인해 얻은 생각을 다시 타인에게 투사함으로써 타인의 마음을 이해할 수 있다. ³넘어져 다친 사람이 소리를 지르는 것을 보았을 때, 그 상황에서 자신이라면 어떤 마음일지를 상상으로 재현해 봄으로써 타인의 마음을 이해할 수 있다는 것이다. ⁴이는 동일한 상황에서는 모의실험을 한 자신의 마음과 타인의 마음이 서로 유사하다는 것과, 타인의 마음보다 자신의 마음에 접근하기가 더 쉽다는 것을 전제로 한다.

⇒ **2**에 '이와 달리'를 활용하여 **1**의 핵심 개념 '이론-이론'과 **2**의 핵심 개념 '모의 이론'의 내용이 서로 비교되어 제시되어 있다. **1**과 **2** 모두 각 이론의 뜻을 설명하고 각 이론이 주장하는 바를 예시를 통해 구체적으로 소개하였다. 그러므로 이 글은 비교의 방식으로 내용이 전개되었음을 알 수 있다.

확인 문제 다음 각 문단의 중심 화제에 표시하고, 그 특징을 알맞게 연결하시오.

〈 전국연합 학력평가 〉

❶ 공개 구두 경매는 경매에 참여하는 사람들을 모두 한자리에 모아 놓고 누가 어떠한 조건으로 경매에 응하는지를 공개적으로 진행하는 방식을 말한다. 이러한 공개 구두 경매는 다시 영국식 경매와 네덜란드식 경매로 구분할 수 있다.

❷ 영국식 경매는 오름 경매 방식으로, 우리가 가장 흔히 접하는 낮은 가격부터 시작해서 가장 높은 가격을 제시한 사람이 낙찰자가 되는 방식을 말한다. 이러한 영국식 경매를 통해 가격을 결정하고 있는 대표적인 품목으로는 와인과 최고급 커피 콩이 여기에 해당한다.

❸ 이와는 반대로 판매자가 높은 가격부터 제시해 가격을 점점 낮추면서 가장 먼저 응찰한 사람을 낙찰자로 정하는 방식이 네덜란드식 경매다. 이것은 내림 경매 방식이다. 내림 경매 방식은 튤립 재배로 유명한 네덜란드에서 오래전부터 이용해 오던 방식이며, 국내에서도 수산물 도매 시장에서 생선 가격을 결정할 때 이 방식을 통해 가격을 결정한다.

(1) ❶∼❸의 중심 화제에 동그라미 표시를 하시오.

(2) ❶∼❸의 중심 문장에 밑줄을 그으시오.

(3) 윗글에서 알 수 있는 다음 내용에 대한 특징으로 알맞은 것을 찾아 선으로 연결하시오.

① 영국식 경매 •

② 네덜란드식 경매 •

• ㉠ 판매자가 높은 가격부터 제시해 가격을 점점 낮추면서 가장 먼저 응찰한 사람을 낙찰자로 정하는 방식

• ㉡ 오름 경매 방식으로, 낮은 가격부터 시작해서 가장 높은 가격을 제시한 사람이 낙찰자가 되는 방식

장자의 철학과 현대인의 문제

| 교과 연계 |
중학교 도덕 ①_도덕적인 삶

모르는 어휘에 ☑ 표시를 하고, 표시한 어휘에 주목하여 지문을 읽어 보시오.

☐ 선악   ☐ 입장   ☐ 획일화   ☐ 동등   ☐ 질곡

>> 한 문장으로 요약하기

❶ 문단:

❷ 문단:

❸ 문단:

❹ 문단:

　중국의 옛 철학자 장자의 철학은 선악을 분명하게 구분 짓는 유학과 입장이 다르다. 선악의 구분 같은 것은 사람을 자유로울 수 없게 만든다고 보았다. 장자는 하나의 획일화된 기준을 두지 않았다. 사람은 나무에 매달려 자거나 진흙탕 속에서 잘 수 없지만 원숭이는 나무에 매달려 자고 미꾸라지는 진흙탕 속에서 잔다. 그렇다면 누가 편안한 잠자리를 아는 것인가? 결국 이런 판단은 인간이 만든 것에 불과하다.

　책 「장자」에는 온몸이 뒤틀린 '지리소'라는 사람이 나온다. 누구든 그를 '쓸모없다'고 하였지만 지리소는 '쓸모 있는' 사람들과 달리 전쟁이나 성 쌓는 일에 끌려가지 않으며 오래 살다가 죽었다. 쓸모란 무엇이며 무엇을 위한 쓸모인지를 생각해 보면 이야기가 달라진다. 거름은 더럽지만 그 거름을 먹고 자란 곡식을 우리가 먹는다. 만물은 모두 동등한 가치를 가지고 있는 것이다.

　장자는 도를 따르는 일은 자연을 따르는 일이라고 한다. 도를 따르면 자연과 하나 된 자유를 누리지만, 그러지 못하면 질곡 속에서 살 뿐이다. 도를 따르는 삶은 가치 판단에 얽매이지 않고 나와 남을 구분 짓지 않으며 만물과 하나가 된다.

　또 「장자」에는 그림자가 싫어서 도망가는 사람 이야기가 나온다. 그가 빨리 도망가면 그림자도 빨리 따라오기 때문에 그는 더 빨리 달아나려고만 한다. 그러나 장자는 그 사람에게 '당신이 나무 그늘에서 쉬면 그림자도 따라오지 않을 것'이라고 한다. 현대를 사는 우리도 그림자가 싫어 도망가는 모습은 아닐까? 우리가 더 편한 삶을 위해 한없는 개발과 발전을 추구했지만, 그 결과는 환경 오염과 엄청난 쓰레기일 뿐이다. 더 많은 발전이 더 많은 문제를 만드는 현실을 극복하기 위해서는 자연에 순응하고 나무 아래서 쉬는 지혜가 필요하지 않을까?

독해 기술 적용　이 글은 장자의 철학을 소개하면서 **부연 설명**으로 관련한 이야기를 담고 있다. 다음 빈칸을 채워 넣으며 윗글의 내용을 정리하시오.

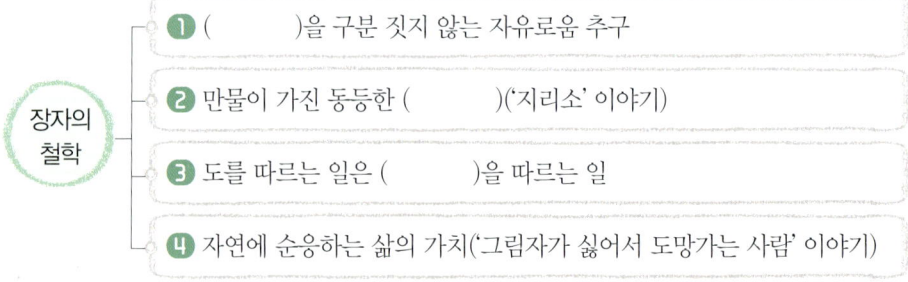

장자의
철학

❶ (　　　　　)을 구분 짓지 않는 자유로움 추구

❷ 만물이 가진 동등한 (　　　　　)('지리소' 이야기)

❸ 도를 따르는 일은 (　　　　　)을 따르는 일

❹ 자연에 순응하는 삶의 가치('그림자가 싫어서 도망가는 사람' 이야기)

1 윗글을 쓴 글쓴이의 의도로 가장 적절한 것은?

① 아직 밝혀지지 않은 장자의 철학에 대한 연구의 필요성을 알리기 위해

② 사상가로서의 장자가 아닌, 인간으로서의 장자의 모습을 소개하기 위해

③ 장자의 사상을 소개한 후, 발전만을 추구하는 현대 문명의 깨달음을 촉구하기 위해

④ 올바른 삶의 방향에 대한 지침을 제시하는 장자와 같은 학자의 양성을 주장하기 위해

⑤ 장자의 철학에 대한 잘못된 생각을 지적하고, 이에 대한 올바른 이해를 강조하기 위해

2 장자의 철학적 특징을 이해한 내용으로 적절하지 <u>않은</u> 것은?

① 구속에서 벗어난 자유로운 삶을 추구한다.

② 자연의 순리에 순응하는 삶의 태도를 강조한다.

③ 획일적 기준으로 사물의 가치를 판단하지 않는다.

④ 만물은 나름대로의 가치를 가지고 있다고 인정한다.

⑤ 인간의 삶에 이익이 되는 것을 최우선의 가치로 여긴다.

3 윗글을 참고하여, 장자의 철학과 유학의 입장이 어떤 점에서 차이가 있는지 〈조건〉에 맞추어 쓰시오.

> ┌ 조건 ┐
> • '유학은 ~, 장자는 ~ '의 형태로 쓸 것.

바다의 가치

모르는 어휘에 ☑ 표시를 하고, 표시한 어휘에 주목하여 지문을 읽어 보시오.

☐ 소유　　☐ 무궁무진　　☐ 일각　　☐ 원소　　☐ 함유

>> 한 문장으로 요약하기

❶ 문단:

❷ 문단:

❸ 문단:

❹ 문단:

　　현재까지 알려진 바에 의하면 태양계에서 바다를 소유하고 있는 행성은 지구밖에 없다. 대륙은 지구 표면의 30% 정도를 차지하고 있고 바다가 차지하는 비중이 매우 크다. 그리고 바다에는 자원이 무궁무진하다.

　　인류는 오랜 옛날부터 김과 미역 같은 해조류뿐만 아니라, 온갖 종류의 물고기를 바다에서 얻었다. 하지만 바다의 자원은 그것만이 전부가 아니다. 그것은 바다가 간직하고 있는 자원의 빙산의 일각에 불과할 뿐이다. 해수는 거의 모든 원소를 간직하고 있다. 400만 톤의 금, 3억 톤의 은, 40억 톤의 우라늄 등 자원의 보물 창고이다. 또한, 요오드의 주요 공급원인 마른 해초, 석회석을 제공하는 굴 껍질 등 인공적으로 생산하지 못하는 여러 원소들도 바다 식물체 속에 함유되어 있다.

　　바닷속에는 석유와 망간 단괴도 있다. 석유 못지않게 그 유용성을 인정받고 있는 것이 망간 단괴이다. 망간 단괴는 수심 4,000~6,000미터의 깊은 바다에 수백만 년 동안 가라앉아 있던 자갈과 물고기 이빨 등이, 일정한 온도와 압력하에서 바닷물 속에 녹아 있는 금속 성분들과 뭉쳐지고 굳어진 것이다. 망간 단괴 속에는 망간 23%, 철 15%, 니켈 1.4%, 구리 1.2%, 코발트 0.4% 등 40여 종에 달하는 유용한 금속이 함유되어 있다. 태평양에는 제곱킬로미터당 12,000톤 정도의 망간 단괴가 묻혀 있는 것으로 추정된다. 이 양은 인류가 1만 년을 쓰고도 남을 양이다.

　　이처럼 바닷속에 녹아 있고 묻혀 있는 물질들도 중요하지만, 우리가 기본적으로 관심을 기울여야 할 것이 바로 해양의 97%를 차지하고 있는 물 자체이다. 순수한 물은 고가의 상품으로 변한 지 이미 오래며 그러한 추세는 앞으로도 계속될 것이다. 머지않아 육지의 자원은 고갈될 것이고, 그에 따라 여러 국가들이 너나없이 바닷속으로 눈을 돌리게 될 것이다. 착실히 설계하고 부단히 노력하며 발 빠르게 해양 자원 개발에 앞장서야만 한다.

독해 기술 적용　다음 빈칸을 채워 넣으며 윗글의 내용을 정리하시오.

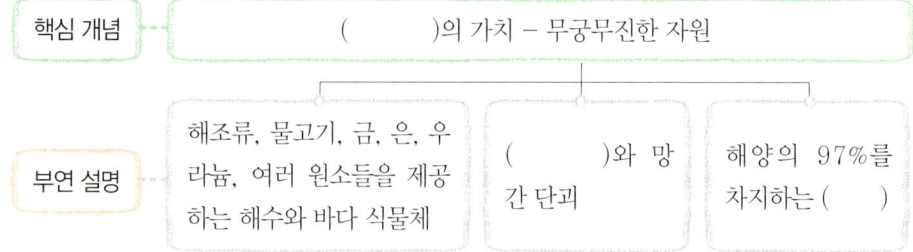

핵심 개념 ⇢ (　　　)의 가치 - 무궁무진한 자원

부연 설명 ⇢ 해조류, 물고기, 금, 은, 우라늄, 여러 원소들을 제공하는 해수와 바다 식물체 ／ (　　　)와 망간 단괴 ／ 해양의 97%를 차지하는 (　　　)

1 윗글의 서술 방식을 〈보기〉에서 골라 바르게 묶은 것은?

〔보기〕
ㄱ. 구체적인 수치를 제시하여 독자의 이해를 돕고 있다.
ㄴ. 전문가의 견해를 인용하여 내용의 전문성을 확보하고 있다.
ㄷ. 구성 성분을 자세히 나열하여 내용 전달의 효과를 높이고 있다.
ㄹ. 글 중간중간에 의문문을 사용하여 독자의 관심을 유발하고 있다.

① ㄱ, ㄴ   ② ㄱ, ㄷ   ③ ㄴ, ㄷ
④ ㄴ, ㄹ   ⑤ ㄷ, ㄹ

2 윗글에 제목을 붙인다고 할 때, 표제와 부제로 가장 적절한 것은?

① 자원의 무한한 보물 창고, 바다
   – 해양 자원 개발에 총력을 기울여야
② 무궁무진한 호기심의 천국, 바다
   – 과학과 기술 발전의 굳건한 토대로 삼아야
③ 환경 오염의 치외법권 지역, 바다
   – 바다의 죽음은 지구의 죽음으로 이어짐을 명심해야
④ 미래 사회의 선진국, 대한민국
   – 삼면이 바다로 둘러싸인 반도의 장점을 십분 살려야
⑤ 생명체가 살 수 있는 유일한 행성, 지구
   – 생명체가 안심하고 살 수 있는 보금자리로 보존해야

3 윗글에서 석유와 함께 중요하다고 소개하고 있는 바닷속 자원의 이름이 무엇인지 찾아 2어절로 쓰시오.

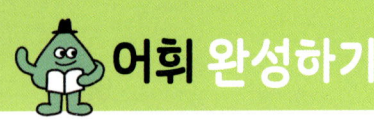

>> 다음 어휘의 뜻을 확인하고, 학습한 어휘에 ☑ 표시를 하시오.

□ 선악 善 착할 선 惡 악할 악	착한 것과 악한 것을 아울러 이르는 말. 예 인간이면 선악을 판단해 행동해야 한다.

□ 입장 立 설 입 場 마당 장	당면하고 있는 상황. 예 검찰은 철저하게 수사하겠다는 입장을 분명히 했다.

□ 획일화 劃 새길 획 一 하나 일 化 될 화	모두가 한결같아서 다름이 없게 함. 예 기계는 모든 과정을 획일화하였다.

□ 동등 同 같을 동 等 같을 등	등급이나 정도가 같음. 또는 그런 등급이나 정도. 예 고졸 또는 동등의 학력을 지녔다.

□ 질곡 桎 차꼬 질 梏 수갑 곡	몹시 속박하여 자유를 가질 수 없는 고통의 상태를 비유적으로 이르는 말. 예 할머니는 질곡의 세월을 이겨 내었다.

□ 소유 所 바 소 有 있을 유	가지고 있음. 또는 그 물건. 예 힘들게 일군 토지는 양반들의 소유가 되었다.

□ 무궁무진 無 없을 무 窮 다할 궁 無 없을 무 盡 다할 진	끝이 없고 다함이 없음. 예 그는 재주가 무궁무진으로 많다.

□ 일각 一 하나 일 角 뿔 각	한 귀퉁이. 또는 한 방향. 예 사회 일각의 시각을 반영해야 한다.

□ 원소 元 으뜸 원 素 흴 소	모든 물질을 구성하는 기본적 요소. 예 지방은 탄소, 수소, 산소의 세 원소로 구성되어 있다.

□ 함유 含 머금을 함 有 있을 유	물질이 어떤 성분을 포함하고 있음. 예 카페인 함유 음료에는 커피가 있다.

확인 문제

1 다음 빈칸에 들어갈 알맞은 어휘를 괄호 안의 초성을 참고하여 빈칸에 쓰시오.

(1) 화학 (ㅇㅅ → ⠀⠀⠀⠀)를 오늘까지 꼭 암기하도록 해라.

(2) 아이들에게 (ㅎㅇㅎ → ⠀⠀⠀⠀⠀)된 사고를 강요하지 말라.

(3) 법조계 (ㅇㄱ → ⠀⠀⠀)에서는 판결의 문제점을 지적하고 있다.

2 문맥을 고려하여, 다음 문장의 괄호 안에 들어갈 알맞은 어휘를 고르시오.

(1) 나는 도심에 있는 아파트보다 전원에 있는 주택을 (소유 / 공존 / 지배)하고자 한다.

(2) 홍삼에는 원기 회복에 효과가 좋은 성분이 (보유 / 소지 / 함유)되어 있다.

3 다음의 밑줄 친 어휘와 바꿔 쓰기에 가장 적절한 어휘를 〈보기〉에서 찾아 쓰시오.

┌ 보기 ┐
| 무궁무진한 | 질곡 | 입장 | 시련 | 동등 |

(1) 이 비용은 공평(公平)하게 부담하자.

⠀⠀⠀⠀(⠀⠀⠀⠀⠀)

(2) 무한(無限)한 발전 가능성을 가지고 있다.

⠀⠀⠀⠀(⠀⠀⠀⠀⠀)

(3) 그들은 가난의 속박(束縛)에서 벗어나기 위해 노력했다.

⠀⠀⠀⠀(⠀⠀⠀⠀⠀)

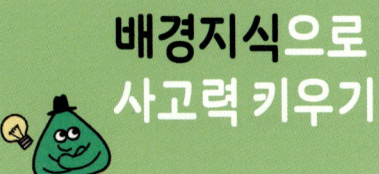

배경지식으로 사고력 키우기

사람의 본성에 대한 세 가지 관점

사람은 동물과 달리 옳고 그름을 판단하여 선한 행위를 할 수 있다. 사람이 선한 행위를 하는 것은 타고난 본성일까? 아니면 배워서 익힌 것일까? 예로부터 많은 사상가들이 사람의 본성에 관해 다양한 입장을 제시하였다.

우선, 사람의 본성이 본래 선하다는 입장이 있다. 사람은 누구나 선한 마음을 가지고 태어나지만, 지나친 욕구나 환경에 의해 악한 행위를 할 수 있다고 보았다. 그래서 끊임없이 선한 본성을 갈고닦아 나쁜 행동을 하지 않도록 노력해야 한다고 주장하였다. 이와 반대로, 사람의 본성이 본래 악하다는 입장이 있다. 이 입장에서는 사람은 올바른 도리에 따르려는 노력을 통해 악한 본성을 선하게 변화시켜야 한다고 본다.

한편, 사람의 본성이 선하거나 악한 것으로 정해져 있지 않다고 보는 입장도 있다. 이러한 주장을 하는 사람들에 따르면, 사람이 선하게 행동하거나 악하게 행동하는 것은 자신의 선택과 환경에 의해 결정된다.

| 교과 연계 | 중학교 도덕 ①_ 도덕적인 삶

논술형 문제

사람의 본성에 대한 위의 세 관점 중 〈보기〉에 담긴 관점을 고르고, 그 이유를 서술하시오.

> ┌ 보기 ┐
> 누군가 어린아이가 우물에 빠지려고 하는 것을 본다면, 그가 어떤 사람이든 간에 그 아이가 누구인지 몰라도 곧바로 달려가서 아이를 구할 것이다.

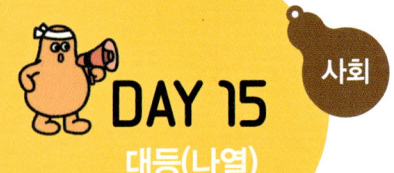

DAY 15 사회
대등(나열)

분쟁 해결의 법 적용

| 교과 연계 |
중학교 사회 ①_일상생활과 법

모르는 어휘에 ☑ 표시를 하고, 표시한 어휘에 주목하여 지문을 읽어 보시오.

☐ 분쟁　　☐ 명료　　☐ 범주화　　☐ 충족　　☐ 맥락

>> 한 문장으로 요약하기

❶ 문단:

❷ 문단:

❸ 문단:

❹ 문단:

❺ 문단:

　　분쟁이 있을 경우에는 '법의 적용'을 통해 판결을 이끌어 내는 재판이 진행된다. 여기서 '법의 적용'이란 구체적 사건이 발생하였을 경우 추상적인 법 규범이 그 구체적인 사건에 적용되는지를 판단하는 과정을 가리킨다. 그런데 법을 적용하기 위해서는 법 규범의 내용 또는 의미를 확정하는 것, 즉 '법의 해석'이 필요하다.

　　어떤 법 규범은 명료하게 해석되어 그것을 적용하는 것이 쉬울 수도 있다. 하지만 법 규범은 개별적 사건이나 행위들의 공통점을 묶어 범주화한 것이어서 명료하게 해석되지 않는 경우가 많다. 이런 경우에는 법 규범의 적용에 어려움이 발생한다.

　　법 규범의 해석에 모호한 상황이 발생할 경우, 구체적 사실이 법 규범을 충족하는지에 대한 해석이 필요하다. 이러한 경우 법 규범은 관점의 차이에 따라 해석이 달라질 수 있다.

　　법 규범 해석의 관점으로는 '문자주의적 접근'에 의한 것과 '목적주의적 접근'에 의한 것이 있다. 문자주의적 접근은 그 문자의 일반적 의미나 법률의 문구적 의미를 중심으로 해석하는 것이다. 그리고 목적주의적 접근은 법 규범의 근본 취지, 목적, 상황 등을 고려하여 해석하는 것이다.

　　예를 들어 ㉠'공원에서 탈것 금지'라는 규정이 있다고 하자. 어린아이용 세발자전거에 대한 출입 여부는 어떻게 판단할 것인가? 문자주의적 접근에 따르면, '탈것'의 사전적 의미나 법률의 문구적 의미를 중심으로 규정의 내용을 해석하여 출입의 허용 여부를 판단할 것이다. 하지만 목적주의적 접근에 따르면, 구체적 상황과 맥락 등을 고려하여 출입의 허용 여부를 결정할 것이다.

독해 기술 적용　❹문단에서는 법 규범 해석의 관점 두 가지를 **대등**한 관계로 설명하고 있다. 다음 빈칸에 들어갈 알맞은 말을 쓰시오.

법 규범 해석의 관점

- (　　　　　　　) 접근: 문자의 일반적 의미나 법률의 문구적 의미를 중심으로 해석하는 것.

- 목적주의적 접근: 법 규범의 근본 취지, (　　　　　), 상황 등을 고려하여 해석하는 것.

1 윗글의 전개 방식으로 가장 적절한 것은?

① 통념의 문제점을 지적한 후, 반대되는 견해를 제시하고 있다.
② 다양한 학설의 공통점을 찾아 주장의 근거로 제시하고 있다.
③ 특정 이론의 장점과 단점을 설명한 후, 절충 이론을 소개하고 있다.
④ 중심 화제의 개념을 제시한 후, 변화 과정을 시간 순으로 설명하고 있다.
⑤ 논의 대상에서 발생하는 어려움을 제시하고, 이에 대응하는 두 가지 방식을 보여 주고 있다.

2 윗글을 바탕으로 ㉠에 대해 이해한 내용으로 가장 적절한 것은?

① 문자주의적 접근에 의하면 공원의 특성과 관련하여 탈것의 종류를 판단할 것이다.
② 문자주의적 접근에 의하면 공원 조성 목적에 따라 세발자전거의 출입을 허용할 것이다.
③ 목적주의적 접근에 의하면 사전적 정의에 의해 세발자전거의 출입을 금지할 것이다.
④ 목적주의적 접근에 의하면 어린아이용이라는 탈것의 용도와 규정의 취지를 고려하여 결정할 것이다.
⑤ 목적주의적 접근에 의하면 불명확한 법 규범을 우선 개정한 이후에 법 해석이 가능하다고 판단할 것이다.

3 〈보기〉와 같은 상황에서 사용된 법 규범 해석의 관점을 쓰시오.

┌ **보기** ┐

  구급차가 위급한 환자를 싣고 병원으로 가는 길에 교통 신호를 위반하여 사고를 냈다. 재판에서는 교통사고를 낼 당시의 상황을 고려하여 법을 적용하기로 했다.

역사의 종류

모르는 어휘에 ☑ 표시를 하고, 표시한 어휘에 주목하여 지문을 읽어 보시오.

☐ 촉진   ☐ 찬양   ☐ 숭배   ☐ 창출   ☐ 척도

>> 한 문장으로 요약하기

❶ 문단:

❷ 문단:

❸ 문단:

❹ 문단:

역사는 인류가 어떻게 살아왔는가에 대한 이야기이다. 인간의 삶이 역사이고, 역사는 다시 인간의 삶과 관계를 맺는다. 역사가 인간의 삶과 맺는 관계에 따라 역사는 '기념비적 역사', '골동품적 역사', '비판적 역사'로 나누어 볼 수 있다.

㉠기념비적 역사는 과거의 위대함에 대한 회상을 통해 새로운 위대함의 가능성을 촉진하는 역사이다. 이는 비범한 대상에 대한 관심에서 시작해 '인간'을 더 우월하고 아름답게 느끼게 하여 인간을 더 가치 있게 만든다. 그러나 기념비적 역사를 통해 과거의 위대함을 무조건적으로 찬양하여 생성과 변화가 무시된다면 역사적이나 시대적 필요와 상관없는 무조건적인 믿음이 될 것이다. 과거의 위대함에 대한 숭배와 모방의 강요는 기념비적 역사가 가진 위험이다.

㉡골동품적 역사는 오래된 과거를 찾아 보존하면서 전승하는 역사이다. 여기에서는 사실의 확인은 중요하지 않다. 골동품적 역사는 과거를 통해 인간이 스스로를 더 잘 알게 된다고 본다. 일상적 습관과 관습을 규정하고 보존하며 민족의 고유한 특성을 지키려는 감정을 만들어 내어 민족 구성원 모두를 결합시킨다. 역사를 통해 현재의 인간이 전통과 유래를 인식함으로써 행복을 느낀다는 것이다. 그러나 골동품적 역사는 미래의 삶에 대한 뿌리를 뽑아 단지 보존만 하고 생산을 할 줄 모르게 될 수 있다.

㉢비판적 역사는 과거를 숭상하거나 보존하기 위해서가 아니라 과거를 부정하기 위한 것이다. 비판적 역사의 유용성은 과거의 잘못으로부터 해방시킨다. 역사는 인간에 의해 창출된 것이므로 보존되고 전승된 과거와 투쟁을 벌여 잘못을 폭로하고 파괴해야 한다고 본다. 그리고 새로운 관습과 본능을 만들고자 한다. 그런데 이러한 비판적 역사는 과거의 잘못을 바로세우는 척도를 세우지 못할 경우 단지 과거를 파괴하는 것에만 그칠 수 있다.

독해 기술 적용 윗글의 문단 간 관계를 〈보기〉에서 골라 쓰시오.

┌ 보기 ┐
대등   주장과 근거   비판과 반박   예시
└─────────────────────────────────┘

● ❷문단과 ❸문단은 (   ) 관계이다.

● ❸문단과 ❹문단은 (   ) 관계이다.

1 윗글의 내용 전개 방식으로 가장 적절한 것은?

① 중심 화제를 관점에 따라 유형화하고 각각의 장단점을 설명하고 있다.

② 중심 화제와 관련된 논의 내용을 정리하고 새로운 이론을 제시하고 있다.

③ 중심 화제를 다룬 두 이론의 차이를 설명하고 구체적인 사례에 적용하고 있다.

④ 중심 화제에 대한 통념의 문제점을 지적하고 반대되는 견해를 제시하고 있다.

⑤ 중심 화제의 개념을 정의한 후, 이론을 소개하고 이론의 발전 가능성을 언급하고 있다.

2 ㉠～㉢에 대한 설명으로 적절하지 <u>않은</u> 것은?

① ㉠은 과거의 비범한 대상에 주목한다.

② ㉡은 민족 구성원들의 결속력을 강화할 수 있다.

③ ㉠, ㉢은 과거에 대한 인식을 바탕으로 새로운 것을 형성하고자 한다.

④ ㉠과 달리 ㉡, ㉢은 실제적 검증 과정을 중심으로 과거를 해석한다.

⑤ ㉢과 달리 ㉠, ㉡은 과거에 긍정적인 가치를 부여한다.

3 '비판적 역사'가 과거의 잘못을 폭로하고 파괴하는 것에 그치지 않기 위해 필요한 것을 윗글에서 찾아 쓰시오.

어휘 완성하기

>> 다음 어휘의 뜻을 확인하고, 학습한 어휘에 ☑ 표시를 하시오.

□ **분쟁**
紛 어지러울 분
爭 다툴 쟁

말썽을 일으키어 시끄럽고 복잡하게 다툼.
예 영토 분쟁으로 나라 안팎이 어수선하다.

□ **촉진**
促 재촉할 촉
進 나아갈 진

다그쳐 빨리 나아가게 함.
예 광고는 판매를 촉진한다.

□ **명료**
明 밝을 명
瞭 맑을 료

뚜렷하고 분명함.
예 그의 의견은 명료하였다.

□ **찬양**
讚 기릴 찬
揚 오를 양

아름답고 훌륭함을 크게 기리고 드러냄.
예 책에는 삶에 대한 찬양이 나타나 있다.

□ **범주화**
範 법 범
疇 밭 두둑 주
化 될 화

동일한 성질을 가진 부류나 범위로 묶음.
예 기존에 범주화되어 있던 영역들을 다시 검토해 보았다.

□ **숭배**
崇 높을 숭
拜 절 배

우러러 공경함.
예 사람들의 존경과 숭배를 받다.

□ **충족**
充 가득할 충
足 발 족

넉넉하여 모자람이 없음.
예 우선은 먹고사는 기본적인 욕구가 충족되어야 한다.

□ **창출**
創 비롯할 창
出 날 출

전에 없던 것을 처음으로 생각하여 지어내거나 만들어 냄.
예 새로운 질서와 제도를 창출하다.

□ **맥락**
脈 맥 맥
絡 헌솜 락

사물 따위가 서로 이어져 있는 관계나 연관.
예 용의자의 진술이 앞뒤 맥락이 맞지 않는다.

□ **척도**
尺 자 척
度 법도 도

평가하거나 측정할 때 의거할 기준.
예 미의 척도는 무엇일까?

확인문제

1 문맥을 고려하여, 다음 문장의 괄호 안에 들어갈 알맞은 어휘를 고르시오.

(1) 정부는 수출을 (둔화 / 촉진 / 결성)하기 위한 정책을 폈다.

(2) 전체 삶을 통해 새로운 신념의 (결핍 / 주장 / 창출)을 이루어 냈다.

(3) 이순신 장군은 우리 민족 전체가 (숭배 / 배척 / 멸종)하는 영웅이다.

2 다음의 밑줄 친 어휘와 바꿔 쓰기에 가장 적절한 어휘를 〈보기〉에서 찾아 쓰시오.

┌─ 보기 ─
단명   명료   분쟁   척도   봉양   찬양
└─────────

(1) 돈을 가치의 기준(基準)으로 삼다.
　　　　　　(　　　　　)

(2) 임금은 장군의 공로를 칭송(稱頌)했다.
　　　　　　(　　　　　)

(3) 일본은 독도를 다툼 지역으로 만들려는 의도를 보였다.
　　　　　　(　　　　　)

(4) 지나간 성인들의 가르침은 하나같이 간단하고 분명(分明)했다.
　　　　　　　　(　　　　　)

3 다음 빈칸에 들어갈 알맞은 어휘를 괄호 안의 초성을 참고하여 빈칸에 쓰시오.

(1) 욕구의 (ㅊㅈ → 　　　)이 없으니 일에 흥미가 없다.

(2) 복잡한 자료를 (ㅂㅈㅎ → 　　　)하여 정리하였다.

(3) 경찰은 최근에 일어난 일련의 사건을 같은 (ㅁㄹ → 　　　)으로 보았다.

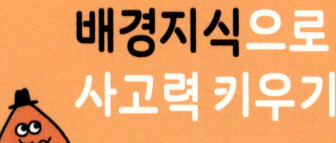

배경지식으로 사고력 키우기

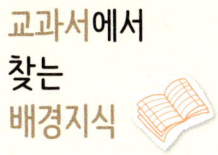

교과서에서
찾는
배경지식

역사를 배우는 목적

역사에는 과거부터 오늘날까지 여러 환경과 시대에서 활동한 사람들의 경험이 담겨 있다. 이러한 역사를 배우면서 우리는 현재를 올바르게 이해하고 삶의 지혜와 교훈을 얻을 수 있다. 또한, 역사 속 인물의 업적을 계승하고 부끄러운 과거를 반성함으로써 더 나은 미래로 나아갈 수 있다.

우리나라는 오랜 기간 여러 나라와 관계를 맺으며 발전해 왔다. 그러므로 세계의 역사를 배우면 우리의 현재를 올바로 이해하고 세계 속 우리의 위상을 파악하여 진로를 모색할 수 있다. 특히, 오늘날에는 전 세계가 지구촌이라고 불릴 정도로 깊은 관계를 맺고 있어 세계사 학습이 중요해지고 있다. 더불어 세계사 학습을 통해 세계 여러 나라의 고유한 역사와 다양한 문화를 이해하고 존중하는 자세를 기를 수 있다. 이러한 자세는 인류가 갈등을 극복하고 함께 평화롭게 살아가는 바탕이 된다.

| 교과 연계 | **중학교 역사 ①_역사의 의미**

논술형
문제

다음에 나타난 독일의 태도가 긍정적인 이유를 서술하시오.

> 1945년경 독일은 600만 명이 넘는 유대인을 학살하였다. 세계적으로 보았을 때 독일뿐만 아니라 일본, 중국, 캄보디아 등 여러 국가에서 집단 학살을 행하였지만 대부분의 경우 사실을 부정하거나 은폐 및 축소시키기 바빴다. 이에 반해 독일은 희생자들을 기리기 위한 공간 및 건축물을 만들었다.

유대인 강제 수용소
대부분의 수용소가 전쟁 후에 파괴되었지만 일부는 영구 박물관으로 보존됨. 독일 정부가 나치의 행동을 반성하는 차원에서 대부분의 입장료가 무료임.

홀로코스트 메모리얼 광장
구조물 하나하나가 희생당한 사람들의 넋을 기리는 비석이자 관을 상징함. 추모 공간이자 범죄 행위의 부끄러운 역사를 그대로 드러내는 전시의 공간임.

슈톨퍼슈타인
'걸림돌'이라는 의미를 가진 것으로 희생자들이 살았던 집 앞 인도에 박혀 있음. 발에 걸리는 돌처럼 희생자들을 잊지 않고 기억하겠다는 취지임.

환경을 바꾸어 온 생명체

| 교과 연계 |
중학교 과학 ③_대기권과 지구 기온

≫ 한 문장으로 요약하기

❶ 문단:

❷ 문단:

❸ 문단:

❹ 문단:

❺ 문단:

{ 모르는 어휘에 ☑ 표시를 하고, 표시한 어휘에 주목하여 지문을 읽어 보시오.

☐ 추정   ☐ 천체   ☐ 원시   ☐ 번성   ☐ 축적

지구상에서 가장 오래된 생명체는 화석에서 발견할 수 있다. 38억 년 전의 남아 프리카 퇴적암 지층에서 발견된 것이 가장 오래된 화석인데, 이 화석으로 인해 최 초의 생명체가 38억 년 전부터 지구상에 존재했을 것이라고 추정하고 있다.

그런데 최초의 그 생명체는 사실은 육상에서는 존재할 수 없었다. 왜냐하면 다른 천체와 마찬가지로 지구도 처음에는 암모니아나 메탄가스 같은 원시 대기로 이루 어져 있었을 텐데, 이런 상태에서는 태양에서 오는 자외선이 그냥 통과하므로 생명 이 존재할 수 없기 때문이다.

그렇다면 최초의 생명체는 어디에서 생겨난 것일까? 바로 바닷물 속이다. 바닷물 이 태양의 자외선을 걸러 주는 역할을 해서 최초의 생명체가 생겨나게 되었다. 그 런 생명체가 차츰 번성하면서 바닷물 속에서 광합성을 하고 그 과정에서 산소가 만 들어졌으며, 이 산소가 축적이 되고 태양으로부터 오는 자외선이 대기권 상층부에 서 산소를 오존(O_3)으로 만든 것이다. 그렇게 오존층이 형성되면서, 그 오존층은 태 양으로부터 오는 자외선을 걸러 주었다. 그리고 지금 우리가 사는 환경이 되었다.

지구의 이러한 생명의 역사를 살펴보면, 왜 지구는 같이 태어난 목성이나 토성하 고는 다른 환경을 갖게 되었는가가 분명해진다. 지구는 현재 21%의 산소(O_2)를 갖 고 있는 환경이다. 그런데 이 산소 비율 21%는 그냥 주어진 것이 아니고, 38억 년 동안 진행된 생명의 역사를 통해 생겨났다.

생명체는 환경에 일방적으로 적응만 하는 존재가 아니다. 생명체가 환경을 적극 적으로 바꾼다. 지금 우리가 숨 쉬고 있는 공기, 우리가 마시는 물, 그리고 밟고 있 는 흙, 이 모든 것들이 생명체가 수십억 년의 세월 동안 만들어 낸 것이다.

독해 기술 적용 윗글의 ❷ 문단 내용을 원인과 결과로 나누어 쓰시오.

원인	처음의 지구는 암모니아나 메탄가스 같은 원시 대기로 이루어져 있었는 데, 이런 상태에서는 태양에서 오는 자외선이 그냥 통과하기 때문에 생명이 존재할 수 없었다.

⇩

결과	

1 윗글의 내용과 일치하지 <u>않는</u> 것은?

① 38억 년 전에 지구상에 최초의 생명체가 등장하였다.

② 지구상의 생명체가 처음 나타난 곳은 바닷물 속이다.

③ 산소가 축적되면서 지구의 육상에 생명체가 생겨났다.

④ 오존층이 형성된 이후에야 지구에 생명체가 나타났다.

⑤ 지구는 21%의 산소를 갖고 있다는 점에서 목성과는 다르다.

2 윗글을 읽은 사람이 〈보기〉를 읽고 보일 수 있는 반응으로 가장 적절한 것은?

┌─ 보기 ─────────────────────────────
  추운 북쪽 지방의 사람들은 차가운 바람을 막기 위해 벽을 매우 두껍게 하여
집을 짓고, 열대 지방의 사람들은 더우니까 통풍이 잘 되는 집을 짓는다.
└───────────────────────────────────

① 날씨가 춥기 때문에 사람이 살지 못하는 곳도 있습니다.

② 기온이 생존에 가장 큰 영향을 미치는 요소는 아닙니다.

③ 주택의 벽이나 숲의 나무는 오존층을 매우 잘 보호해 줍니다.

④ 현대의 주거 방식은 우리가 생각하는 것보다 훨씬 오래 되었습니다.

⑤ 인간은 자신의 주변 환경을 바꿔 주어진 자연 환경에 적응해 살아갑니다.

3 윗글에서 알 수 있는 '지구의 생명의 역사'를 다음과 같이 정리할 때, ㉠~㉣을 순서대로 나열하시오.

┌───────────────────────────────────
  ㉠ 21%의 산소를 갖고 있음.
  ㉡ 바닷속에서 생명체가 생겨남.
  ㉢ 대기권에서 산소를 오존으로 만듦.
  ㉣ 오존층이 태양으로부터 오는 자외선을 걸러 줌.
└───────────────────────────────────

지수 물가와 체감 물가

| 교과 연계 |
중학교 사회 ②_물가와 실업

모르는 어휘에 ☑ 표시를 하고, 표시한 어휘에 주목하여 지문을 읽어 보시오.

☐ 물가   ☐ 측정   ☐ 품목   ☐ 실감   ☐ 가중치

>> 한 문장으로 요약하기

❶ 문단:

지수 물가는 가격 변동을 측정하기 위하여 통계적 방법으로 처리된 평균적인 물가이다. ㉠그런데 소비자는 실제 느끼는 체감 물가와 통계청에서 발표하는 지수 물가가 다르다고 생각한다. ㉡이에 대한 원인 중에서 대표적인 세 가지를 알아보자.

❷ 문단:

첫째, 지수 물가는 대표적인 품목만을 대상으로 한다. 그런데 모든 소비자가 동일한 품목의 물건을 구매하지는 않는다. 그래서 모든 소비자에게 지수 물가를 공통적으로 적용할 수는 없다. 중학생이 있는 집에서는 교복, 참고서, 학용품 등의 가격 변화에 민감하지만 중학생이 없는 집에서는 이를 실감할 수 없다.

❸ 문단:

둘째, 지수 물가는 전국 주요 도시의 상점과 서비스 업체 중 일부를 조사한 평균이다. 지수 물가가 내려갔다고 할지라도, 개인이 구매한 물건의 가격이 올랐을 경우에 사람들은 물가가 올랐다고 생각한다. ㉢예를 들어, 내가 산 신발 가격이 5만 원이라고 할 때 전국의 신발 평균 가격이 4만 5,000원이라고 한다면, 사람들은 자신이 느끼는 체감 물가가 지수 물가와 다르다고 생각한다.

❹ 문단:

셋째, 소비자의 기억 차이도 원인이 될 수 있다. 지수 물가는 가격이 오른 품목 ㉣뿐만 아니라 내린 품목도 대상으로 한다. 그러나 소비자는 가격이 오르고 내린 것에 상관없이 가격이 오른 것만을 오래 기억하는 경향이 있다. 만약 800원 하던 볼펜이 1,000원으로 오르고, 500원 하던 공책이 200원으로 떨어졌더라도 소비자는 가격이 오른 볼펜만을 기억하는 것이다.

❺ 문단:

통계청이 발표하는 지수 물가와 소비자가 느끼는 물가의 차이가 크면 지수 물가에 대한 신뢰성이 떨어질 수 있다. 이것을 막기 위해서 많이 구매하는 물건을 중심으로 지수 물가를 따로 ㉤설정하거나 기준이 되는 품목이나 가중치를 바꾸기도 한다.

독해 기술 적용 윗글에서 언급한 문제의 원인과 결과를 파악하여 빈칸에 채워 넣으시오.

원인	① (　　　　　)는 대표적인 품목만을 대상으로 한다. ② 지수 물가는 전국 주요 도시의 상점과 서비스 업체 중 일부를 조사한 (　　　)이다. ③ 소비자의 (　　　)에는 차이가 있다.

⇩

결과	소비자는 실생활에서 느끼는 체감 물가와 통계청에서 발표하는 (　　　　)가 다르다고 생각한다.

1 윗글에서 글쓴이가 말하고자 하는 바로 가장 적절한 것은?

① 지수 물가는 소비의 기준이 된다.
② 합리적 소비를 통해 지수 물가를 낮출 수 있다.
③ 체감 물가와 지수 물가가 다른 데에는 이유가 있다.
④ 지수 물가가 지나치게 높으므로 상승률을 낮춰야 한다.
⑤ 전국의 모든 상점을 지수 물가의 조사 대상으로 삼아야 한다.

2 ㉠～㉢의 기능으로 적절하지 <u>않은</u> 것은?

① ㉠: 앞 내용의 원인이 서술될 것임을 알려 준다.
② ㉡: 앞 내용을 대신하여 가리킨다.
③ ㉢: 설명의 내용에 해당하는 사례를 제시한다.
④ ㉣: 앞 내용에 덧붙일 내용이 있음을 보여 준다.
⑤ ㉤: 앞 내용과 이어질 내용 중 하나를 선택함을 나타낸다.

3 윗글에서 소비자가 지수 물가에 대한 신뢰를 가질 수 있도록 하는 방법 두 가지를 찾아 각각의 문장으로 쓰시오.

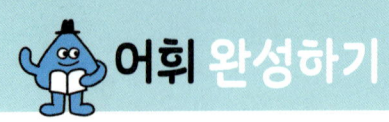**어휘 완성하기**

>> 다음 어휘의 뜻을 확인하고, 학습한 어휘에 ☑ 표시를 하시오.

□ 추정 推 옮길 추 定 정할 정	미루어 생각하여 판정함. 예 기자는 추정이 아닌 사실을 전해야 한다.

□ 천체 天 하늘 천 體 몸 체	우주에 존재하는 모든 물체를 통틀어 이르는 말. 예 천체에는 행성, 위성, 혜성 등이 있다.

□ 원시 原 근원 원 始 비로소 시	1. 시작하는 처음. 2. 처음 시작된 그대로 있어 발달하지 아니한 상태. 예 원시 신앙을 믿고 있는 부족이 있다.

□ 번성 蕃 풀 우거질 번 盛 성할 성	한창 성하게 일어나 퍼짐. 예 사업의 번성으로 이익을 얻었다.

□ 축적 蓄 쌓을 축 積 쌓을 적	지식, 경험, 자금 따위를 모아서 쌓음. 또는 모아서 쌓은 것. 예 모든 것이 나의 삶의 축적에서 나온 것이다.

□ 물가 物 만물 물 價 값 가	물건의 값. 예 물가가 하락한다고 무조건 좋은 것은 아니다.

□ 측정 測 잴 측 定 정할 정	일정한 양을 기준으로 하여 같은 종류의 다른 양의 크기를 잼. 기계나 장치를 사용하여 재 기도 함. 예 무게를 측정해 보아라.

□ 품목 品 물건 품 目 눈 목	물품 종류의 이름. 예 그 식당은 음식 품목이 다양하다.

□ 실감 實 열매 실 感 느낄 감	실제로 체험하는 느낌. 예 작품에서는 상황을 실감 나게 표현하였다.

□ 가중치 加 더할 가 重 무거울 중 値 값 치	일반적으로 평균치를 산출할 때 개별치에 부 여되는 중요도. 예 많은 대학에서 수능 시험에 가중치를 부여하였다.

확인 문제

1 다음의 밑줄 친 어휘와 바꿔 쓰기에 가장 적절한 어휘를 〈보기〉에서 찾아 쓰시오.

┌ 보기 ┐
비용   추정   측정   물가

(1) 그를 범인으로 지목한 것은 섣부른 짐작(斟酌)이었다.
(   )

(2) 정부는 물건값 안정을 위해 갖가지 정책을 발표하였다.
(   )

2 다음 빈칸에 들어갈 알맞은 어휘를 괄호 안의 초성을 참고하여 빈칸에 쓰시오.

(1) 시장에서는 물품 (ㅍ ㅁ →   )에 따라 가격에 차이가 있다.

(2) 모든 점수는 (ㄱ ㅈ ㅊ →   )가 부여된 변환 점수로 계산된다.

(3) 우리는 전망대에 마련된 망원경으로 밤하늘의 (ㅊ ㅊ →   )를 감상했다.

(4) 그 소년은 인간의 품을 벗어나 (ㅇ ㅅ →   ) 밀림에서 동물들과 함께 자랐다.

3 문맥을 고려하여, 다음 문장의 괄호 안에 들어갈 알맞은 어휘를 고르시오.

(1) 경찰관은 운전자에게 음주 (계산 / 추정 / 측정)을 요구하였다.

(2) 한창 (번성 / 확장 / 축소)했던 거리가 예전의 모습을 잃어 갔다.

(3) 우리 회사는 오랜 연구와 투자로 기술 (저축 / 축적 / 비대)을/를 이루어 냈다.

(4) 만리장성을 직접 가 보지 않고서는 거대함을 (실감 / 실제 / 실재)하지 못한다.

배경지식으로 사고력 키우기

교과서에서 찾는 배경지식

지수 물가 분석이 필요한 이유

시장에서는 다양한 상품이 거래되는데, 어느 시점에서 가격이 오르는 상품이 있는가 하면 가격이 내려가는 상품도 있다. 일반적으로 수요가 공급보다 많으면 물가가 상승한다. 또한, 임금이나 임대료, 원자재 가격이 상승하면 물건을 생산하는 생산비가 오르기 때문에 물가가 상승할 수도 있다. 이외에 한 나라 안에서 사용되는 화폐의 양이 많아진 경우에도 물가가 상승한다. 이때는 소비나 투자가 활발해지고 화폐 가치가 하락하기 때문에 물가 상승이 동반된다.

이와 같은 상품 가격의 변화는 가계의 소비 활동과 기업의 생산 활동뿐만 아니라 국민 경제 전체에 큰 영향을 미친다. 따라서 여러 상품의 가격 변화를 파악하는 것은 국민 경제의 안정적인 성장을 위하여 반드시 필요하다. 이때 국가는 지수 물가 분석 내용을 참고하여 물가 안정을 위한 정책을 결정한다. | **교과 연계** | **중학교 사회 ②**_물가와 실업

논술형 문제

다음 두 자료에 나타난 바와 같이 주부들이 느끼는 체감 물가와 지수 물가에 차이가 나는 이유를 서술하시오.

통계청에 따르면 20◇◇년 8월 지수 물가는 지난해 같은 달과 비교하여 0.4%가 올라 16개월 만에 지수 물가 상승률이 최저를 기록하였다. 가뭄으로 인해 배추 가격은 지난해 같은 달과 비교하여 58%나 올랐고, 풋고추, 마늘 등 식탁에 자주 올라가는 품목들의 가격이 큰 폭으로 상승한 반면, 휘발유 등 석유류 가격이 크게 하락하면서 지수 물가 상승률이 0%대로 분석되었다. 이 같은 결과는 시장을 보는 주부들이 느끼는 물가 상승률과는 거리가 있는 것으로 나타났다. 주부들은 물가가 너무 올랐다고 한숨을 짓는다.

– ○○ 일보

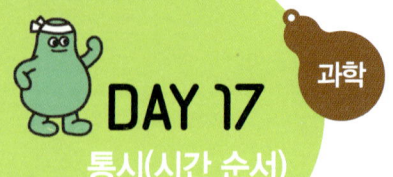

지구 온난화와 이산화 탄소

| 교과 연계 |
중학교 과학 ③_더워지는 지구

>> 한 문장으로 요약하기

❶ 문단:

❷ 문단:

❸ 문단:

❹ 문단:

모르는 어휘에 ☑ 표시를 하고, 표시한 어휘에 주목하여 지문을 읽어 보시오.

☐ 방출 ☐ 주범 ☐ 간주 ☐ 이변 ☐ 감축

지구 온난화 현상은 대기 중의 이산화 탄소 농도가 높아짐에 따라 태양열이 지구 밖으로 원활히 빠져 나가지 못하게 되어 지표면의 온도가 상승하는 현상이다. 실제로 공기 중의 이산화 탄소 농도는 130년 전에 비해 30%가 증가하였다. 태양열을 붙잡아 두는 기체는 그 종류가 많지만 이산화 탄소의 대기 중 농도가 훨씬 높고 인간이 방출하는 비율도 많기 때문에 이산화 탄소가 지구 온난화의 주범으로 간주된다.

과학계에는 이산화 탄소 농도가 매년 높아지고 있다는 사실이나, 그것이 지구 온난화를 일으킬 수 있다는 주장이 수십 년 전부터 잘 알려져 있었다. 실제로 지구 온난화 발생 가능성은 이미 19세기 말부터 논의된 바 있다. 그럼에도 불구하고 과학자들이 지구 온난화의 직접 원인으로 이산화 탄소 농도 증가를 지적하기 어려웠던 이유는 기후 현상이 한 가지 원인으로 결정되는 것이 아니기 때문이었다.

그런데 1980년대에 이르러 미국을 비롯한 여러 나라에서 기상 이변 현상이 잇따라 일어났다. 그러자 대기 중의 이산화 탄소 농도 증가 현상과 기상 이변을 연결시켜, 지구 온난화나 기상 이변이 이산화 탄소 때문이라는 이론이 등장하였다. 이와 함께 이러한 기상 이변이 엄청난 재앙을 초래하게 될 것이라는 주장 또한 거세졌다. 지구의 평균 기온은 20세기에 들어서 약 $0.3 \sim 0.6℃$ 정도 상승하였다. 현재의 화석 연료 사용이 그대로 진행된다면 2100년의 지구 기온은 약 1℃ 정도 더 상승할 것이다. 그렇게 되면 해수면이 상승하여 해안 지방의 저지대가 바닷물 속에 잠기고, 생태계의 이상으로 엄청난 재앙을 맞을 것이라는 주장이다.

이와 같은 주장이 확산되면서 국제회의를 통해 모든 나라들이 화석 연료 사용을 감축하여 이산화 탄소 배출을 줄이자는 내용의 '기후 변화 협약'이 채택되기도 하였다. 이처럼 국제 사회가 공동보조를 취해야 할 만큼 절박한 현안이 된 시점에서는 지구 온난화에 대한 지속적인 연구가 필요하다.

독해 기술 적용 윗글을 바탕으로 다음의 ㉠~㉣을 **통시(시간 순서)**적으로 배열하시오.

㉠ 실제로 지구 온난화 발생 가능성은 이미 19세기 말부터 논의된 바 있다.
㉡ 1980년대에 이르러 미국을 비롯한 여러 나라에서 기상 이변 현상이 속출하였다.
㉢ 국제회의를 통해 이산화 탄소 배출을 줄이자는 내용의 '기후 변화 협약'이 채택되었다.
㉣ 지구 온난화나 기상 이변이 이산화 탄소 때문이라는 이론이 등장하였다.

( )

1 윗글의 제목으로 가장 적절한 것은?

① 기상 이변, 그 원인은 무엇인가?
② 환경 문제의 범위는 어디까지인가?
③ 이산화 탄소 배출, 어떻게 줄일 것인가?
④ 언론의 과장 보도, 언제까지 계속될 것인가?
⑤ 지구 온난화 문제, 어떻게 보아야 할 것인가?

2 윗글을 통해 알 수 있는 글쓴이의 주된 생각으로 적절한 것은?

① 기후 변화는 정확한 예측이 불가능하다.
② 지구의 평균 기온은 계속해서 상승할 것이다.
③ 지구 온난화 현상에 대한 지속적인 연구가 필요하다.
④ 기상 이변의 원인은 이산화 탄소의 농도 증가에만 있다.
⑤ 지구 온난화 현상을 막기 위해서는 화석 연료 사용을 줄여야 한다.

3 윗글의 내용을 참고하여 빈칸에 들어갈 알맞은 말을 쓰시오.

| 대기 중 이산화 탄소의 농도 증가 | ➡ | □□ □□ | ➡ | 엄청난 재앙을 맞을 것 |

자유주의와 신자유주의

| 교과 연계 |
중학교 사회 ②_시장 가격의 결정

모르는 어휘에 ☑ 표시를 하고, 표시한 어휘에 주목하여 지문을 읽어 보시오.

☐ 번영 ☐ 개입 ☐ 호황 ☐ 재정 ☐ 침체

>> 한 문장으로 요약하기

❶ 문단:

❷ 문단:

❸ 문단:

❹ 문단:

❺ 문단:

　　자본주의 초기인 18세기에 애덤 스미스는 자본주의에서 수요와 공급을 결정하는 '보이지 않는 손'은 시장이라고 주장하였다. 그리하여 경제 활동을 개인의 자유 경쟁에 맡기면 사회 전체의 번영도 실현된다는 '자유주의' 시장 경제를 예찬했다.

　　그런데 1929년 미국에서 터진 대공황*은 수요도 한계가 있다는 경험을 제공했다. 이런 상황에서 케인스는 시장을 개인에게 맡기는 대신에 국가가 경제에 개입하는 방식을 제안했다. 그의 제안을 수용한 미국은 각 분야에 국가가 적극적으로 개입하면서 대공황에서 벗어났고, 1960년대까지 경제 호황을 누렸다.

　　그러나 호황기를 지나면서 1970년대 초반 자본주의는 새로운 위기를 맞았다. 석유 가격 폭등과 물가 상승, 재정 위기의 심화 현상이 그것이다. 이에 더 이상 국가 개입으로 경제 문제를 해결할 수 없다는 위기의식을 낳았다. 결국 1980년대에 세계 경제는 다시 침체되었고, 이때 화려하게 부활한 것이 자유주의이다. 그러나 이 자유주의는 처음의 자유주의와는 다르기 때문에 '신자유주의'라 부른다.

　　신자유주의가 경계하는 것은 1950년에서 1960년대 사이에 발달한 복지 국가이다. 사회 복지에 국가 재정을 투입하는 것은 이윤 추구를 제일의 목적으로 하는 자본주의의 기본 원리에 어긋난다고 본다. 국가 재정의 위기를 심화시킨 최대의 주범은 바로 복지 국가의 이념이라는 것이다.

　　또한, 신자유주의와 자유주의는 경제 주체에서 차이가 있다. 자유주의의 경제 주체는 개인이었으나, 신자유주의의 경제 주체는 여러 나라에 회사를 거느린 다국적 기업이다. 다국적 기업은 경제 후진국의 보호 무역 정책이나 관세 등을 철폐하게 하여 국제적 시장을 자유 경쟁 체제로 만들려고 한다. 전 세계를 하나의 자본주의 시장으로 묶어 경제 통합을 시도한다. 그러나 이로 인해 불황과 실업, 빈부 격차 확대, 국가 간의 갈등 등이 나타나고 있다.

• **대공황**: 세계적으로 일어난 경제 혼란의 현상. 상품의 생산과 소비의 균형이 깨지고 산업이 침체하고 금융 상태가 좋지 않으며 파산이 속출함.

독해 기술 적용　　윗글의 ❶~❸ 문단에 드러나 있는 시간적 표현을 모두 찾아 쓰시오.

❶ 문단:

❷ 문단:

❸ 문단:

1 윗글의 서술상 특징으로 가장 적절한 것은?

① 비유를 통해 중심 화제에 대해 설명하고 있다.
② 경험을 바탕으로 중심 화제의 특징을 드러내고 있다.
③ 중심 화제가 발생하게 된 과정을 통시적으로 소개하고 있다.
④ 사례 분석을 통해 중심 화제가 나아갈 방향을 제시하고 있다.
⑤ 전문가의 견해를 소개하고 그에 대한 자기 생각을 밝히고 있다.

2 윗글을 읽은 독자가 〈보기〉의 대담을 듣고 보일 반응으로 적절하지 <u>않은</u> 것은?

―〔보기〕―

김 박사: 그리스가 국가 부도 위기에 처한 것은 과도한 연금 때문입니다. 다른 나라는 40년을 일해야 받을 수 있지만, 그리스는 35년만 일하면 연금을 탑니다. 더욱이 다른 나라보다 높은 연금을 지급합니다. 따라서 노인들이 일을 하지 않아 노동 인구가 줄어들었습니다.

이 교수: 그리스의 국가 부도를 연금 때문으로 보는 것은 잘못입니다. 경제 기반이 취약한 나라가 자국의 화폐를 버리고 다른 화폐를 쓴다면 문제가 생길 수 있습니다. 따라서 경제 기반이 약한 그리스가 다른 유럽 국가들과 경제를 통합해야 한다며 자국의 화폐를 유로화로 바꾼 후부터 이미 국가 부도의 위기가 예견되었습니다.

① 김 박사는 그리스의 위기가 지나친 사회 복지 때문이라고 보는군.
② 이 교수는 그리스가 유로화를 사용한 것에서 문제의 원인을 찾고 있군.
③ 김 박사보다는 이 교수가 그리스의 부도 위기 극복을 낙관적으로 평가하는군.
④ 신자유주의를 수용하지 않는 측에서는 김 박사보다는 이 교수의 분석에 주목하겠군.
⑤ 김 박사가 국가 내부에서 문제의 원인을 찾고 있다면, 이 교수는 국가 간의 관계에서 원인을 찾고 있군.

3 윗글에서 자유주의와 신자유주의의 경제 주체를 찾아 각각 쓰시오.

(1) 자유주의의 경제 주체: _____

(2) 신자유주의의 경제 주체: _____

어휘 완성하기

>> 다음 어휘의 뜻을 확인하고, 학습한 어휘에 ☑ 표시를 하시오.

☐ **방출**
放 놓을 방
出 내보낼 출

입자나 전자기파의 형태로 에너지를 내보냄.
예 땅속에 에너지가 축적되면 방출도 일어난다.

☐ **번영**
繁 많을 번
榮 꽃 영

번성하고 영화롭게 됨.
예 회사의 번영을 위해 노력하였다.

☐ **주범**
主 주인 주
犯 범할 범

어떤 일에 대하여 좋지 아니한 결과를 만드는 주된 원인.
예 환경 오염의 주범은 무엇일까?

☐ **개입**
介 끼일 개
入 들 입

자신과 직접적인 관계가 없는 일에 끼어듦.
예 군사적 개입으로 국가 간 논의가 진행되었다.

☐ **간주**
看 볼 간
做 지을 주

상태, 모양, 성질 따위가 그와 같다고 봄. 또는 그렇다고 여김.
예 그들은 나를 적으로 간주하였다.

☐ **호황**
好 좋을 호
況 하물며 황

경기(景氣)가 좋음. 또는 그런 상황.
예 여행을 가는 사람들이 늘자 여행사가 호황을 누리고 있다.

☐ **이변**
異 다를 이
變 변할 변

예상하지 못한 사태나 괴이한 변고.
예 뜻밖의 이변이 일어났다.

☐ **재정**
財 재물 재
政 정사 정

개인, 가계, 기업 따위의 경제 상태.
예 요즘 우리 회사는 재정 상태가 좋지 않다.

☐ **감축**
減 덜 감
縮 오그라들 축

덜어서 줄임.
예 예산 감축으로 소비가 줄어들었다.

☐ **침체**
沈 잠길 침
滯 막힐 체

어떤 현상이나 사물이 진전하지 못하고 제자리에 머무름.
예 경기가 침체 상태에 빠졌다.

확인 문제

1 다음 빈칸에 들어갈 알맞은 어휘를 괄호 안의 초성을 참고하여 빈칸에 쓰시오.

(1) 두 나라는 인류의 공동 (ㅂㅇ →   )을 도모하였다.
(2) 전염병으로 인해 세계 경기가 (ㅊㅊ →   )되고 있다.
(3) 철저한 경영으로 기업의 (ㅈㅈ →   )을 안정시키며 부를 쌓아 올렸다.

2 문맥을 고려하여, 다음 문장의 괄호 안에 들어갈 알맞은 어휘를 고르시오.

(1) 과음, 과식이 성인병의 (공범 / 주범 / 진범)이다.
(2) 이번 시합에서는 (변이 / 이변 / 사태)이/가 속출했다.
(3) 날씨가 더워 냉방용 가전제품 회사들이 (호황 / 불황 / 급증)을 누리고 있다.
(4) 이 물건이 원적외선과 음이온을 (구출 / 전출 / 방출)한다는 말을 듣고 구입하였다.

3 다음의 밑줄 친 어휘와 바꿔 쓰기에 가장 적절한 어휘를 〈보기〉에서 찾아 쓰시오.

┌─ **보기** ─────────────────────────────────┐
　　짐작하고　　　간주하고　　　감축할　　　확장할　　　방관　　　개입
└──┘

(1) 제삼자의 <u>끼어듦</u>으로 사이가 더 나빠졌다.
(   )
(2) 일부 소수의 의견을 대다수의 의견인 것처럼 <u>여기고</u> 있다.
(   )
(3) 회사 인력의 효율적인 재배치로 예산을 크게 <u>줄일</u> 수 있었다.
(   )

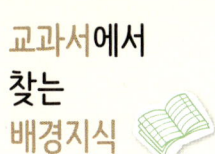

교과서에서
찾는
배경지식

온실 기체와 지구 온난화

지구는 태양으로부터 에너지를 끊임없이 얻지만, 그럼에도 지구의 평균 기온은 계속 상승하지 않고 일정하게 유지된다. 이것은 태양으로부터 흡수한 에너지를 지구가 다시 방출하기 때문이다. 이렇게 태양으로부터 에너지를 흡수하고 지구가 다시 에너지를 방출하면서 지구는 복사 평형을 이룬다.

지구와 달의 태양까지의 거리는 거의 같다. 그러나 달에 비해 지구는 평균 온도가 매우 높은데, 이것은 지구에 대기가 있기 때문이다. 즉 지구는 대기가 지표로 방출하는 복사 에너지 때문에 달보다 평균 기온이 높게 나타나는데, 이것을 온실 효과라 한다. 그리고 이러한 온실 효과가 일어나게 하는 대기 중의 기체를 온실 기체라 한다.

최근에는 인간 활동의 영향으로 대기 중으로 방출되는 이산화 탄소와 같은 온실 기체의 양이 증가하고 있다. 대기 중에 증가한 온실 기체는 지구 복사 에너지를 더 많이 흡수하고, 더 많은 복사 에너지를 지표로 방출한다. 그 결과 온실 효과가 강화되어 지구의 평균 기온이 높아지는데, 이를 지구 온난화라고 한다.

| 교과 연계 | 중학교 과학 ③_더워지는 지구

논술형
문제

20△△년은 기상 관측 사상 지구 전체의 평균 기온이 두 번째로 높은 해였다고 한다. 지구 온난화는 화석 연료 사용 증가로 대기 중의 이산화 탄소 농도가 증가했기 때문에 나타나는 현상이다. 이러한 지구 온난화 문제를 해결할 수 있는 방안을 생각해 보고, 개인적인 관점과 국가적인 관점에서 서술하시오.

CT와 MRI 검사

모르는 어휘에 ☑ 표시를 하고, 표시한 어휘에 주목하여 지문을 읽어 보시오.

☐ 공명 ☐ 투과 ☐ 정밀 ☐ 보철물 ☐ 폐소 공포증

》한 문장으로 요약하기

❶ 문단:

❷ 문단:

❸ 문단:

❹ 문단:

❺ 문단:

현대 의술은 몸 안의 병을 검사하기 위해 인체의 내부를 촬영하는 기술을 사용한다. 가장 대표적인 방법에는 컴퓨터 단층 촬영(CT)과 자기 공명 영상(MRI)이 있다.

CT는 X선을 인체에 투과시켜 촬영하는 검사인 X-ray와 마찬가지로 방사선인 X선을 이용한다. 인체의 한 단면 주위를 돌면서 동일한 양의 X선을 투과하고, 그것이 인체를 통과하면서 감소되는 양을 측정한다. 간이나 신장 같은 인체의 내부 장기들은 그 밀도가 약간씩 차이가 나기 때문에 X선이 투과된 방향에 따라 흡수하는 정도가 서로 다르게 나타난다. X선이 투과된 정도를 컴퓨터로 분석하여 내부 장기의 밀도를 결정하고, 이를 통하여 내부의 자세한 단면을 재구성해서 인체의 가로면의 영상을 제공한다.

CT는 컴퓨터를 이용해 투과도를 분석하기 때문에 X-ray 상에서는 불확실한 내부 상태를 정밀하게 확인할 수 있다. 또한, 대상이 조금 움직인다 해도 촬영이 가능하며 소음도 적고 검사 시간이 MRI에 비해 짧다.

이에 비해 MRI는 방사선이 아닌 자기장과 고주파를 이용한다. 자기장이 발생하는 MRI 검사 기기에 사람을 들어가게 한 후 고주파를 발생시키면 신체의 수소 원자핵이 공명한다. 이때 인체 내 수소 원자핵이 자기장에 반응하여 신호를 발생시킨다. 그러면 이 신호를 분석한 뒤, 각 조직과 구조물들의 공명 현상의 차이를 컴퓨터가 계산하여 영상으로 구현한다.

그렇기 때문에 MRI는 원하는 방향에 따라 인체의 영상을 자유롭게 얻을 수 있다. 따라서 CT에 비해 좀 더 정밀한 영상을 보는 것이 가능하며 여러 각도에서 볼 수 있다. 그리고 근육, 연골, 인대, 혈관 및 신경 등 뼈나 관절을 둘러싸고 있는 부위의 촬영 시 CT에 비해서 정확한 진단을 할 수 있다. 또 MRI는 인체에 유해한 X선을 사용하지 않는다. 그러나 자기장을 이용하므로 심장 박동기나 치아 보철물 등 자기장을 형성할 수 있는 인공 장치가 몸에 있는 사람은 검사를 할 수 없다. 또한, MRI는 움직임에 매우 민감하며 촬영기 내부가 좁고 검사 시간이 길기 때문에, 폐소 공포증을 가진 환자에게는 어려움이 있을 수 있다.

독해 기술 적용 다음 빈칸에 들어갈 알맞은 말을 윗글에서 찾아 쓰시오.

◉ 윗글은 인체 내부를 촬영하는 기술인 (　　　　　　　)와/과 (　　　　　　　)을/를 비교하여 설명하고 있다.

1 윗글의 내용에 대한 이해로 적절하지 <u>않은</u> 것은?

① CT는 MRI에 비하면 영상이 덜 정밀하다.

② CT와 X−ray는 모두 방사선을 사용한다는 점에서 동일하다.

③ X−ray보다 CT가 인체 장기의 횡단면 영상을 보는 데 유리하다.

④ 인체 속에 있는 장기들은 밀도가 다르기 때문에 X선이 통과하는 양도 다르다.

⑤ MRI 검사 기기에 사람이 들어가 고주파를 발생시키면 각 신체 기관에서 나오는 신호는 같다.

2 윗글을 읽은 독자가 다음 환자들에게 보일 반응으로 적절한 것은?

	환자	반응
①	좁은 공간에서 심한 공포를 느끼는 지훈	촬영기 내부가 좁고 검사 시간이 긴 CT보다는 MRI를 활용해야겠군.
②	인대와 연골에 대한 정밀 검사가 필요한 혜리	뼈 주위의 조직을 정밀하게 촬영해야 하므로 CT를 활용해야겠군.
③	다리를 다쳐 고통을 호소하는 유치원생 동현	유치원생이라 검사 중간에 몸을 움직일 수 있으므로 MRI를 활용해야겠군.
④	뇌출혈로 쓰러져 빨리 검사 결과를 얻어야 하는 정우	응급 환자이므로 단시간에 결과를 얻을 수 있는 MRI를 활용해야겠군.
⑤	심장 박동기를 착용한 채 뇌 사진을 촬영하려는 지호	자기장을 형성할 수 있는 인공 장치를 지니고 있으므로 CT를 활용해야겠군.

3 다음 ㉠과 ㉡에 들어갈 말을 쓰시오.

> MRI는 (㉠)을 이용하는 X−ray나 CT와 달리 (㉡)를 이용한다.

㉠: _____

㉡: _____

우주에 있는 별의 수

| 교과 연계 |
중학교 과학 ②_태양계의 행성

모르는 어휘에 ☑ 표시를 하고, 표시한 어휘에 주목하여 지문을 읽어 보시오.

☐ 자체　　☐ 공전　　☐ 대략적　　☐ 분포　　☐ 광년

>> 한 문장으로 요약하기

❶ 문단:

❷ 문단:

❸ 문단:

❹ 문단:

　일반적으로 우리는 밤하늘에 작은 점의 형태로 반짝이는 것을 '별'이라 하지만, 천문학에서는 태양처럼 스스로 빛과 열을 내는 우주상의 천체로 한정하여 '별'이라고 한다. 다시 말하면 태양처럼 스스로 빛을 내는 '항성'만을 별이라고 하고, 지구나 달처럼 항성의 빛을 반사시켜 빛을 내는 경우는 '행성'으로 구별한다. 하지만 '지구별'이라는 표현처럼, 넓은 의미로 특별히 구분하지 않고 설명할 때는 항성과 행성을 모두 포함시켜 '별'이라 부르기도 한다.

　항성은 우주상에서 서로의 상대 위치를 바꾸지 않고 별자리를 구성하는 별로, 자체의 에너지로 빛을 낸다. 이와 달리 행성은 태양계 내에서 타원 모양으로 둥글게 태양 주위를 공전한다. 그리고 스스로 에너지를 생성하지 못하고 태양빛을 반사하여 빛난다.

　공기가 맑은 교외에서 밤하늘을 보면 수없이 많은 별과 은하수를 볼 수 있다. 우리가 맨눈으로 볼 수 있는 별의 개수는 약 6,000개 정도라고 한다. 하늘에 있는 별의 개수를 일일이 셀 수는 없지만, 대략적인 계산으로 헤아릴 수는 있다. 지금까지의 관측으로 우주 공간 속에는 지구가 속한 은하계와 같은 은하들이 약 1,000억 개가 있다고 한다. 그리고 지구가 속한 은하계 속에는 태양과 비슷한 별이 약 1,500억 개 정도가 있다. 각각의 은하에도 평균 1,500억 개씩 있다면 우주 공간 속의 전체 별의 개수는 약 1,500억×1,000억 개가 있는 셈이다.

　지구에서 가장 가까이 있는 별은 태양이다. 태양을 제외하고 가장 가까이 있는 별은 센타우루스 자리에 있는 별이다. 이 별까지는 빛의 빠르기로 달리는 우주선으로 간다고 할 때 약 4년이 걸린다. 그러면 별이나 은하는 어디까지 분포할까? 현재까지 지상에서 망원경으로 본 가장 먼 은하는 수십억 광년 거리에 있지만, 계산상으로 가장 멀리 있는 은하는 약 180억 광년이다. 이것이 우리가 상상할 수 있는 우주의 끝이다.

독해 기술 적용　❷ 문단에서 비교하고 있는 대상을 쓰시오.

● 비교 대상:

1 윗글의 내용과 일치하지 <u>않는</u> 것은?

① 별의 개념은 정의하기에 따라 다를 수 있다.
② 항성과 행성은 자체의 에너지로 빛을 내는지로 구별한다.
③ 지구에 가장 가까이 위치하고 있는 별은 센타우루스 자리에 있는 별이다.
④ 지구가 속한 은하계에는 태양과 비슷한 별이 약 1,500억 개 정도가 있다.
⑤ 현재까지 지상에서 망원경으로 관측한 가장 멀리 있는 은하는 수십억 광년 거리에 있다.

2 윗글과 관련지어 〈보기〉를 활용할 수 있는 방안으로 가장 적절한 것은?

〔보기〕

우리 은하계는 약 1,500억 개의 별들로 이루어진 지름이 약 10만 광년의 은하이다. 은하계 전체는 1회전하는 데 2억 년 이상이 걸린다. 우주의 나이를 150억 년이라고 가정하면, 은하계는 우주가 탄생하고부터 아직 60~70회밖에 회전하지 않은 셈이다. 그만큼 우주는 우리가 상상할 수 없을 정도로 넓다.

① 우주의 팽창설을 설득력 있게 뒷받침해 주는 자료로 활용한다.
② 우주 생성의 기원과 역사를 명확히 밝히는 증거 자료로 활용한다.
③ 우주의 크기에 대한 놀라움과 궁금증을 자아내고 해소하는 자료로 활용한다.
④ 광활한 우주로 진출하기 위한 우주선 개발의 필요성을 강조하는 자료로 활용한다.
⑤ 지구 안에서는 은하계의 회전을 전혀 느끼지 못하는 이유를 설명하는 자료로 활용한다.

3 윗글을 참고하여 행성이 태양 주위를 공전하며 어떤 방식으로 빛을 내는지 쓰시오.

>> 다음 어휘의 뜻을 확인하고, 학습한 어휘에 ☑ 표시를 하시오.

☐ **공명**
共 함께 공
鳴 울 명

진동계의 진폭이 두드러지게 증가하는 물리적 현상.
예 과학자는 공명 현상을 연구하였다.

☐ **자체**
自 스스로 자
體 몸 체

외부적 영향 없이 내부적이거나 독립적임.
예 우리들은 이번 사건에 대해 자체 조사를 하기로 결정하였다.

☐ **투과**
透 통할 투
過 지날 과

광선이 물질의 내부를 통과함.
예 오존층이 얇을수록 투과되는 자외선이 더 강해진다.

☐ **공전**
公 공변될 공
轉 구를 전

한 천체(天體)가 다른 천체의 둘레를 주기적으로 도는 일.
예 행성 등의 공전에는 일정한 궤도가 있다.

☐ **정밀**
精 찧을 정
密 빽빽할 밀

아주 정교하고 치밀하여 빈틈이 없고 자세함.
예 정밀 조사가 시급하다.

☐ **대략적**
大 큰 대
略 다스릴 략
的 과녁 적

대강의 줄거리로 이루어진 것.
예 당사자들끼리 대략적인 합의를 보았다.

☐ **보철물**
補 기울 보
綴 꿰맬 철
物 만물 물

이가 상한 데를 고치어 바로잡거나 이를 만들어 넣을 때 사용되는 물건.
예 기존 치아와 유사한 색상의 보철물로 충치 치료를 했다.

☐ **분포**
分 나눌 분
布 베 포

일정한 범위에 흩어져 퍼져 있음.
예 각 시의 버스, 지하철 노선의 분포를 조사하였다.

☐ **폐소 공포증**
閉 닫을 폐
所 바 소
恐 두려울 공
怖 두려울 포
症 증세 증

꼭 닫힌 곳에 있으면 두려움을 느끼게 되는 신경증 현상.
예 그는 폐소 공포증에 대해 털어놓았다.

☐ **광년**
光 빛 광
年 해 년

천체와 천체 사이의 거리를 나타내는 단위. 빛이 1년 동안 나아가는 거리임.
예 태양은 은하계의 중심에서 3만 광년이나 떨어진 변두리의 항성에 불과하다.

확인 문제

1 다음 빈칸에 들어갈 알맞은 어휘를 괄호 안의 초성을 참고하여 빈칸에 쓰시오.

(1) 지구의 (ㄱㅈ →   ) 궤도는 계란과 같은 타원형이다.

(2) 임플란트는 (ㅂㅊㅁ →   )을 넣는 치료 방법이다.

(3) 성악가가 고음을 내자 물컵이 (ㄱㅁ →   )을 일으키기 시작했다.

(4) 안드로메다은하와 우리 은하계 사이의 거리는 약 200만 (ㄱㄴ →   )이나 된다.

2 문맥을 고려하여, 다음 문장의 괄호 안에 들어갈 알맞은 어휘를 고르시오.

(1) X선이 상체를 (투시 / 투명 / 투과)하다.

(2) 그 조사 기관에서는 인구의 (분간 / 분산 / 분포)을/를 파악하고 있다.

3 다음의 밑줄 친 어휘와 바꿔 쓰기에 가장 적절한 어휘를 〈보기〉에서 찾아 쓰시오.

┌ 보기 ┐
폐소 공포증   고난도   자체   전체적   대략적

(1) 새로운 기술의 독립적(獨立的) 개발에 성공하다.
(   )

(2) 밀실(密室) 공포증을 치료하기 위해 병원을 찾았다.
(   )

(3) 나는 그 사람에 대하여 대체적(大體的)으로 말해 주었다.
(   )

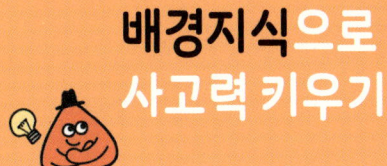

교과서에서
찾는
배경지식

태양계를 이루는 행성의 특징

　밤하늘에서 밝게 보이는 천체는 대부분 태양과 같은 별이지만 금성이나 화성과 같은 행성도 있다. 금성과 화성은 태양계에 속하며, 태양계를 이루는 행성에는 수성, 금성, 지구, 화성, 목성, 토성, 천왕성, 해왕성이 있다. 태양계를 이루는 행성은 태양을 중심으로 같은 방향으로 공전하고 있다.

　태양계를 이루는 행성은 크기도 다르고, 표면의 특징이 다양하다. 또, 위성이나 고리가 있는 행성도 있다. 수성과 금성을 제외한 나머지 행성에는 위성이 있으며, 지구의 위성은 달이다.

| 교과 연계 | 중학교 과학 ②_태양계의 행성

논술형
문제

　다음 표는 태양계 행성의 물리적 특성을 나타낸 것이다. 이 태양계의 행성을 A와 B 집단으로 분류하였을 때, 각 집단에 속한 행성의 공통적인 특징을 각각 한 문장으로 서술하시오.

행성	수성	금성	지구	화성	목성	토성	천왕성	해왕성
질량(지구=1)	0.06	0.8	1.00	0.1	318	95	14.5	17.2
반지름(지구=1)	0.38	0.95	1.00	0.53	11.2	9.4	4	3.9
평균 밀도(g/cm³)	5.4	5.2	5.5	3.9	1.3	0.7	1.3	1.6
위성 수(개)	0	0	1	2	64	62	27	13
고리	없음.	없음.	없음.	없음.	있음.	있음.	있음.	있음.

－ 출처: 한국천문연구원

A 집단: 수성, 금성, 지구, 화성

_____

B 집단: 목성, 토성, 천왕성, 해왕성

_____

[1-2] 다음 글을 읽고 물음에 답하시오.

1980년대에 이르러 미국을 비롯한 여러 나라에서 기상 ⓐ이변 현상이 ㉠잇따라 일어났다. 그러자 대기 중의 이산화 탄소 농도 증가 현상과 기상 이변을 연결시켜, 지구 온난화나 기상 이변이 이산화 탄소 때문이라는 이론이 등장하였다. 이와 함께 이러한 기상 이변이 엄청난 재앙을 ⓑ초래하게 될 것이라는 주장 또한 거세졌다. 지구의 평균 기온은 20세기에 들어서 약 0.3~0.6℃ 정도 상승하였다. 현재의 화석 연료 사용이 그대로 진행된다면 2100년의 지구 기온은 약 1℃ 정도 더 상승할 것이다. 그렇게 되면 해수면이 상승하여 해안 지방의 저지대가 바닷물 속에 잠기고, 생태계의 이상으로 엄청난 재앙을 맞을 것이라는 주장이다.

이와 같은 주장이 확산되면서 국제회의를 통해 모든 나라들이 화석 연료 사용을 ⓒ감축하여 이산화 탄소 배출을 줄이자는 내용의 '기후 변화 협약'이 채택되기도 하였다. 이처럼 국제 사회가 공동보조를 취해야 할 만큼 ⓓ절박한 ⓔ현안이 된 시점에서는 지구 온난화에 대한 지속적인 연구가 필요하다.

1 문맥상 ㉠과 바꿔 쓰기에 가장 적절한 것은?

① 가끔
② 흔하게
③ 연달아
④ 반복해서
⑤ 드문드문

2 ⓐ~ⓔ의 사전적 의미로 적절하지 **않은** 것은?

① ⓐ: 예상하지 못한 사태나 괴이한 변고.
② ⓑ: 일의 결과로서 어떤 현상을 생겨나게 함.
③ ⓒ: 양이나 수치가 줆. 또는 양이나 수치를 줄임.
④ ⓓ: 어떤 일이나 때가 가까이 닥쳐서 몹시 급함.
⑤ ⓔ: 이전부터 의논하여 오면서도 아직 해결되지 않은 채 남아 있는 문제.

[3-4] 다음 글을 읽고 물음에 답하시오.

　호황기를 ⓐ지나면서 1970년대 초반 자본주의는 새로운 위기를 맞았다. 석유 가격 폭등과 물가 상승, 재정 위기의 ⓐ심화 현상이 그것이다. 이에 더 이상 국가 개입으로 경제 문제를 해결할 수 없다는 ⓑ위기의식을 낳았다. 결국 1980년대에 세계 경제는 다시 침체되었고, 이때 화려하게 부활한 것이 자유주의이다. 그러나 이 자유주의는 처음의 자유주의와는 다르기 때문에 '신자유주의'라 부른다.

　신자유주의가 경계하는 것은 1950년에서 1960년대 사이에 발달한 복지 국가이다. 사회 복지에 국가 재정을 투입하는 것은 이윤 추구를 제일의 목적으로 하는 자본주의의 기본 원리에 어긋난다고 본다. 국가 재정의 위기를 심화시킨 최대의 주범은 바로 복지 국가의 이념이라는 것이다.

　또한, 신자유주의와 자유주의는 경제 ⓒ주체에서 차이가 있다. 자유주의의 경제 주체는 개인이었으나, 신자유주의의 경제 주체는 여러 나라에 회사를 거느린 ⓓ다국적 기업이다. 다국적 기업은 경제 후진국의 보호 무역 정책이나 관세 등을 철폐하게 하여 국제적 시장을 자유 경쟁 체제로 만들려고 한다. 전 세계를 하나의 자본주의 시장으로 묶어 경제 ⓔ통합을 시도한다. 그러나 이로 인해 불황과 실업, 빈부 격차 확대, 국가 간의 갈등 등이 나타나고 있다.

3　문맥상 ㉠과 같은 의미로 사용된 것은?

① 봄이 지나면서 여름이 왔다.
② 고속도로를 지나면서 그 장면을 보았다.
③ 자동차가 한강 위를 지나면서 경적을 울렸다.
④ 아이들이 나의 옆을 지나면서 웃음꽃을 피웠다.
⑤ 치즈의 유통 기한이 지나면서 고약한 냄새가 났다.

4　ⓐ~ⓔ의 사전적 의미로 적절하지 않은 것은?

① ⓐ: 정도나 경지가 점점 깊어짐.
② ⓑ: 인간 본래의 가치, 질서를 잃는 데서 느끼는 불안과 절망 의식.
③ ⓒ: 주된 원인. 또는 주된 원인이 되는 부분.
④ ⓓ: 여러 나라가 참여하거나 여러 나라의 것이 섞여 있음.
⑤ ⓔ: 둘 이상의 조직이나 기구 따위를 하나로 합침.

4주

글 독해 기술

이번 주에
배울 내용이야!

글 독해 기술

1 대조

대조는 둘 이상의 대상을 견주어 차이점을 드러내는 의미 관계이다. 주로 '그러나, 반면, 이와 달리' 등과 같은 표현을 사용한다. 비교와 견주어 보았을 때 비교는 대조와 달리 두 대상의 공통점을 중심으로 내용을 전개한다. 그러나 때때로 넓은 의미로 비교는 공통점과 차이점을 견주는 것을 모두 합쳐 이르기도 한다.

> **예** [1]그리스어인 '에우다이모니아(eudaimonia)'는 일반적으로 '행복'이라고 번역된다. [2]현대인들은 물질적인 것을 통해 느끼는 안락이나 단순한 쾌감과 동일시하는 경향이 있다. [3]그러나 아리스토텔레스는 에우다이모니아를 현대인들이 생각하는 행복과는 다르게 설명한다. [4]그는 에우다이모니아를 인간 고유의 기능인 이성을 발휘하여 그것을 완전하게 실현한 상태라고 규정하였다. [5]막스 뮐러는 아리스토텔레스가 말한 에우다이모니아에 시간적 속성을 부여하여 이를 세 가지 측면으로 나누어 설명하였다.

⇒ 세 번째 문장에서 '그러나'를 사용하여 에우다이모니아의 일반적인 번역과 아리스토텔레스의 번역을 대조하고 있으므로 이 글에서 대조가 사용되었음을 알 수 있다.

확인 문제 다음 글에서 ㉠에 들어갈 말로 가장 적절한 것을 고르시오.

⟨ 전국연합 학력평가 ⟩

제국주의의 침탈과 분단을 겪은 20세기에 단일 민족 의식은 민족의 단결을 고취하고, 신분 의식 타파에 기여하는 등 긍정적인 역할을 수행했다. 그래서 아직도 단일 민족을 내세우는 것의 순기능이 필요하다고 생각할지도 모른다. 특히 출신에 따라 편을 가르고 차별하는 지역 감정을 떠올리면 같은 민족끼리 왜 이러나 하는 생각을 하게 된다. 갈라진 민족의 통일을 생각하면 우리는 한겨레라고 외치고 싶어진다. ㉠ 우리는 지난 수십 년간 단일 민족임을 외쳐 왔지만 이런 문제들은 오히려 더 악화돼 왔다는 것을 기억해야 할 것이다.

이제 우리는 좀 다른 식으로 생각해야 한다. 같은 민족이기 때문에 차별해서는 안 된다는 논리는 유감스럽게도 다른 민족이라면 차별해도 괜찮다는 길을 열어 두고 있다. 단일 민족 의식 속에는 분명 억압과 차별이 숨어 있다.

① 또한 　　　　 ② 그러나

③ 더욱이 　　　 ④ 예를 들어

2 분류

분류는 대상을 같은 종류끼리 묶어서 설명하는 의미 관계이다. 주로 '~에 따라 ~로 구분된다.'와 같은 표현을 사용한다. 분류는 구분과 비슷한 의미로 쓰이기도 하며, 나누는 기준이 제시된다.

예 [1]태양빛은 흰색으로 보이지만 실제로는 다양한 파장의 가시광선이 혼합되어 나타난 것이다. [2]프리즘을 통과시키면 흰색의 가시광선은 파장에 따라 붉은빛부터 보랏빛까지의 무지갯빛으로 분해된다. [3]가시광선의 파장의 범위는 390~780nm 정도인데 보랏빛이 가장 짧고 붉은빛이 가장 길다. [4]빛의 진동수는 파장과 반비례하므로 진동수는 보랏빛이 가장 크고 붉은빛이 가장 작다. [5]태양빛이 대기층에 들어와 산소나 질소 분자와 같은 공기 입자, 먼지 미립자 등과 부딪치면 여러 방향으로 흩어지는데 이러한 현상을 산란이라 한다. [6]산란은 입자의 직경과 빛의 파장에 따라 '레일리(Rayleigh) 산란'과 '미(Mie) 산란'으로 구분된다.

➡ 여섯 번째 문장에서 '산란'을 '입자의 직경과 빛의 파장'에 따라 '레일리(Rayleigh) 산란'과 '미(Mie) 산란'으로 구분하고 있으므로 이 글에서 분류가 사용되었음을 알 수 있다.

확인 문제 다음 글에서 ㉠을 어떠한 기준에 따라 각각 무엇으로 분류하였는지 쓰시오.

〈 전국연합 학력평가 〉

온라인 전자 상거래가 일상화되면서 암호 통신의 중요성이 강조되고 있다. ㉠암호 통신에서 가장 핵심적인 문제 중 하나는 메시지를 암호화하거나 이를 다시 원래의 메시지로 해독하는 데 필요한 키를 어떻게 안전하게 주고 받느냐에 대한 것이다. 이러한 암호 통신은 키를 관리하는 방식에 따라 크게 대칭키 방식과 공개 키 방식으로 구분된다. 대칭 키 방식은 메시지를 암호화하거나 풀 때 동일한 키를 사용한다. 이러한 이유로 키 정보가 유출될 가능성이 높아 암호 통신을 시도할 때마다 새로운 비밀 키를 사용해야 한다. 이에 반해 공개 키 방식은 암호화 키와 해독 키가 서로 다른 방식이다. 수신자가 미리 생성하여 공개한 키로 송신자가 메시지를 암호화하여 전송하면 수신자는 공개 키에 대응하여 생성한, 자신만 알고 있는 비밀 키를 이용하여 해독한다. 공개 키 방식은 별도의 비밀 키 분배 과정이 필요 없고 통신 상대에 따라 비밀 키를 바꿀 필요도 없어 보안에 유리하다.

● 암호 통신을 암호화나 해독에 필요한 (   )에 따라 (   )과
　(   )으로 분류하였다.

분석

분석은 하나의 대상을 그 구성 요소나 여러 부분으로 나누어 설명하는 의미 관계이다. 주로 '~는 ~를 요소로 한다.', '~는 a와 b로 구성된다.' 등의 문장 구조를 나타낸다. 분석은 주로 전체를 부분으로 나누어 설명하는데, 대상을 항목별로 나누는 것과 일의 진행 순서로 나누는 것이 대표적이다.

예 ¹박테리오파지는 머리와 꼬리, 꼬리 섬유로 구성되어 있다. ²머리는 다면체로 되어 있고, 그 밑에는 길쭉한 꼬리가, 꼬리 밑에는 갈고리 모양의 꼬리 섬유가 붙어 있다. ³머리에는 박테리오파지의 핵심이라 할 수 있는 유전 물질이 있는데, 이 유전 물질은 단백질 껍질로 보호되어 있다. ⁴꼬리는 머릿속의 유전 물질이 세균으로 이동하는 통로 역할을 하며, 꼬리 섬유는 세균에 단단히 달라붙는 기능을 한다.

⇒ 첫 번째 문장에서 '~는 ~로 구성된다.'의 문장 구조를 활용하여 박테리오파지를 개별적인 요소인 '머리', '꼬리', '꼬리 섬유'로 나누고 있으므로 이 글에서 분석이 사용되었음을 알 수 있다.

확인 문제 다음 글에서 사용한 논지 전개 방식을 고르시오.

> 예술 작품을 감상하고 그에 대한 생각과 느낌을 표현하는 것을 '예술 비평'이라고 하는데, 이러한 예술 비평은 대체로 기술, 해석, 평가의 세 부분으로 이루어진다.
>
> 먼저 '기술'은 작품의 사실적 부분을 서술하는 일이다. 그리고 '해석'은 작품의 사실적 부분을 둘러싸고 의문이 발생할 때, 그 의문에 대한 답을 찾는 활동이다. 비평의 세 부분 중 마지막에 해당하는 '평가'는 기술과 해석에 근거해 내리는 가치 판단이다. 해석이 달라지면 평가도 달라진다. 곧 기술과 해석이 어떤 방향으로 이루어지는가에 따라 작품의 형식, 역사적 위상 및 작가의 철학 등 다양한 측면이 평가의 대상이 될 수 있다. 이 평가가 비평의 최종 단계이자 가장 중요한 활동이다.

① 다른 대상과의 비교를 통해 가설을 입증하고 있다.
② 대상을 개별적인 요소나 성질로 나누어 설명하고 있다.
③ 예상되는 상황을 제시하여 독자의 관심을 유도하고 있다.
④ 통념의 문제점을 지적하고 새로운 이론을 주장하고 있다.

4 문제와 해결

문제와 해결은 현상이나 대상에 대해 **문제를 제기**하거나 해결해야 할 **과제를 제시**한 후 **그 해결 방안을 제시**하는 의미 관계이다. 주로 문제를 먼저 제시하고 해결 방안은 '이를 위해, 그래서' 등과 같은 표현을 사용하여 나타낸다.

예 ❶ ¹적정 기술이 사용된 대표적인 사례는 아바가 고안한 항아리 냉장고이다. ²아프리카 나이지리아의 시골 농장에는 전기, 교통, 물이 부족하다. ³이곳에서 가장 중요한 문제 중 하나는 곡물을 저장할 시설이 없다는 것이다.
<u>중심 화제</u>

❷ ¹이를 해결하기 위해 그는 항아리 두 개와 모래흙 그리고 물만 있으면 채소나 과일을 장기간 보관할 수 있는 저온조를 만들었다. ²이것은 물이 증발할 때 열을 빼앗아 가는 원리를 이용했다. ³한여름에 몸에 물을 뿌리고 시간이 지나면 시원해지는데, 이는 물이 증발하면서 몸의 열을 빼앗아 가기 때문이다. ⁴항아리의 물이 모두 증발하면 다시 보충해서 사용하면 된다.

❸ ¹토마토의 경우 항아리 냉장고 없이 2~3일 정도 저장이 가능하지만, 항아리 냉장고를 사용하면 21일 정도 저장이 가능하다. ²이 덕분에 이 지역 사람들은 수익을 더 올릴 수 있었다.

⟹ ❶에서 나이지리아 시골 농장에 **곡물을 저장할 시설이 없다**는 문제점을 ❷~❸에서 '항아리 냉장고'를 활용해 해결하고 있으므로 이 글에서 **문제와 해결**이 나타남을 알 수 있다.

확인 문제 다음 글에 나타난 문제의 해결 방안을 찾아 쓰시오.

⟨ 국가 학업 성취도 평가 ⟩

> 역사 서술 방법 중에 가장 널리 알려진 것은 근대 역사가들이 표방한 객관적인 역사 서술 방법일 것이다. 이들에게 역사란 과거의 사실을 어떤 주관적 개입 없이 객관적으로만 서술하는 것이다. 하지만 역사가는 특정한 국가와 계층에 속해 있고 이에 따라 특정한 이념과 가치관을 가지므로 객관적일 수 없다. 역사가의 주관적 관점은 사료를 선별하는 과정에서부터 이미 개입되어 사건의 해석과 평가라는 역사 서술에 지속적으로 영향을 주게 된다. 따라서 역사 서술에 역사가의 주관은 개입될 수밖에 없으므로 완전히 객관적인 역사 서술은 불가능한 일이다. 이러한 역사 서술의 주관성 때문에 역사가 저마다의 관점에 따른 다양한 역사 서술이 존재하게 된다. 이에 따라 우리는 다양한 역사 서술 속에서 우리에게 가치 있는 역사 서술이 무엇인지를 판단할 필요가 있다.

● 문제: 역사 서술에 역사가의 주관이 개입될 수밖에 없으므로 완전히 객관적인 역사 서술은 불가능한 일이다.

● 해결 방안:

5 과정

과정은 대상의 행동, 변화, 기능, 작용 등을 단계나 절차에 따라 설명하는 의미 관계이다. 주로 '단계, 과정, 첫째, 우선, 다음, ~한 후 ~한다' 등과 같은 표현을 사용한다.

❶ ¹우리의 전통적 가옥에는 난방을 위한 구들이 있는데, '구들'이란 '구운 돌'의 순수한 우리말이며, '구들장'은 방바닥을 만드는 얇고 넓은 돌을 의미한다. ²구들은 밥을 짓고 동시에 난방을 할 수 있어 매우 효율적인 우리 민족만의 독창적인 난방 방식이다.

❷ ¹구들을 이용한 난방은 '아궁이'에서부터 시작된다. ²아궁이에 땔감을 넣고 불을 붙이면 뜨거워진 공기가 팽창하면서 아궁이 속의 '후렁이'에 있는 공기의 압력이 높아지게 된다. ³이 공기는 '부넘기'를 넘어 '구들개자리' 속으로 들어가는데, 부넘기는 좁은 통로로 되어 있다. ⁴반면에 구들개자리는 넓기 때문에 공기의 이동 속력이 급격히 떨어지면서 소용돌이와 같은 기체의 흐름이 생기고 이로 인해 공기의 이동 속도가 조절된다. ⁵그러면 열기가 일시에 '고래' 쪽으로 이동하지 않고 구들개자리에서 잠시 머물게 된다. ⁶즉 구들개자리는 열기를 저장하는 창고 역할을 하는 것이다. ⁷그리고 대류로 인하여 구들장 바로 아래를 지나는 열기는 구들장을 데우면서 여러 갈래의 고래로 진입한 후 방 전체를 골고루 따뜻하게 해 준다.

❸ ¹고래는 옆에서 보면 아궁이 쪽이 넓고 굴뚝 쪽으로 갈수록 점점 좁아지는 모양으로, 바다 동물인 고래의 배를 연상시켜 고래라고 부른다. ²고래의 끝 부분에는 바람막이가 있어 반대쪽에서 불어 들어오는 바람을 막아 준다. ³여러 개의 각 고래에서 나온 공기는 바람막이를 넘어 '고래개자리'로 가는데, 공기는 여기에 잠시 머물게 된다. ⁴이때 남아 있던 열기가 고래개자리 위쪽의 구들장을 가열한 후 '연도'를 서서히 통과하여 실외의 '굴뚝개자리'로 흘러간 다음 굴뚝을 통해 바깥으로 방출된다.

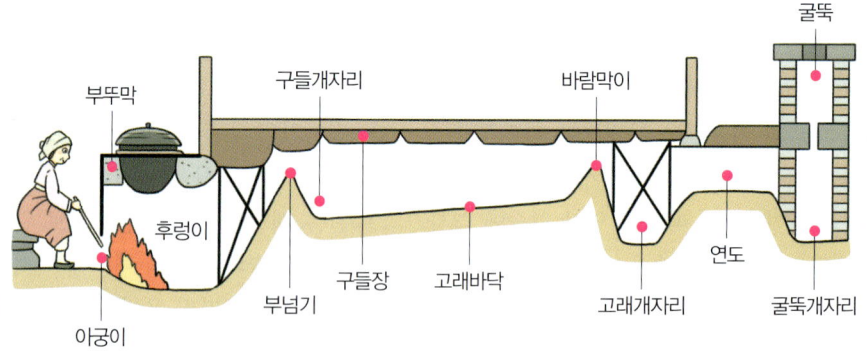

→ 이 글은 '구들'을 통해 이루어지는 우리나라 고유의 난방 방식을 설명하고 있다. **2~3**문단을 살펴보면 땔감으로 뜨거워진 공기가 어떤 과정으로 움직여서 방을 데워 주는지 단계별로 제시하는 과정이 사용되었음을 알 수 있다.

확인 문제 다음 글을 정리한 표의 빈칸에 알맞는 말을 채워 넣으시오.

⟨ 국가 학업 성취도 평가 ⟩

면역 기억력은 다음과 같은 과정을 통해 생긴다. 우리 몸의 1차 면역 반응은 외부에서 침입한 항원에 항체를 형성시키는 면역 세포가 항원을 감지하면서 시작된다. 면역 세포 중에는 B 세포라는 것이 존재하는데, B 세포는 면역 과정에서 항체를 생산하는 형질 세포와 항원을 기억하는 기억 B 세포로 분화되는 세포이다. 외부에서 들어온 특정한 항원에는 여러 종류의 B 세포 중 그에 맞는 특정한 B 세포가 결합한다. 이후 형질 세포는 항체를 만들어 침입한 항원을 즉시 파괴하고 자신도 이내 죽는다. 기억 B 세포는 침입했던 항원을 기억하는 세포로 우리 몸의 면역 체계에 오랫동안 남게 되고, 우리 몸은 면역 기억력을 갖게 된다. 이후 동일한 종류의 항원이 또다시 우리 몸에 침투하면 2차 면역 반응이 시작된다. 2차 면역 반응은 1차 면역 반응에서 생성되어 남아 있던 기억 B 세포가 1차 면역 반응 때보다 더 빨리, 더 많이 형질 세포를 생성한다.

● 면역 기억력의 생성 과정

외부에서 침입한 항원에 항체를 형성시키는 (   )가 항원을 감지함.

↓

면역 세포 중 B 세포는 면역 과정에서 형질 세포와 (   )로 분화되는데, 외부에서 들어온 특정한 항원이 여러 종류의 B 세포 중 그에 맞는 특정한 B 세포와 결합함.

↓

(   )는 항체를 만들어 침입한 항원을 파괴하고 자기도 죽음.

↓

침입했던 항원을 기억하는 기억 B 세포가 우리 몸의 면역 체계에 오랫동안 남으며 우리 몸은 (   )을 갖게 됨.

DAY 20 예술
대조

동양화와 서양화의 차이

>> 한 문장으로 요약하기

❶ 문단:

❷ 문단:

❸ 문단:

❹ 문단:

모르는 어휘에 ☑ 표시를 하고, 표시한 어휘에 주목하여 지문을 읽어 보시오.

☐ 애호   ☐ 투시   ☐ 대비   ☐ 대별   ☐ 웅장

　동양에서 산수화를 즐겨 그리는 것은 자연을 애호하는 사상에서 비롯되었다. 그리하여 산에 오르고 그 체험을 그림으로 남겨서 감상하게 된 것이다. 이렇게 자신이 경험한 자연을 그리다 보니 한 자리에서 바라본 산의 모습으로 그릴 수 없었다. 즉 서양의 풍경화에서는 대체로 한 곳에서 관찰한 풍경을 드러내기 때문에 투시 원근법에 의해 현실적인 실재감이 뚜렷하게 보이지만, ㉠동양의 산수화에서는 화가가 어느 위치에서 그림을 그렸는가를 가늠하기 어렵다. 이쪽에서 본 산, 저쪽에서 관찰한 골짜기, 위에서 굽어본 시냇물 등 다양한 시점을 제시하기 때문이다.

　조선 후기 화가 정선의 「박연폭」을 살펴보자. 시원스레 쏟아지는 물살이 바위와 대비를 이룬다. 폭포를 구경하는 사람들과 정자는 위에서 아래로 내려다본 풍경이고, 폭포 양 옆의 바위들은 정면에서 바라본 모양새이다. 또한, 폭포의 꼭대기 부근은 아래에서 위를 쳐다본 듯이 그렸다. 이렇듯 다양한 시점을 한 화면에서 보여 주는 방식은 동양의 산수화에서 즐겨 사용한 방식이고, 원근법과 대별되는 동양의 시각이다. 원근법이 존재하지 않았던 것은 아니지만, 그보다는 산수를 직접 경험하고 여러 방향에서 관찰한 모습을 표현하는 것이 전통 산수화의 특징이다.

〈정선, 「박연폭」〉

　한편, 파리나 런던의 대형 미술관을 관람하다 보면 사실적이고 웅장한 인물화에 놀라게 된다. 서구에서는 일찍이 인물화가 크게 발달했는데, 이는 인간 중심적인 사고에서 비롯되었다. 특히 고대 그리스 시대부터 등장한 누드화, 누드 조각은 동양에서는 보기 드물다.

　동·서양의 그림은 많은 차이점을 가지고 발달해 왔지만, 현대 미술에서 그 구분이 희미해지고 있다. 오늘날의 미술 감상에서는 작가 개개인의 감수성과 생각의 차이를 읽어 내는 것이 더 중요하다.

독해 기술 적용　윗글에서 **대조**하고 있는 두 대상을 쓰시오.

　● 대조의 대상:

1 윗글의 내용과 일치하는 것은?

① 현대 미술에서 동양화와 서양화의 차이점은 점점 뚜렷해진다.

② 서양화를 이해하려면 감상자의 복합적인 감상 능력이 필요하다.

③ 동양화에서는 가깝고 먼 것을 드러내는 원근법을 찾아볼 수 없다.

④ 동양화와 달리 서양화는 주관적 감각에 의존하여 대상을 변형시킨다.

⑤ 동양화에는 다양한 각도에서 바라본 대상의 모습이 한 화면에 나타난다.

2 ㉠에 대해 〈보기〉와 같은 반론을 제시한다고 할 때, 이를 뒷받침하기에 가장 적절한 그림은?

┌─ 보기 ─┐

　　다양한 시점이 동양화에만 국한되어 나타나는 것은 아니다. 서양화에서도 동양화에서처럼 다양한 시점이 한 화면에 담겨 있는 그림을 찾아볼 수 있다.

① 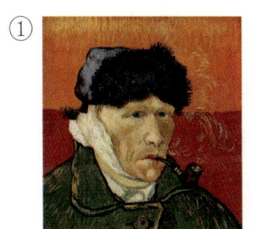　② 　③

④ 　⑤

3 서구에서 일찍이 인물화가 발달한 것은 어디에서 비롯되었는지 윗글에서 찾아 3어절로 쓰시오.

여론을 바라보는 두 관점

| 교과 연계 |
중학교 사회 ①_정치 과정과 시민 참여

모르는 어휘에 ☑ 표시를 하고, 표시한 어휘에 주목하여 지문을 읽어 보시오.

☐ 쟁점　　　☐ 표출　　　☐ 순종　　　☐ 공직　　　☐ 신빙성

>> 한 문장으로 요약하기

❶ 문단:

여론은 어떤 쟁점에 대해 국민들이 표출한 의견이라고 할 수 있다. 국가의 주인은 국민이므로 국가 발전을 위해서는 국민 대다수의 의사를 중시해야만 한다. 그렇기 때문에 현대의 어떤 국가도 여론을 완전히 무시하거나 정책 결정 시 고려해야 할 사항에서 제외하지 않는다.

❷ 문단:

여론을 바라보는 관점은 크게 두 가지로 구분할 수 있다. 하나는 여론을 중시하는 정책은 위험하다는 것이다. 이 의견은 여론은 변화가 너무 심해 어느 시점의 여론에 정책의 근거를 두어야 하는지를 알기가 어렵다고 말한다. 약 200년 전 영국의 국회 의원이자 정치학자였던 버크에 따르면, ⓐ"민주 정부는 국민에게 봉사는 하되, 국민 여론에 순종할 필요는 없다."라고 하였다. 그에 따르면 정책의 정확한 판단은 국민이 아니라 전문성을 가진 공직 담당자가 해야 한다는 것이다.

❸ 문단:

여론에 대한 또 다른 관점은 여론은 일정한 흐름이 있으며, 정부는 이 흐름을 정책에 반영해야 한다는 것이다. 미국의 여론 조사 회사를 설립한 갤럽은 ⓑ"지도자의 역할은 국민이 바라는 바를 달성하는 것이다."라고 주장하였다. 그는 또 지도자들이 여론을 신뢰하지 못하겠다고 하는 것은 자신들의 지지도가 하락할 때 하는 주장이어서 신빙성이 없다고 하였다. 여론은 순간의 변화는 있지만 크게 보면 일정한 맥을 가지고 있으므로, 이를 반영하여 국민의 뜻을 좇아야 한다는 것이다.

❹ 문단:

여론은 여러 방법으로 알아볼 수 있는데, 가장 광범위하면서도 확실하게 파악할 수 있는 방법은 선거이다. 그러나 선거는 엄청난 시간과 비용이 필요하기 때문에, 흔히 여론 조사를 이용한다. 그런데 여론 조사가 여론을 정확히 반영하는 것만은 아니다. 응답자들이 여론 조사에서 자신의 솔직한 경험이나 판단을 표시하기보다는 당연히 옳은 듯한 항목을 답하는 경우가 있고, 응답 문항이 어떻게 구성되느냐에 따라 응답자들의 응답 결과가 다르게 나타나기 때문이다.

독해 기술 적용　여론을 바라보는 두 가지 관점을 대조하여 다음 빈칸을 채워 쓰시오.

❶ 여론을 중시하는 정책은 (　　　)하다.	❷ 여론은 (　　　)한 흐름이 있으며 정부는 이 흐름을 정책에 (　　　)해야 한다.
여론은 변화가 너무 심해 어느 시점의 여론에 정책의 근거를 두어야 하는지를 알기가 어렵다.	여론은 순간의 변화는 있지만 크게 보면 일정한 맥을 가지고 있으므로, 이를 반영해야 한다.

1 윗글을 통해 알 수 있는 내용이 <u>아닌</u> 것은?

① 여론의 개념
② 여론에 대한 관점
③ 여론을 파악하는 방법
④ 여론의 역사적 변천 과정
⑤ 여론 조사가 지닌 문제점

2 ⓐ와 ⓑ에 대한 설명으로 가장 적절한 것은?

① ⓐ에서 나타난 여론의 문제점을 ⓑ에서 보완하고 있다.
② ⓐ와 ⓑ는 여론에 대한 상반된 인식을 보여 주고 있다.
③ ⓐ와 ⓑ는 모두 여론의 긍정적인 측면을 드러내고 있다.
④ ⓐ와 ⓑ는 모두 여론의 부정적인 측면을 드러내고 있다.
⑤ 글쓴이는 ⓐ에서 출발하여 ⓑ의 결론에 도달할 것을 강조하고 있다.

3 윗글에서 여론을 알아보는 방법 중 '선거'가 가진 어려움을 찾아 〈조건〉에 맞게 쓰시오.

> **조건**
> • '선거는 ~과 ~이 필요하다.'의 형식으로 쓸 것.

어휘 완성하기

>> 다음 어휘의 뜻을 확인하고, 학습한 어휘에 ☑ 표시를 하시오.

□ 애호 愛 사랑 애 護 보호할 호	사랑하고 소중히 보호함. ㉰ 정현이는 동물 애호가에 가깝다.

□ 투시 透 통할 투 視 볼 시	막힌 물체를 환히 꿰뚫어 봄. 또는 대상의 내 포된 의미까지 봄. ㉰ 보안 카메라의 투시 기능이 악용될 수 있어.

□ 대비 對 대할 대 比 견줄 비	두 가지의 차이를 밝히기 위하여 서로 맞대어 비교함. 또는 그런 비교. ㉰ 이 옷과 저 옷을 대비해 보고 마음에 드는 것으로 골라라.

□ 대별 大 클 대 別 나눌 별	크게 구별하여 나눔. ㉰ 생물은 동물과 식물, 미생물로 대별된다.

□ 웅장 雄 수컷 웅 壯 씩씩할 장	규모 따위가 거대하고 성대함. ㉰ 오랜만에 바다에서 본 일출 모습은 정말 웅장하고 멋있었다.

□ 쟁점 爭 다툴 쟁 點 점찍을 점	서로 다투는 중심이 되는 점. ㉰ 토론을 할 때는 쟁점에 맞게 근거를 제시해야 한 다.

□ 표출 表 겉 표 出 날 출	겉으로 나타냄. ㉰ 불만을 표출하는 건 좋지만 예의바르게 행동하렴.

□ 순종 順 순할 순 從 좇을 종	순순히 따름. ㉰ 부모님께 순종하는 자녀가 되세요.

□ 공직 公 공평할 공 職 직분 직	국가 기관이나 공공 단체의 일을 맡아보는 직 책이나 직무. ㉰ 부패한 관리가 공직에 있으면 안 된다.

□ 신빙성 信 믿을 신 憑 기댈 빙 性 성품 성	믿어서 근거나 증거로 삼을 수 있는 정도나 성 질. ㉰ 그 사람은 거짓말을 많이 해서 말에 신빙성이 없 다.

확인 문제

1 다음의 밑줄 친 어휘와 바꿔 쓰기에 가장 적절한 어휘를 〈보기〉에서 찾아 쓰시오.

┌ 보기 ┐
대조   동정   사랑   순응   순리

(1) 포스터에 대비(對比)되는 두 가지 색을 사용할 것이다.
(   )

(2) 우리 산과 들을 애호(愛護)하는 마음이 점점 커지는 것이 느껴졌다.
(   )

(3) 그는 하늘의 뜻에 순종(順從)하는 삶을 살았다.
(   )

2 다음 빈칸에 들어갈 알맞은 어휘를 괄호 안의 초성을 참고하여 빈칸에 쓰시오.

(1) 사건의 (ㅈㅈ →   )이 무엇인지 파악해 보자.

(2) 가방을 (ㅌㅅ →   )해 보니 무기가 들어 있었다.

(3) 보험은 공적 보험과 사적 보험으로 (ㄷㅂ →   )할 수 있다.

(4) 우리 문화재의 (ㅇㅈ →   )하고 아름다운 모습에 감탄이 절로 나왔다.

3 문맥을 고려하여, 다음 문장의 괄호 안에 들어갈 알맞은 어휘를 고르시오.

(1) 그는 사직서로 자신의 감정을 (표출 / 표지)하고자 하였다.

(2) 내 말에 (신빙성 / 신성성)이 있으니 다들 나를 믿는 거야.

(3) 단체장은 이번 일에 큰 책임을 느껴 일체의 (공직 / 공업)을 사퇴했다.

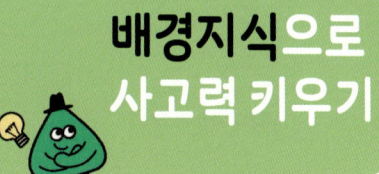
배경지식으로 사고력 키우기

교과서에서 찾는 **배경지식**

투시 원근법

원근법이란 3차원의 공간을 평면인 2차원 위에 표현하는 회화 방법이다. 원근법에는 투시 원근법과 공기 원근법이 있다. 투시 원근법은 시점을 한 곳에 고정하여 가까운 물체는 크게 그리고, 멀리 있는 물체는 작게 그리는 방법이다. 공기 원근법은 색채의 농도를 조절하여 가까운 것은 선명하게, 멀리 있는 것은 흐리게 표현하는 방법이다.

한편, 물체의 연장선을 그어 선과 선이 만나는 점을 '소실점'이라고 부른다. 그리고 이 소실점에 따라 1점 투시, 2점 투시, 3점 투시 등으로 구분한다. 1점 투시는 눈높이에서 사물에 연장선을 그었을 때 소실점이 한 곳에 생기는 것으로, 깊은 공간감을 강조한다. 2점 투시는 눈높이에서 사물에 연장선을 그었을 때 소실점이 두 곳에 생기는 것으로 가까운 대상을 강조하고, 웅장하고 넓은 느낌을 준다. 3점 투시는 위에서 내려다보거나 아래에서 올려다볼 때 생기며 소실점이 세 개다.

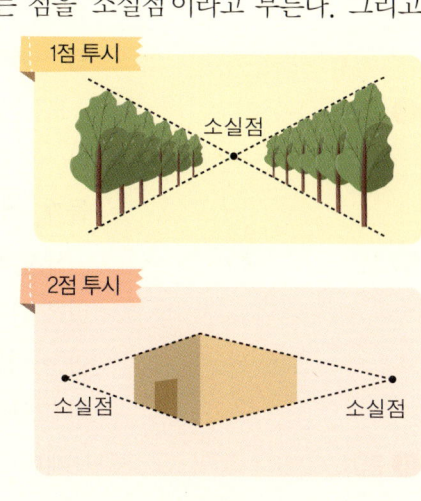

1점 투시 · 소실점

2점 투시 · 소실점 · 소실점

| 교과 연계 | 중학교 미술 ①_삼원법과 원근법

논술형 문제

다음은 서양 풍경화로 투시 원근법이 사용되었다. 투시 원근법은 소실점의 수에 따라 구분되는데, 그림 ❶과 ❷는 각각 어떤 예에 해당하는지와 그로 인한 효과에 대하여 서술하시오.

그림 ❶

그림 ❷

동물의 행동 양식 세 가지

모르는 어휘에 ☑ 표시를 하고, 표시한 어휘에 주목하여 지문을 읽어 보시오.

☐ 특유 ☐ 투쟁 ☐ 재배 ☐ 임기응변 ☐ 기여

>> 한 문장으로 요약하기

❶ 문단:

동물은 환경에 대하여 여러 가지 반응을 하는데, 이 반응을 '행동'이라고 한다. 동물의 행동은 신경계에 의해서 뒷받침된다. 따라서 신경계가 진화한 동물일수록 고차적인 행동을 할 수 있다. 가장 단순한 행동은 어떤 자극에 대하여 일정한 반응을 일으키는 주성 운동이다. 예를 들면 불을 보고 뛰어드는 곤충들은 빛에 대한 주성을 나타내는데, 이 행동은 유전적으로 결정된 행동이다. 그러나 사람이나 원숭이처럼 진화가 된 동물의 행동은 경험이나 학습에 의하여 변경될 수 있다.

❷ 문단:

모든 동물에게는 태어날 때부터 가지고 있는 행동 양식이 있으며, 이것이 본능이다. 이 행동에는 첫째, 특별히 학습하지 않아도 태어나면서부터 할 수 있는 행동, 둘째, 어떤 종에게만 갖추어진 특유의 행동, 셋째, 적응적 행동이 있다.

❸ 문단:

사자가 다른 동물과 싸우는 것은 투쟁 본능 때문이다. 그러나 고양이가 쥐를 잡는 일은 본능이라는 말로는 충분히 설명할 수 없다. 애완 동물로 기르는 요즈음 고양이는 쥐를 잡지 않는다. 고양이가 쥐를 잡는 것은 본능이겠지만, 새끼 고양이는 어미 고양이가 쥐를 잡는 것을 보고 학습하지 않으면 쥐를 잡을 수 없다.

❹ 문단:

개미나 꿀벌 같은 곤충 세계에는 놀랄 만큼 복잡한 사회 조직이 발달되어 있다. 개미 사회에는 몇 가지 계급이 존재한다. 버섯 농장을 재배하거나, 진딧물이라는 가축을 위한 목장을 경영하는 등 조직화된 사회 행동도 취할 수 있다. 또한, 개미는 자기들의 집단에 침입한 적에 대해서 격렬하게 공격한다. 이 같은 곤충의 복잡하고 조직적인 행동은 유전적으로 정확히 짜여 있으며 학습에 의한 것이 아니다.

❺ 문단:

지능을 가진 동물은 협동을 통해 어떤 목적을 달성한다. 협동은 같은 종 또는 서로 다른 종 사이에서 모두 발생할 수 있다. 포유류*는 지능이 상당히 높다. 포유류의 행동은 임기응변적이고 유전으로 인한 무조건적 행동만 하는 것이 아니다. 포유류의 집단 행동은 어떤 상황에 대처하는 적응적 행동이며 생존에 기여한다.

• **포유류:** 동물 가운데 가장 진화한 무리로 허파로 숨을 쉬고 대부분 새끼를 낳아 젖을 먹여 기름.

독해 기술 적용 다음은 윗글에서 **분류**한 대상과 그 특성을 정리한 내용이다. 빈칸을 채워 완성하시오.

● 동물에게는 태어날 때부터 가지고 있는 행동 양식이 있으며, 이 행동에는 특별히 (　　　)하지 않아도 태어나면서부터 할 수 있는 행동, 어떤 종에게만 갖추어진 (　　　)의 행동, 생존에 기여하는 (　　　)적 행동이 있다.

1 윗글을 통하여 알 수 있는 사실로 적절한 것은?

① 신경계가 발달한 동물일수록 주성 운동이 뛰어나다.

② 서로 다른 동물 종 사이에서도 상호 협동이 가능하다.

③ 꿀벌이 자기 집을 지을 수 있는 것은 학습에 의한 것이다.

④ 지능이 높고 진화가 잘 이루어진 동물일수록 투쟁 본능이 강하다.

⑤ 개미가 버섯 농장을 재배할 수 있는 것은 개인적 행동 양식에 따른 것이다.

2 윗글의 글쓴이가 〈보기〉의 밑줄 친 부분에 대해 보일 반응으로 가장 적절한 것은?

┌─ 보기 ─

　중남미의 열대림에 분포하는 아즈텍 개미들은 큰 나뭇가지에 어른 키만큼 길게 매달린 집을 짓고 산다. 이들은 침입자가 나타나면 즉시 경보 페로몬을 퍼뜨린다. 그러면 순식간에 일개미들이 모여들어 침입자를 포위한 후 다리와 더듬이를 겨냥해 공격을 시작한다.

└────

① 환경 변화에 대한 반응이라는 점에서 고차적인 행동에 속해.

② 특정한 종에서만 나타나는 현상이니까 일종의 본능에 해당되겠군.

③ 아즈텍 개미라는 종만이 학습할 수 있는 적응적 행동에 속하겠군.

④ 임기응변적 행동이므로 유전자에 의한 영향을 받지 않은 것이라고 봐.

⑤ 조직적인 행동이라는 것을 고려해 보면 학습에 의해 획득된 것이라고 생각해.

3 모든 동물이 태어날 때부터 가지고 있는 행동 양식을 무엇이라고 하는지 2음절로 쓰시오.

지배 문화와 하위 문화

| 교과 연계 |
중학교 사회 ①_다양한 문화

모르는 어휘에 ☑ 표시를 하고, 표시한 어휘에 주목하여 지문을 읽어 보시오.

☐ 입각　　☐ 구분　　☐ 신념　　☐ 주류　　☐ 지표

>> 한 문장으로 요약하기

❶ 문단:

❷ 문단:

❸ 문단:

❹ 문단:

　문화적 다양성은 나라들 사이 또는 한 나라 안에서 발견되는 광범위한 문화적 차이를 일컫는다. 나라들 사이의 문화적 다양성은 기후·지리와 같은 자연환경, 기술 수준·인구 구성과 같은 사회 환경의 결과일 수 있다. 그렇지만 현대 사회는 거의 모두가 그 내부에 다양한 문화를 가진 여러 사회 집단들이 있다.

　문화의 다양성 개념에 입각하여 한 사회의 문화를 살펴보면, 그 사회를 대표하는 문화와 그렇지 못한 문화로 구분할 수 있다. 전자를 ㉠'지배 문화', 후자를 ㉡'하위 문화' 또는 '부분 문화'라고 한다.

　지배 문화는 한 사회에서 가장 강력한 집단의 문화이다. 지배 문화는 그 사회 제도들의 지원을 받으며 주요 신념 체계를 이룬다. 또한, 그 사회의 유일한 문화가 아님에도 불구하고 사회 전체를 대표하는 문화로 대접받는다. 예컨대, 나라들 사이의 문화를 비교할 경우 사람들은 특정 나라의 지배 문화를 종종 그 나라의 전체 문화의 표준으로 여긴다. 하위 문화는 지배 문화를 가진 집단과 구별되는 가치와 규범을 가진 사람들 또는 사회 집단의 문화를 가리킨다. 미국은 여러 인종이 모여 형성된 국가로, 백인이 주류 사회를 이루어 지배 문화를 형성한다. 그리고 흑인을 비롯한 유색인종 집단은 그들과 구별되는 하위 문화를 갖고 있다. 한 사회의 전체 문화는 지배 문화와 여러 하위 문화들의 총합이라 할 수 있다. 하위 문화는 그것이 어떤 형태이든 간에 전체 문화의 영역 속에 속해 있다.

　요즘과 같이 세대 간의 갈등이 문제가 될 때에는 청년 문화·노인 문화 등이 그 사회의 주요 하위 문화를 이룬다. 하위 문화는 문화적 갈등을 일으키기도 한다는 점에서 부정적인 면을 가지고 있다. 그러나 오늘날과 같이 문화의 상품성이 강화되는 상황에서는 하위 문화로 규정되는 집단들의 문화적 다양성이 그 사회의 역동성과 창의력을 나타내는 지표로 받아들여지기도 한다.

독해 기술 적용　윗글에서 '문화'를 무엇과 무엇으로 **분류**하였는지 두 대상을 찾아 쓰시오.

1 윗글을 통해 확인할 수 없는 것은?

① 문화적 다양성의 개념
② 하위 문화의 부정적 측면
③ 지배 문화와 하위 문화의 정의
④ 지배 문화와 하위 문화의 예시
⑤ 지배 문화와 하위 문화의 상호 보완적 관계

2 ㉠과 ㉡에 대한 설명으로 적절하지 않은 것은?

① ㉠은 그 사회 제도들의 지원을 받으며 주요 신념 체계를 이룬다.
② ㉠의 다양성과 차이가 그 사회의 역동성을 나타내는 지표가 된다.
③ ㉡은 세대나 지역에 따라 달라지기도 한다.
④ 미국 사회에서 백인 문화는 ㉠에, 흑인 문화는 ㉡에 해당한다.
⑤ ㉠과 ㉡의 총합이 한 사회의 전체 문화를 이룬다.

3 나라들 사이 또는 한 나라 안에서 발견되는 광범위한 문화적 차이를 무엇이라고 하는지 윗글에서 찾아 〈조건〉에 맞게 쓰시오.

> ┌ **조건** ┐
> • 2어절로 서술할 것.

정답과 해설 • 41쪽

>> 다음 어휘의 뜻을 확인하고, 학습한 어휘에 ☑ 표시를 하시오.

□ 특유
特 특별할 특
有 있을 유
> 일정한 사물만이 특별히 갖추고 있음.
예 일렉 베이스 특유의 낮은 음이 참 좋아.

□ 입각
立 설 립
脚 다리 각
> 어떤 사실이나 주장 따위에 근거를 두어 그 입장에 섬.
예 사실에 입각한 주장으로 토론 대회에서 이겼다.

□ 투쟁
鬪 싸움 투
爭 다툴 쟁
> 어떤 대상을 이기거나 극복하기 위한 싸움.
예 인류 문명사는 인간이 자연과 투쟁해 온 역사이다.

□ 구분
區 구분할 구
分 나눌 분
> 일정한 기준에 따라 전체를 몇 개로 갈라 나눔.
예 버릴 책과 남겨둘 책을 구분하면 서재 정리에 도움이 될 거야.

□ 재배
栽 심을 재
培 북돋울 배
> 식물을 심어 가꿈.
예 토마토 재배가 잘 되었다 .

□ 신념
信 믿을 신
念 생각 념
> 굳게 믿는 마음.
예 신념만으로 현실을 이겨 낼 수 없다.

□ 임기응변
臨 임할 임
機 틀 기
應 응할 응
變 변할 변
> 그때그때 처한 사태에 맞추어 즉각 그 자리에서 결정하거나 처리함.
예 그녀는 임기응변으로 위급한 상황을 벗어났다.

□ 주류
主 주인 주
流 흐를 류
> 1. 강물 따위의 원줄기가 되는 큰 흐름.
2. 사상이나 학술 따위의 주된 경향이나 갈래.
3. 조직이나 단체 따위의 내부에서 다수파를 이르는 말.
예 요즘 아이들은 주류를 인싸라고 부른다.

□ 기여
寄 부칠 기
與 더불 여
> 도움이 되도록 이바지함.
예 그는 팀 승리에 기여한 선수이다.

□ 지표
指 가리킬 지
標 표할 표
> 방향이나 목적, 기준 따위를 나타내는 표지.
예 선생님의 말씀을 지표로 삼고 열심히 공부하세요.

확인 문제

1 다음의 밑줄 친 어휘와 바꿔 쓰기에 가장 적절한 어휘를 〈보기〉에서 찾아 쓰시오.

┌ 보기 ┐
차별   소신   고유   구분   본성

(1) 피겨 스케이팅 선수들의 특유(特有)의 몸짓은 매우 아름답다.
(   )

(2) 좋은 것과 나쁜 것을 구별(區別)하기 어렵다.
(   )

(3) 너만의 신념(信念)을 꼭 지켜라.
(   )

2 다음 빈칸에 들어갈 알맞은 어휘를 괄호 안의 초성을 참고하여 빈칸에 쓰시오.

(1) 용돈을 올려 달라고 (ㅌㅈ →   )하였다.

(2) 채소를 직접 (ㅈㅂ →   )해 보니 너무 힘들더라.

(3) 피해자 주장에 (ㅇㄱ →   )해서 문제를 해결합시다.

(4) 전략적으로 계획을 세우면서 해야지 (ㅇㄱㅇㅂ →   )으로 대처하면 결국 문제가 생긴다.

3 문맥을 고려하여, 다음 문장의 괄호 안에 들어갈 알맞은 어휘를 고르시오.

(1) 경제 (지표 / 지도)들이 발표되면서 주가가 떨어졌다.

(2) 우리나라 발전에 (기여 / 기증)하는 훌륭한 위인이 되고 싶다.

(3) 너는 (주류 / 비주류)에 속하니 회장 선거에서 표를 많이 받을 거야.

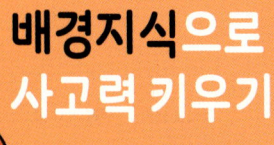

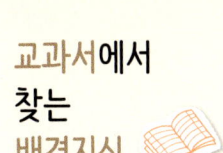
교과서에서 찾는 배경지식

문화 지역과 문화의 세계화

문화란 인간과 환경이 상호 작용하는 과정에서 형성된 의식주, 종교, 언어 등에서 나타나는 공통된 생활 양식을 말한다. 문화는 자연, 경제, 사회적 환경에 따라 다양하게 형성된다. 같은 문화 요소를 공유하거나 유사한 문화 경관이 나타나는 공간적 범위를 '문화 지역' 혹은 '문화권'이라고 부른다.

문화 지역은 언어, 종교, 지역 등 어떤 문화 요소를 기준으로 하느냐에 따라 다르게 구분할 수 있다. 그런데 이런 문화 지역이 그 경계가 희미해지고 있다. 왜냐하면 정보·통신의 발달로 문화의 전파 속도가 빨라지고, 지구 전체가 하나의 문화권이 되어 가고 있기 때문이다. 문화의 세계화는 세계 다양한 문화가 서로 닮아 가는 현상인데, 세계 각국의 사람들이 햄버거와 콜라를 먹는 것처럼 주변에서 쉽게 볼 수 있다. 그런데 이러한 문화의 세계화가 마냥 좋은 것만은 아니다. 서구 문화로 획일화되는 경향이 나타나면서 개별 국가의 문화적 고유성이 약화되어 가기 때문이다. 또한, 국가 간에 문화적·경제적 불평등이 나타나기도 한다.

| 교과 연계 | **중학교 사회 ①_다양한 문화**

논술형 문제

다음은 문화 세계화 중 하나의 현상인 '문화 동질화'에 대한 설명이다. 현대인의 생활 속에 나타나는 문화 동질화 현상의 예를 하나 찾고, 그것과 관련하여 과거와 현재가 달라진 점에 대해 서술하시오.

> 문화 동질화란, 한 지역의 문화적 특성이 다른 지역에서도 같거나 유사하게 나타나는 현상으로 세계 사람들이 같은 문화를 공유하는 것을 의미한다.

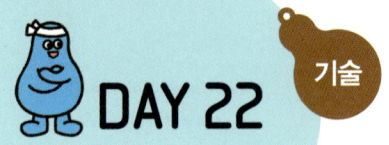
물레방아의 원리

| 교과 연계 |
중학교 과학 ①_여러 가지 힘

모르는 어휘에 ☑ 표시를 하고, 표시한 어휘에 주목하여 지문을 읽어 보시오.

☐ 낟알　　☐ 구릉성　　☐ 동력원　　☐ 대치　　☐ 산간

》 한 문장으로 요약하기

① 문단:

방아란 곡식의 낟알의 껍질을 벗기거나 가루로 만들 때 쓰던 농기구이다. 방아의 종류에는 사람의 힘을 이용한 절구나 디딜방아, 소의 힘을 이용한 연자방아, 물의 힘을 이용한 물레방아 등이 있는데, 이 중에서도 물레방아는 우리나라에서 가장 보편적으로 활용되었다. 그 이유는 물레방아는 물이 떨어지는 힘을 이용하여 바퀴를 돌리는데, 우리나라에는 구릉성 산지가 많아 흘러내리는 계곡물을 물레방아의 동력원으로 활용하기에 편리했기 때문이다.

② 문단:

[A]

물레방아라는 말은 '물레'와 '방아'의 복합어이다. 솜에서 실을 뽑아내는 틀을 물레라 하는데, 물레에 달린 바퀴와 비슷하게 생긴 바퀴를 돌리면서 곡식을 찧는 방아라 하여 물레방아라고 이름지었다. 물이 떨어져 바퀴가 돌아가면, 방아굴대의 양쪽에 달린 눌림대가 방아의 한쪽 끝인 살개목을 눌러 공이를 들어 올린다. 따라서 바퀴가 한 바퀴 돌 때 하나의 공이는 곡식을 두 번 찧는다. 이때 두 개의 방아를 눌림대와 맞닿을 수 있도록 나란히 놓았기 때문에 물레가 돌아가면 두 개의 공이가 번갈아 오르내린다.

③ 문단:

물레방아에 떨어지는 물의 속력으로 최대의 힘을 낼 수 있도록 하기 위해서는 바퀴의 날개 수와 길이를 알맞게 조절해야 한다. 그리고 바퀴의 회전 속도를 높이기 위해 물의 양과 설치 장소에 따라 바퀴의 크기와 물이 떨어지는 거리를 조절하기도 한다. 물레방아의 효율을 최대로 하면 곡식을 찧는 속도나 균일도가 현대식 기계의 수준에 못지않았다. 현대에 이르러 물레방아는 현대식 기기로 대치되었지만, 일부 산간 마을에서는 아직도 유용한 도구로 쓰이고 있다. 물레방아는 우리나라 고유의 자연환경과 조화를 이루도록 제작된 동력 장치로서, 선조들의 지혜로움을 잘 보여 주는 과학 기술 유물이다.

독해 기술 적용 윗글에서 사용한 설명 방법을 고르시오.

❶ 대상을 구성 요소로 나누어 설명하고 있다.
❷ 원인이나 가정된 상황의 결과를 밝히고 있다.
❸ 주장과 그 주장을 뒷받침하는 근거를 밝히고 있다.

1 윗글을 심화 학습하기 위한 주제로 적절한 것을 〈보기〉에서 골라 묶은 것은?

> 〔보기〕
> ㄱ. 연자방아는 어떤 원리로 곡식을 찧을까?
> ㄴ. 물레방아와 현대식 기계의 구조는 어떻게 다를까?
> ㄷ. 우리나라에서 물레방아가 널리 사용된 까닭은 무엇일까?
> ㄹ. 물레방아의 효율을 높이기 위한 방법에는 어떤 것이 있을까?

① ㄱ, ㄴ   ② ㄱ, ㄷ   ③ ㄱ, ㄹ
④ ㄴ, ㄷ   ⑤ ㄴ, ㄹ

2 [A]의 '물레방아'와 〈보기〉의 '물방아'를 비교하여 이해한 내용으로 적절하지 <u>않은</u> 것은?

> 〔보기〕
> 　　물방아는 물레방아가 등장하기 전에 사용되었다. 그림과 같이 통나무의 한쪽에 홈을 파 물통을 만들고, 다른 한쪽에는 공이를 설치한다. 물통에 물이 채워지면 물통이 무거워지면서 아래로 내려가고, 반대쪽에 있는 공이가 위로 들린다. 물통이 아래로 내려가면 물이 모두 쏟아지고, 물이 다 쏟아지면 물통이 가벼워져 다시 올라간다. 그러면 위로 올라간 공이는 다시 아래로 떨어지면서 곡식을 찧는다.

① 물레방아와 물방아 모두 가뭄이 든 시기에는 사용하기 어려웠겠군.
② 물레방아는 물방아와 달리 바퀴의 회전력을 이용하여 곡식을 찧는 장치로군.
③ 물레방아는 물방아와 달리 두 개의 공이를 설치하여 높은 효율을 내게 하였군.
④ 물방아는 물레방아와 달리 물이 높은 곳에서 떨어질수록 공이에 큰 힘이 도달할 수 있겠군.
⑤ 물레방아와 물방아 모두 많은 양의 물이 빨리 떨어질수록 공이의 찧는 속도를 높일 수 있겠군.

3 윗글에 소개된 방아의 종류 네 가지를 모두 찾아 쓰시오.

고대 이집트 파라오의 힘

| 교과 연계 |
중학교 역사 ①_세계의 고대 문명

모르는 어휘에 ☑ 표시를 하고, 표시한 어휘에 주목하여 지문을 읽어 보시오.

☐ 중재자　　☐ 원천적　　☐ 구현　　☐ 목자　　☐ 수호

>> 한 문장으로 요약하기

❶ 문단:

　　파라오(Pharaoh)라고 불리는 고대 이집트의 왕들은 신적인 존재로 여겨졌으며, 스스로를 지상의 신이라 믿었다. 파라오들은 신으로서 나라를 다스렸던 것이다. 파라오는 고왕국 시대부터 태양신의 화신(化身)˙ 또는 태양신 '라(Ra)'의 아들로 간주되었다. 실제로 제4왕조 중반부터는 왕의 이름이 자주 태양신 '라'와 결합하였으며, 왕권이 태양신에게 속해 있음을 강조하던 동안에는 왕의 이름 앞에 '태양신 '라'의 아들'이라는 칭호가 따라붙었다.

❷ 문단:

　　지상의 신이었던 파라오는 백성과 하늘의 신들 사이의 유일한 중재자요, 하늘의 신을 모시는 제사장이기도 했다. 따라서 파라오의 말은 모든 백성들을 강제할 수 있는 신들의 법이요, 국가의 법이었다. 그래서인지 이집트에는 메소포타미아 지역에서 볼 수 있는 것과 같은 법전이 존재하지 않았다. 이집트 사람들은 신의 말에 순종하는 사람들이었으므로, 법이 필요 없었다. 따라서 ㉠반란이나 혁명이 원천적으로 불가능했다.

❸ 문단:

　　그러나 파라오가 신적인 왕권을 가지고 있다고 해서 그 권력을 마음대로 행사할 수 있는 것은 아니었다. 그는 신과 인간의 합일을 구현하는 인물이었지만, 동시에 자연계와 사회 안에 있는 삶의 질서를 유지하는 역할을 수행하였다. 달리 말해서 태양신 '라'가 창조 시에 확립한 우주의 질서를 지상에 실현해야 할 책임을 지니고 있었던 것이다.

❹ 문단:

　　파라오의 이러한 책임은 선한 목자의 역할도 포함되어 있었다. 자애로운 하늘의 신처럼 백성을 먹이는 목자로서, 이집트에 풍요를 가져다주고 이집트인들에게 풍부한 양식을 제공하는 지상의 신이었다. 그는 또한 외적에 맞서 이집트를 수호하고 풍요의 근원인 나일강을 통제하는 자이자, 필요에 따라 비를 내림으로써 생명을 지탱해 주는 자로 여겨지기도 했다.

˙ 화신: 어떤 추상적인 특질이 실질적 모양을 갖추게 된 것.

독해 기술 적용　윗글에서 분석하고 있는 대상을 찾아 1어절로 쓰시오.

◉ 분석 대상:

1 윗글에 대한 설명으로 가장 적절한 것은?

① 신과 파라오의 권력 분배 방법을 정리하고 있다.

② 파라오의 절대적 권력과 책임에 대해 분석하고 있다.

③ 파라오가 하늘의 신이 될 수 없는 이유를 제시하고 있다.

④ 파라오가 되기 위해 갖추어야 할 역량에 대해 밝히고 있다.

⑤ 왕에 대한 사후 평가가 이루어지는 과정에 대해 설명하고 있다.

2 ㉠의 이유를 추리한 내용으로 가장 적절한 것은?

① 왕에 대한 반역은 신들에 대한 반역으로 간주되었기 때문이다.

② 국가의 신이 멸하면 다른 나라의 지배를 받아야 하기 때문이다.

③ 파라오에 대한 반역은 나일강의 범람과 관계가 있었기 때문이다.

④ 백성들이 농사로 생계를 유지하느라 정치에 무관심했기 때문이다.

⑤ 법에 근거하지 않은 반란이나 혁명은 성공할 확률이 적었기 때문이다.

3 윗글을 바탕으로 이집트인들에게 '파라오'가 어떤 존재였는지를 〈조건〉에 맞추어 쓰시오.

조건
• '파라오는 백성과 하늘의 신들 사이의 유일한 ~요, 하늘의 신을 모시는 ~이었다.'의 문장 형식으로 쓸 것.

>> 다음 어휘의 뜻을 확인하고, 학습한 어휘에 ☑ 표시를 하시오.

☐ 낟알	껍질을 벗기지 아니한 곡식의 알. 예 낟알은 익을수록 고개를 숙인다.	
☐ 구릉성 丘 언덕 구 陵 큰 언덕 릉 性 성품 성	땅이 약간 언덕진 특성. 예 국립 생태원은 구릉성 지형에 위치하고 있다.	
☐ 동력원 動 움직일 동 力 힘 력 源 근원 원	수력, 전력, 화력, 원자력, 풍력 따위와 같이 동력의 근원이 되는 에너지. 예 인공위성의 동력원에는 태양, 배터리, 방사선 동위 원소가 있다.	
☐ 대치 代 대신할 대 置 둘 치	다른 것으로 바꾸어 놓음. 예 미래 사회에는 사람의 노동력이 기계로 대치될 것이다.	
☐ 산간 山 뫼 산 間 사이 간	산과 산 사이에 산골짜기가 많은 곳. 예 제주도 산간 지역의 피해 상황이 심각합니다.	

☐ 중재자 仲 버금 중 裁 마를 재 者 놈 자	분쟁에 끼어들어 쌍방을 화해시키는 사람. 예 중재자 역할만 하고 동생 편은 들지 말아 주세요.
☐ 원천적 源 근원 원 泉 샘 천 的 과녁 적	사물의 근원에 관계된 것. 또는 사물의 근원에 관계된. 예 집회의 원천적 금지는 자유 민주주의 국가의 집회 결사의 자유를 막는 것이다.
☐ 구현 具 갖출 구 現 나타날 현	어떤 내용이 구체적인 사실로 나타나게 함. 예 그는 신상품에 새롭고 깔끔한 디자인을 구현해 냈다.
☐ 목자 牧 칠 목 者 놈 자	목축을 직업으로 하는 사람. 특히 양을 치는 사람을 이름. 예 목자는 밤하늘의 별을 보며 밤새 양을 지켰다.
☐ 수호 守 지킬 수 護 보호할 호	지키고 보호함. 예 그는 우리 민족을 수호한 수호신이었어.

확인 문제

1 다음의 밑줄 친 어휘와 바꿔 쓰기에 가장 적절한 어휘를 〈보기〉에서 찾아 쓰시오.

> **보기**
>
> 이삭   대체   열매   에너지   배치

(1) 흥부는 논두렁에서 낟알을 주웠다.
　　　　　　(　　　　　)
(2) 주판으로 계산을 하다가 계산기로 대치(代置)하니 훨씬 편하다.
　　　　　　　　(　　　　　)
(3) 자원을 효과적으로 활용하기 위해 새로운 동력원(動力源)을 개발해야 한다.
　　　　　　　　(　　　　)

2 다음 빈칸에 들어갈 알맞은 어휘를 괄호 안의 초성을 참고하여 빈칸에 쓰시오.

(1) DMZ는 하천과 습지 그리고 (ㄱㄹㅅ → 　　　　　　) 산지로 구성되어 있다.
(2) 많은 비가 내려 (ㅅㄱ → 　　　　) 지방의 통행이 제한되었다.
(3) 이 프로그램은 유해 사이트 접속을 (ㅇㅊㅈ → 　　　　　)으로 차단해 줍니다.
(4) 회장은 아이들 사이에서 (ㅈㅈㅈ → 　　　　) 역할을 해야 한다.

3 문맥을 고려하여, 다음 문장의 괄호 안에 들어갈 알맞은 어휘를 고르시오.

(1) 엄마는 매번 동생을 (수호 / 옹호)해 주고 내 편은 안 들어 준다.
(2) 어린 양을 지키는 (목자 / 목사)로 힘든 목장 일을 모두 도맡아 했다.
(3) 시민의 자유로운 정치 참여는 민주 정치를 (구현 / 구상)하기 위해 필요하다.

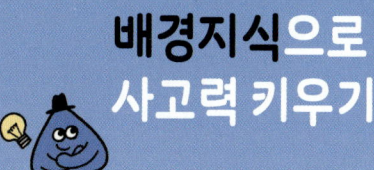

교과서에서 찾는 **배경지식**

이집트 문명

이집트 문명은 나일강 유역에서 형성된 문명이다. 이집트는 기원전 3000년경 여러 도시 국가가 통합되면서 통일 왕국으로 자리 잡았다. 사막과 바다로 둘러싸여 있었기 때문에 이민족의 침입을 적게 받았고, 나일강이 흐르고 있어 비옥한 땅을 가질 수 있었다. 나일강은 일정한 시기마다 흘러넘쳐 주변의 땅을 기름지게 만들었다. 이집트 문명이 일어난 까닭도 나일강 유역의 기름진 평야가 있었기 때문이다.

이집트의 폐쇄적인 지형은 이민족의 침입을 막아 주었고, 오랫동안 통일된 왕국이 이어지도록 했다. 이집트의 왕은 파라오(Pharaoh)라고 불렸는데, 신적인 존재로 추앙받으며 백성들을 다스렸다. 이집트 백성들은 신과 동일시되는 파라오의 명령 앞에 복종하였으므로 다른 나라에는 존재하는 법전이 이집트에는 존재하지 않았다.

이집트인들은 사람이 죽은 후에도 영혼은 남는다고 생각하였다. 이런 이유로 이집트인들은 죽은 사람을 미라로 만들었고, 파라오의 미라를 두기 위해 피라미드를 지었다. 피라미드의 크기는 왕의 권력이 얼마나 대단하였는지를 보여 주는 지표가 된다. 피라미드의 크기는 왕의 권력에 비례하였기 때문이다.

이집트의 스핑크스와 피라미드: 피라미드는 파라오의 무덤이고 스핑크스는 피라미드를 지키는 수호신이다.

| 교과 연계 | 중학교 역사 ①_세계의 고대 문명

논술형 문제

다음에 제시된 낱말들을 모두 사용하여 고대 이집트의 왕이었던 '파라오'에 대한 정보를 제공하는 글을 서술하시오.

피라미드 　　　 신 　　　 미라 　　　 절대 왕권

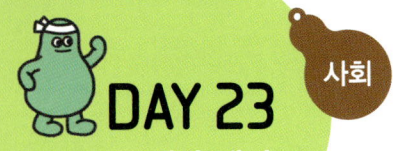

DAY 23
문제와 해결

^{사회}

소비자 기본법의 효용

| 교과 연계 |
중학교 사회 ①_법의 종류와 특징

모르는 어휘에 ☑ 표시를 하고, 표시한 어휘에 주목하여 지문을 읽어 보시오.

☐ 구제　　　☐ 침해　　　☐ 책무　　　☐ 효용　　　☐ 근간

>> 한 문장으로 요약하기

❶ 문단:

대한민국 헌법 제124조는 "국가는 건전한 소비 생활을 이끌고 생산품의 품질 향상을 촉구하기 위한 소비자 보호 운동을 법률이 정하는 바에 의하여 보장한다."라고 규정한다. 헌법에 언급된 소비자 보호 운동은 하위 법규를 통하여 구체화되는데, 그 대표적인 법이 소비자 기본법이다. 즉 ㉠소비자 기본법은 소비자와 사업자 간에 발생할 수 있는 문제를 해결하는 데 필요하다. 소비자가 피해를 입게 되었을 때, 소비자는 소비자 기본법을 적용하여 다음과 같은 해결 방안을 찾을 수 있다.

❷ 문단:

첫째는 소비자가 사업자에게 피해 구제를 요청한다. 사업자는 소비자에게 피해가 발생하지 않도록 필요한 조치를 찾아야 하고, 소비자의 선택을 침해하는 거래 방법을 사용하지 말아야 한다. 또한, ㉡소비자에게 물품에 대한 정확한 정보를 제공해야 한다는 책무를 지고 있다. 이를 어기면 소비자는 피해 보상을 요구할 수 있다.

❸ 문단:

둘째로는 소비자 단체에 불만이나 피해와 관련한 상담을 요청하거나, 사업자와 소비자 사이에 이루어지는 합의를 하는 데 도움을 요청할 수 있다.

❹ 문단:

그러나 이 두 방법은 ㉢사업자가 이행하지 않으면 효용을 발휘할 수 없다. 또 이런 방법으로 피해 보상을 받기 위해 ㉣소비자가 어마어마한 시간과 노력을 들었다면 그것은 합리적인 보상이라 할 수 없다. 그래서 마지막 방법이 필요한데, 한국 소비자원에 물품 등의 사용으로 인한 피해 구제를 신청하는 것이다. 한국 소비자원을 통하였음에도 분쟁을 해결하지 않는 기업은 이미지가 훼손될 수 있으므로, 다른 방법에 비해 사업자의 자발적 이행을 이끌기가 수월하다.

❺ 문단:

현실적으로 사업자는 소비자보다 물품에 대하여 월등한 정보를 가진다. 또한, 경제적인 측면에서도 사업자와 소비자는 균등하지 못하다. 이런 상황에서 ㉤소비자 보호는 사업자와 소비자의 불균등한 관계를 보완하는 역할을 한다. 소비자 보호 활동의 목표는 소비자가 입은 피해에 대해 정당한 보상을 요청함으로써 경제 활동에 신뢰를 쌓아 궁극적으로 경제 질서의 근간을 튼튼히 하는 데 있다.

독해 기술 적용　다음 중 윗글에서 나타난 **문제 해결 방안**의 예에 해당하지 **않는** 것을 고르시오.

❶ 소비자가 사업자에게 피해 구제를 요청할 수 있다.

❷ 소비자는 사업자보다 물품에 대하여 월등한 정보를 가질 수 있다.

❸ 한국 소비자원에 물품 등의 사용으로 인한 피해 구제를 신청할 수 있다.

1 윗글의 '소비자 보호'에 대한 설명으로 가장 적절한 것은?

① 소비자가 기업에게 피해 보상을 요구할 수 있도록 뒷받침하는 장치이다.

② 현대 사회의 경제 질서 속에서 소비자의 도덕성을 강화하려는 국가적 정책이다.

③ 과장 광고나 허위 정보로부터 소비자를 보호하려는 사회 구성원의 자발적 행위이다.

④ 정보를 독점하는 기업과 권리를 악용하는 소비자를 거르기 위한 사회 단체의 활동이다.

⑤ 기업에게는 최대의 이윤 추구를, 소비자에게는 합리적인 선택을 가능하게 하는 기반이다.

2 ㉠~㉤에 대한 설명으로 적절하지 <u>않은</u> 것은?

① ㉠: 소비자 기본법은 소비자와 사업자 간의 분쟁을 해결할 수 있는 근거가 된다.

② ㉡: 물품의 생산, 유통 등이 모두 사업자에 의해 이루어지기 때문이다.

③ ㉢: 문제의 해결을 위해서는 사업자의 의지가 중요함을 의미한다.

④ ㉣: 소비자가 적정한 보상액을 산출할 수 있어야 함을 강조하고 있다.

⑤ ㉤: 사업자와 소비자의 관계에서 소비자가 불리한 위치에 있음을 전제로 하고 있다.

3 소비자가 피해를 입었으나 사업자에게 피해 구제 요청이 쉽지 않을 때 도움을 요청할 수 있는 공공 기관을 윗글에서 찾아 2어절로 쓰시오.

유기농 채소의 판별 방법

| 교과 연계 |
중학교 과학 ②_물질의 구성 입자

모르는 어휘에 ✅ 표시를 하고, 표시한 어휘에 주목하여 지문을 읽어 보시오.

☐ 배열　　☐ 퇴비　　☐ 소모　　☐ 방치　　☐ 조작

>> 한 문장으로 요약하기

① 문단:

② 문단:

③ 문단:

④ 문단:

독일 과학자 프리츠 하버는 인공 비료를 최초로 발명한 과학자이다. 현재 지구에 살고 있는 60억 인구가 적당한 양의 식량을 얻는 것은 하버의 덕이다. 그런데 인공 비료로 키운 채소를 먹어서 몸 안에 쌓인 질소 성분은 건강에 좋지 않을 수 있다. 그래서 사람들은 인공 비료에 대해 불안해하며, 비싼 가격에도 불구하고 유기농 식품을 구입해 먹는다. 문제는 유기농 채소들이 진짜인지를 가려낼 수 없다는 것이다.

최근에 과학자들은 ㉠동위 원소를 사용해서 질소의 구성 비율을 조사함으로써 유기농 채소인지 아니면 인공 비료를 사용한 채소인지 구별할 수 있는 방법을 개발했다. 동위 원소란 원자 번호에 따라 원소를 배열한 주기율표에서 같은 자리에 있는 원소라는 뜻이다. 그러면 원자 번호가 같은데 무엇이 다를까? 질량이 다르다. 질소(N)에는 질량수가 각각 14(N-14)와 15(N-15)인 두 가지 동위 원소가 있다.

동위 원소로 농부가 사용한 비료가 인공 비료인지 퇴비인지는 어떻게 알 수 있을까? 원자는 질량에 따라 반응성에 미세한 차이가 나는데, 이를 통해 구별할 수 있다. 몸이 가벼운 사람이 무거운 사람보다 활동성이 좋듯이, 가벼운 원소는 무거운 원소보다 반응성이 더 좋다. 따라서 화학 반응을 여러 차례 거칠수록 더 가벼운 N-14가 많이 소모되어 N-15가 많아진다. 인공 비료는 직접 만들기 때문에 그 사이에 거친 화학 반응의 수가 적지만, 퇴비는 오랫동안 방치되면서 많은 화학 반응을 거친다. 따라서 퇴비는 인공 비료보다 N-15의 비율이 높다. 예를 들어, 옥수수에 인공 비료를 사용했을 때는 N-15가 0.34%로 나타났지만, 퇴비를 사용했을 때는 N-15가 2.07%로 나타났다. 이렇게 N-15의 비율을 비교해 보면 농부가 사용한 비료가 인공 비료인지 퇴비인지를 판단할 수 있다.

이 검사법은 비누나 물로 채소를 씻는 방법을 통해 검사 결과를 조작할 수 없다. 또 검사 비용이 싸고, 채소가 자라는 동안 어떤 단계에서도 검사가 가능하다.

독해 기술 적용 다음의 문제 해결 방법을 참고하여, 윗글에 나타난 문제 상황을 찾아 쓰시오.

● 문제 상황:

● 문제 해결 방법: 동위 원소를 활용해 질소의 구성 비율을 조사함으로써 유기농 채소 진위 여부를 알아낼 수 있는 방법을 개발했다.

1 윗글을 쓰기 위해 글쓴이가 사용한 전략으로 적절하지 **않은** 것은?

① 구체적 사례를 들어 설명한다.

② 유추적 설명을 통하여 내용을 강화한다.

③ 문제 해결이 필요하게 된 이유를 제시한다.

④ 자문자답의 형식을 통해 독자의 관심을 유도한다.

⑤ 전문가의 견해를 인용하여 대상의 특징을 드러낸다.

2 ㉠과 유사한 원리가 적용된 사례로 볼 수 있는 것은?

① 엑스레이(X-ray)는 높은 주파수를 사용하여 인체에 피해를 주는데, 티레이 (T-ray)는 낮은 주파수를 사용하여 거의 피해를 주지 않는다.

② 여왕 꿀벌은 페로몬이라는 물질을 분비한다. 이 페로몬은 일벌을 통해 무 리 전체로 전달되고, 이를 통해 여왕 꿀벌의 존재가 인식된다.

③ 새 김치는 젖산균이 적어 신맛이 없는 반면, 오래된 김치는 젖산균이 증식 하여 신맛이 난다. 그러므로 젖산균의 양으로 새 김치와 묵은 김치를 구별 할 수 있다.

④ 다이아몬드는 탄소 4개가 결합되어 있는 반면, 흑연은 탄소 원자 1개가 3개의 다른 탄소와 육각형 모양으로 결합되어 있다. 따라서 그 결합 형태 로 다이아몬드와 흑연을 구분할 수 있다.

⑤ 메탄 하이드레이트는 6개의 물 분자 안에 1개의 메탄 분자가 갇혀 있다. 여 기에서 메탄을 추출하려면 이산화 탄소를 공급하면 된다. 이산화 탄소가 메탄과 자리를 바꾸어, 메탄이 추출되는 것이다.

3 원자 번호에 따라 원소를 배열한 주기율표에서 같은 자리에 있는 원소를 무엇이라 고 하는지 윗글에서 찾아 쓰시오.

어휘 완성하기

>> **다음 어휘의 뜻을 확인하고, 학습한 어휘에 ☑ 표시를 하시오.**

☐ **구제** 救 구원할 구 濟 건널 제	자연적인 재해나 사회적인 피해를 당하여 어려운 처지에 있는 사람을 도와줌. 예 수해민들을 구제할 방법을 생각해 보자.
☐ **침해** 侵 침노할 침 害 해할 해	침범하여 해를 끼침. 예 아무리 부모님이라도 제 사생활을 침해하지 말아주세요.
☐ **책무** 責 꾸짖을 책 務 힘쓸 무	직무에 따른 책임이나 임무. 예 승진을 할수록 맡은 책무가 커졌다.
☐ **효용** 效 본받을 효 用 쓸 용	보람 있게 쓰거나 쓰임. 또는 그런 보람이나 쓸모. 예 스마트폰의 효용 가치가 얼마나 될까?
☐ **근간** 根 뿌리 근 幹 줄기 간	사물의 바탕이나 중심이 되는 중요한 것. 예 한글은 기본 글자를 근간으로 다른 글자를 만들었다.

☐ **배열** 配 나눌 배 列 벌일 열	일정한 차례나 간격에 따라 벌여 놓음. 예 효준이는 천재야. 블록 배열을 아주 규칙적으로 해 놓았어.
☐ **퇴비** 堆 쌓을 퇴 肥 살찔 비	풀, 짚 또는 가축의 배설물 따위를 썩힌 거름. 예 지독한 퇴비 냄새에 기절할 것 같았다.
☐ **소모** 消 사라질 소 耗 소모할 모	써서 없앰. 예 에너지 소모하지 말고 빨리 항복해.
☐ **방치** 放 놓을 방 置 둘 치	내버려 둠. 예 충치를 방치해서 임플란트를 하게 되었다.
☐ **조작** 造 지을 조 作 지을 작	어떤 일을 사실인 듯이 꾸며 만듦. 예 그는 시험 성적을 조작했다.

확인 문제

1 다음의 밑줄 친 어휘와 바꿔 쓰기에 가장 적절한 어휘를 〈보기〉에서 찾아 쓰시오.

┌ 보기 ┐
| 사무 | 침해 | 의무 | 구호 | 침투 |

(1) 국방과 납세는 국민의 기본적인 책무(責務)이다.
(　　　　　　　　)

(2) 난민 돕기 후원금을 구제(救濟) 기관에 보냈다.
(　　　　　　　　)

(3) 타인의 권리를 침범(侵犯)하면 법적으로 처벌받게 해야 정의 사회이다.
(　　　　　　　　)

2 다음 빈칸에 들어갈 알맞은 어휘를 괄호 안의 초성을 참고하여 빈칸에 쓰시오.

(1) 그는 (ㅎㅇ → 　　　　) 가치가 있다고 생각하는 일만 했다.
(2) (ㅌㅂ → 　　　　)가 좋은 건 알겠지만 냄새가 너무 고약해.
(3) 영상의 일부를 (ㅈㅈ → 　　　　)하여 가짜 뉴스를 만들었다.
(4) 교육은 나라의 (ㄱㄱ → 　　　　)을 바로 세워 미래 인재를 키워 내는 일이다.

3 문맥을 고려하여, 다음 문장의 괄호 안에 들어갈 알맞은 어휘를 고르시오.

(1) 2학년 반 (배열 / 배치) 정보는 개학 날까지 비밀이야.
(2) 호텔 수영장에는 구명조끼가 잘 (방치 / 비치)되어 있다.
(3) 전쟁으로 많은 문화재가 (소모 / 소실)되었다.

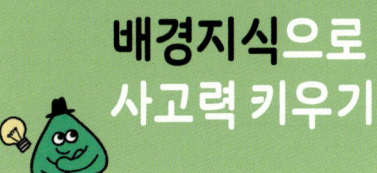

교과서에서
찾는
배경지식

법과 사회법

법은 공적인 생활 관계를 규율하는 '공법'과 사적인 생활 관계를 규율하는 '사법'으로 나뉜다. 공법은 국가나 공공 단체 등이 공권력을 행사하는 것과 관련된 내용을 다룬다. 사법은 개인과 개인 사이의 재산 관계나 가족생활을 다루는 민법과 기업을 중심으로 다루는 상법으로 분류할 수 있다. 그런데 이런 공법과 사법의 중간적인 성격을 띠는 법으로 사회법이 있다.

사회법은 노동법과 경제법, 사회 보장법으로 나눌 수 있는데, 경제 활동이 발전함에 따라 기업 독점이나 빈부 격차의 심화 등 각종 사회 문제가 발생함으로 인해 그 필요성이 대두되어 나타난 법이다.

노동법은 근로자 보호를 목적으로 하며 근로 기준법, 노동 조합 및 노동 관계 조정법, 최저 임금법 등이 포함된다. 경제법은 공정한 경제 질서 유지를 위한 목적으로 기업과 소비자의 권리와 이익을 보호하려고 한다. 독점 규제 및 공정 거래에 관한 법률, 소비자 기본법 등이 경제법에 속한다. 마지막으로 사회 보장법은 실업, 질병, 재해 등으로 어려움을 겪는 사람들을 도와주는 국민 복지를 위한 법으로 사회 보장 기본법, 국민 기초 생활 보장법, 국민 연금법 등이 있다.

|교과 연계| **중학교 사회 ①_법의 종류와 특징**

논술형
문제

다음 그림에 제시된 상황을 나열하여 '사회법'이 등장하게 된 이유를 서술하시오.

임금 체불

특정 기업의 독점

부익부 빈익빈

별의 탄생과 성장 그리고 소멸

모르는 어휘에 ☑ 표시를 하고, 표시한 어휘에 주목하여 지문을 읽어 보시오.

☐ 질량　　☐ 밀도　　☐ 수축　　☐ 팽창　　☐ 마감

>> 한 문장으로 요약하기

❶ 문단:

❷ 문단:

❸ 문단:

❹ 문단:

• **인력:** 공간적으로 떨어져 있는 물체끼리 서로 끌어당기는 힘.

성간 물질은 별들 사이의 공간에 떠 있는 극히 희박한 물질을 말한다. 주로 수소와 약간의 헬륨으로 이루어져 있는데, 아주 넓은 공간에 흩어져 있어서 전체로 볼 때는 수백 개나 되는 별만큼 큰 질량을 가지고 있다. 이 성간 물질이 모인 것이 '성간운'인데, 여기에 어떤 충격이 가해지면 밀도가 높은 부분과 낮은 부분이 생긴다.

성간운에서 우연히 다른 곳보다 밀도가 높아진 부분에는 인력˚으로 더 많은 물질들이 모인다. 그러면 성간운의 밀도는 매우 높아지고, 이러한 성간운이 별 탄생의 모체가 되는 '글로뷸'이 된다. 일단 글로뷸이 형성되면 덩어리는 급속히 작아지고 기체가 안으로 몰려들어 밀도는 점차 증가한다. 그에 따라 부피가 더욱 작아지고, 내부 온도는 올라가 불그스름한 불덩이처럼 된다. 이것이 막 태어난 아기별이다.

인력이 어느 정도 증가하면 아기별의 내부에서 수소가 헬륨으로 변하는 핵융합 반응이 일어난다. 그러면 아기별은 수축하는 것을 멈추고, 스스로 빛을 내는 청년별로 변신한다. 태양으로 대표되는 청년별은 내부의 수소 핵융합 반응에 의해 밝은 빛을 내는데, 이것은 수소를 다 소비할 때까지 계속된다.

별의 내부에 있던 수소 연료가 다 떨어지면 별이 팽창하기 시작하여, 질량에 따라 '적색 거성(赤色巨星)' 혹은 '거성(巨星)'이 된다. 질량이 태양과 비슷한 별은 내부에서 더 이상 핵융합 반응을 일으키지 못하고 적색 거성이 되었다가 ㉠백색 왜성으로 일생을 마감한다. 한편 별의 질량이 태양의 10배 이상 되는 별은 거성이 되는데, 이 거성은 핵융합 반응까지 일어난다. 이 핵융합 반응이 멈춘 별은 폭발하여 매우 밝은 빛을 내는 초신성이 되고, 중심부는 수축한다. 그런 다음 대부분 ㉡중성자별로 일생을 마감하지만, 별의 질량이 태양의 30배 이상 되는 큰 별은 더 수축되어 빛마저 빠져나올 수 없는 ㉢블랙홀이 된다.

독해 기술 적용 　별의 탄생부터 소멸에 이르는 **과정**을 파악하여 빈칸을 채워 쓰시오.

| 성간운에 밀도 차이가 생김. | ⇒ | 인력으로 더 많은 물질들이 모여 별의 모체인 (　　　)이 됨. | ⇒ | 덩어리가 급속히 작아지면 내부 온도가 올라가 (　　　)이 탄생함. |

| ⇒ | 핵융합 반응으로 스스로 빛을 내는 (　　　)이 됨. | ⇒ | 연료가 떨어지면 팽창하는데, 질량에 따라 (　　　)이나 거성이 됨. | ⇒ | 적석 거성은 백색 왜성이, 거성은 중성자별이나 (　　　)이 됨. |

1 윗글을 참고하여 별의 일생을 〈보기〉와 같이 도식화했을 때, ㉮~㉭에 대한 설명으로 적절하지 <u>않은</u> 것은?

┌─ 보기 ─────────────────────────────────┐
│ ┌───────┐   ┌───────┐   ┌───────┐   ┌───────┐ │
│ │ 글로뷸 │ → │ 아기별 │ → │ 청년별 │ → │ 적색 거성 │ │
│ └───────┘   └───────┘   └───────┘   └───────┘ │
│   ㉮   ㉯   ㉰   ㉱   │
└───┘

① ㉮는 성간운 중에서 밀도가 높은 부분이다.
② ㉯는 ㉮보다 부피가 매우 커진 상태에 해당한다.
③ ㉯에서 수소 핵융합 반응이 일어나 수축하는 것을 멈추면 ㉰로 변한다.
④ ㉰는 스스로 빛을 내는 밝은 별이다.
⑤ ㉱는 수소 핵융합 반응이 일어나지 않는다.

2 윗글을 바탕으로 할 때, ㉠~㉢에 대한 반응으로 적절하지 <u>않은</u> 것은?

① ㉠, ㉡, ㉢은 모두 별의 소멸 단계에 해당한다.
② ㉠, ㉡, ㉢ 중에서 밀도가 가장 낮은 것은 ㉠일 것이다.
③ ㉠, ㉡, ㉢ 중 어느 것이 되느냐는 별의 질량에 따라 결정된다.
④ ㉢은 매우 어두운 상태일 것이다.
⑤ ㉠은 거성이 새로운 핵융합 반응을 일으킨 후에 만들어진다.

3 다음 〈조건〉에 해당하는 별의 일생은 무엇으로 끝나는지 윗글에서 찾아 쓰시오.

┌─ 조건 ─────────────────────────────────┐
│ • 질량이 태양의 30배 이상 되는 큰 별.   │
└───┘

DAY 24 기술

비누로 때를 제거하는 과정

| 교과 연계 |
중학교 과학 ②_물질의 구성 입자

모르는 어휘에 ☑ 표시를 하고, 표시한 어휘에 주목하여 지문을 읽어 보시오.

☐ 오염　　☐ 구조　　☐ 친수성　　☐ 소수성　　☐ 결합

>> 한 문장으로 요약하기

① 문단:

물로 손을 씻을 때 잘 없어지지 않는 오염 물질이 있다. 이런 오염 물질은 물을 싫어하는 성질, 곧 소수성을 지닌 경우이다. 친수성을 띠는 물질은 물로 쉽게 제거되지만, 소수성을 띠는 물질은 아무리 문질러도 물에 잘 씻겨 나가지 않는다.

② 문단:

이럴 때 우리는 비누를 사용한다. 비누를 이용하면 훨씬 더 깨끗하게 오염 물질을 제거할 수 있다. 이는 비누 분자가 친수성과 소수성을 모두 가지고 있기 때문이다. 비누가 때를 제거하는 원리는 비누 분자의 구조와 관련이 깊다.

③ 문단:

비누 분자의 구조는 성냥개비를 떠올리면 이해가 쉽다. 일반적으로 머리 부분은 친수성 부분으로, 기름보다 물을 좋아한다. 반대로 꼬리 부분은 소수성 부분으로, 물과 잘 섞이지 않는 대신 기름 성분을 좋아한다. 비누는 친수성과 소수성 부분을 함께 가지고 있기 때문에 오염 물질의 제거가 가능하다.

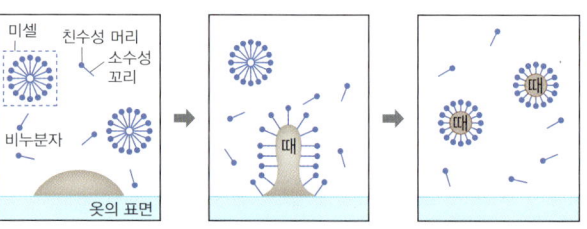

〈물빨래의 과정〉

④ 문단:

옷에 묻은 오염 물질이 제거되는 과정을 살펴보자. 비누 분자는 물 분자와 오염 물질을 연결하는 다리 역할을 한다. 먼저 비누가 물에 녹으면, 소수성 부분은 안쪽을 향하고 친수성 부분은 바깥으로 배열되어 공 모양을 이룬다. 이를 '미셀'이라고 한다. 이 비눗물에 기름으로 오염된 옷을 넣으면 친수성인 머리 부분은 물과 결합하고, 소수성인 꼬리 부분은 오염 물질과 결합한다. 이렇게 해서 비누 분자에 의해 둘러싸인 오염 물질은 물리적인 힘(두드리기, 흔들기, 비비기 등)을 가하면 섬유에서 떨어져 나와 분리된다. 이때 물로 옷을 헹구면 오염 물질은 완전히 제거된다.

 **독해 기술 적용**　윗글에 나타난 물빨래의 과정을 파악하여 빈칸을 채워 쓰시오.

● 비누가 물에 녹음. ⇒ 소수성 부분은 (　　　)을 향하고 친수성 부분은 (　　　)으로 배열되어 (　　　) 모양을 이룸. ⇒ 비눗물에 기름으로 오염된 옷을 넣으면 (　　　)인 머리 부분은 물과 결합하고, 소수성인 (　　　) 부분은 오염 물질과 결합함. ⇒ 물리적인 힘을 가하면 옷에서 오염 물질이 분리됨. ⇒ 물로 오염 물질을 헹구어 제거함.

1 윗글에 대한 설명으로 가장 적절한 것은?

① 원리가 적용되는 과정을 순서에 따라 설명하고 있다.

② 특정 원리에 따른 기술적 성과와 문제를 비교하여 제시하고 있다.

③ 원리의 한계를 극복할 수 있는 방안을 구체적으로 설명하고 있다.

④ 원리의 구현을 위해 갖춰야 할 조건들을 병렬적으로 제시하고 있다.

⑤ 통념에 대한 의문을 제기하고 근거를 들어 새로운 원리를 소개하고 있다.

2 윗글을 통해 알 수 있는 내용으로 적절하지 <u>않은</u> 것은?

① 비누 분자의 친수성 부분은 물과 강하게 결합한다.

② 비누 분자는 친수성과 소수성을 모두 지니고 있다.

③ 심하게 오염된 옷은 물빨래로 세탁하는 것이 불가능하다.

④ 물로 손을 씻으면 친수성을 지닌 오염 물질은 제거가 가능하다.

⑤ 물빨래를 할 때 빨래를 두드리는 것은 오염 물질 제거에 도움을 준다.

3 비누가 때를 제거하는 원리는 비누 분자가 가진 어떤 특성 때문인지 〈조건〉에 맞게 쓰시오.

┌─ 조건 ─┐
• '비누 분자가 ~과 ~을 모두 가지고 있기 때문이다.'의 문장 형식으로 쓸 것.

어휘 완성하기

>> **다음 어휘의 뜻을 확인하고, 학습한 어휘에 ☑ 표시를 하시오.**

☐ **질량**
質 바탕 질
量 헤아릴 량

물체의 고유한 역학적 기본량.
예 과학 시간에 질량 보존의 법칙을 배웠어.

☐ **오염**
汚 더러울 오
染 물들 염

더럽게 물듦. 또는 더럽게 물들게 함.
예 오염된 시냇물에서 놀다가 피부병이 걸렸다.

☐ **밀도**
密 빽빽할 밀
度 법도 도

1. 빽빽이 들어선 정도.
2. 어떤 물질의 단위 부피만큼의 질량.
예 전기차의 배터리 에너지 밀도를 높이면 주행거리를 늘릴 수 있다.

☐ **소수성**
疏 소통할 소
水 물 수
性 성품 성

물과의 친화력이 적은 성질.
예 친수성인지 소수성인지에 따라 물방울이 맺히는 형태가 달라지고 물이 마르는 속도가 달라졌다.

☐ **수축**
收 거둘 수
縮 오그라들 축

1. 부피나 규모가 줄어듦.
2. 근육 따위가 오그라듦.
예 혈관이 수축되면 혈압이 올라간다.

☐ **친수성**
親 친할 친
水 물 수
性 성품 성

물과 친화성이 있는 성질.
예 친수성 분자가 노폐물을 탈락시켜 피부를 깨끗하게 만들어 준다.

☐ **팽창**
膨 부풀 팽
脹 배부를 창

부풀어서 부피가 커짐.
예 우주 팽창의 속도가 궁금하다.

☐ **구조**
構 얽을 구
造 지을 조

부분이나 요소가 어떤 전체를 짜 이룸. 또는 그렇게 이루어진 얼개.
예 병원 구조가 복잡해서 한참 헤맸어.

☐ **마감**

하던 일을 마물러서 끝냄. 또는 그런 때.
예 숙제를 마감하니 너무 뿌듯해.

☐ **결합**
結 맺을 결
合 합할 합

둘 이상의 사물이나 사람이 서로 관계를 맺어 하나가 됨.
예 물은 산소와 수소의 결합으로 이루어진다.

확인 문제

1 다음의 밑줄 친 어휘와 바꿔 쓰기에 가장 적절한 어휘를 〈보기〉에서 찾아 쓰시오.

〈보기〉
| 구역 | 연합 | 조직 | 마무리 | 합산 |

(1) 이번 원고는 금요일까지 <u>마감</u>해야 한다.
(   )

(2) 기업 <u>구조(構造)</u> 변경을 계획할 때에는 실업자를 배려해야 한다.
(   )

(3) 미군과 영국군이 <u>결합(結合)</u>해서 전쟁을 승리로 이끌었다.
(   )

2 다음 빈칸에 들어갈 알맞은 어휘를 괄호 안의 초성을 참고하여 빈칸에 쓰시오.

(1) 배가 (ㅍㅊ →   )하여 꼭 올챙이배 같았다.
(2) 수도권은 인구 (ㅁㄷ →   )가 대구·경북 지역에 비해 훨씬 높다.
(3) 태양의 (ㅈㄹ →   )의 15억 배에 달하는 거대한 괴물 블랙홀을 발견했다.
(4) 드레싱 밴드의 접촉면이 (ㅊㅅㅅ →   )을 띠어 상처의 진물을 빠르게 흡수한다.

3 문맥을 고려하여, 다음 문장의 괄호 안에 들어갈 알맞은 어휘를 고르시오.

(1) 옷이 (수축 / 팽창)되어 입을 수 없을 정도로 작아졌다.
(2) 지하수를 (오염 / 정화)시켜 마실 수 있는 생수로 만들었다.
(3) 그 물질에는 물 분자와 쉽게 결합하지 않는 (소수성 / 친수성) 분자들이 있다.

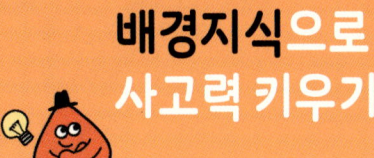

교과서에서
찾는
배경지식

태양의 특징과 태양의 활동

태양계의 유일한 청년별, 태양에 대해 알아보자. 태양은 수소 핵융합 반응에 의해 밝은 빛과 많은 양의 에너지를 우주 공간으로 내보내고 있다. 태양의 평균 온도는 약 6,000℃로, 밝고 둥근 태양의 표면을 '광구'라고 한다. 광구에는 크기와 모양이 규칙적이지 않은 어두운 무늬가 있는데, 이것을 '흑점'이라 부른다. 흑점은 주위보다 온도가 낮아 어둡게 보이는 것으로 4,000℃ 정도이다. 태양의 대기는 '채층'과 '코로나'로 구분되며, 태양의 대기에서는 '홍염'이나 '플레어'가 나타난다.

채층	코로나	홍염	플레어
광구 바로 위에 나타나는 붉은색의 얇은 대기층	채층 위로 멀리까지 뻗어 있는 청백색의 옅은 대기층	채층 위로 솟아오르는 고온의 거대한 불기둥	태양의 표면에서 에너지가 갑자기 방출되어 폭발하는 현상

태양은 전자기파를 내뿜는다. 이렇게 전자기파를 내뿜거나 태양 표면에서 볼 수 있는 여러 가지 변화를 통틀어 '태양의 활동'이라 부른다. 태양의 활동이 활발해지면 그 영향으로 지구에는 여러 가지 변화가 생긴다. 지구 자기장이 불규칙하게 변하거나 오로라가 자주 관측되고 무선 통신 장애, 인공위성 고장, 정전 등의 현상이 나타난다.

| 교과 연계 | 중학교 과학 ②_활동하는 태양

논술형
문제

과학자들은 인공위성이나 탐사선을 이용하여 태양의 활동을 분석하는 데 많은 노력을 기울인다. 이렇게 태양의 활동을 연구해야 하는 이유를 태양 활동이 지구에 미치는 부정적 영향을 근거로 서술하시오.

[1-2] 다음 글을 읽고 물음에 답하시오.

헌법에 언급된 소비자 보호 운동은 하위 법규를 통하여 구체화되는데, 그 대표적인 법이 소비자 기본법이다. 즉 소비자 기본법은 소비자와 사업자 간에 발생할 수 있는 문제를 해결하는 데 필요하다. 소비자가 피해를 입게 되었을 때, 소비자는 소비자 기본법을 적용하여 다음과 같은 해결 방안을 찾을 수 있다.

첫째는 소비자가 사업자에게 피해 구제를 요청한다. 사업자는 소비자에게 피해가 발생하지 않도록 필요한 ⓐ조치를 찾아야 하고, 소비자의 선택을 침해하는 거래 방법을 사용하지 말아야 한다. 또한, 소비자에게 물품에 대한 정확한 정보를 제공해야 한다는 책무를 지고 있다. 이를 어기면 소비자는 피해 보상을 요구할 수 있다.

둘째로는 소비자 단체에 불만이나 피해와 관련한 상담을 ㉠요청하거나, 사업자와 소비자 사이에 이루어지는 합의를 하는 데 도움을 요청할 수 있다.

그러나 이 두 방법은 사업자가 ㉡이행하지 않으면 효용을 발휘할 수 없다. 또 이런 방법으로 피해 ㉢보상을 받기 위해 소비자가 어마어마한 시간과 노력을 들였다면 그것은 합리적인 보상이라 할 수 없다. 그래서 마지막 방법이 필요한데, 한국 소비자원에 물품 등의 사용으로 인한 피해 구제를 신청하는 것이다. 한국 소비자원을 통하였음에도 ㉣분쟁을 해결하지 않는 기업은 이미지가 ㉤훼손될 수 있으므로, 다른 방법에 비해 사업자의 자발적 이행을 이끌기가 수월하다.

1 ㉠~㉤의 사전적 의미로 적절하지 <u>않은</u> 것은?

① ㉠: 필요한 어떤 일이나 행동을 청함.
② ㉡: 행하기 쉬움.
③ ㉢: 어떤 것에 대한 대가로 갚음.
④ ㉣: 말썽을 일으키어 시끄럽고 복잡하게 다툼.
⑤ ㉤: 체면이나 명예를 손상함.

2 문맥상 ⓐ의 뜻과 가장 비슷한 것은?

① 대책
② 장치
③ 처치
④ 비책
⑤ 거치

[3-4] 다음 글을 읽고 물음에 답하시오.

> 가장 단순한 행동은 어떤 자극에 대하여 일정한 반응을 ⓐ일으키는 주성 운동이다. 예를 들면 불을 보고 뛰어드는 곤충들은 빛에 대한 주성을 ⓑ나타내는데, 이 행동은 유전적으로 결정된 행동이다. (중략)
>
> 사자가 다른 동물과 싸우는 것은 투쟁 본능 때문이다. 그러나 고양이가 쥐를 잡는 일은 본능이라는 말로는 충분히 설명할 수 없다. 애완 동물로 기르는 요즈음 고양이는 쥐를 잡지 않는다. 고양이가 쥐를 잡는 것은 본능이겠지만, 새끼 고양이는 어미 고양이가 쥐를 잡는 것을 보고 학습하지 않으면 쥐를 ⓒ잡을 수 없다.
>
> 개미나 꿀벌 같은 곤충 세계에는 놀랄 만큼 복잡한 사회 조직이 ㉠발달되어 있다. 개미 사회에는 몇 가지 계급이 존재한다. 버섯 농장을 재배하거나, 진딧물이라는 가축을 위한 목장을 ⓓ경영하는 등 조직화된 사회 행동도 취할 수 있다. 또한, 개미는 자기들의 집단에 침입한 적에 대해서 격렬하게 공격한다. 이 같은 곤충의 복잡하고 조직적인 행동은 유전적으로 정확히 짜여 있으며 학습에 의한 것이 아니다.
>
> 지능을 가진 동물은 협동을 통해 어떤 목적을 달성한다. 협동은 같은 종 내에서 또는 서로 다른 종 사이에서 모두 발생할 수 있다. 포유류는 지능이 상당히 ⓔ높다. 포유류의 행동은 임기응변적이고 유전으로 인한 무조건적 행동만 하는 것이 아니다. 포유류의 집단 행동은 어떤 상황에 대처하는 적응적 행동이며 생존에 기여한다.

3 ㉠의 문맥적 의미와 가장 가까운 것은?

① 아이들은 성장해 가면서 지능이 발달한다.
② 서남쪽 기압골의 발달로 전국에 비 소식이 있습니다.
③ 태풍이 발달하는 것 같더니 소멸해서 정말 다행이었다.
④ 학문의 발달이 사회의 성숙도와 비례하는 것은 아니다.
⑤ 사춘기의 정서적 발달 과정은 한 사람의 인생을 결정하는 데 매우 중요하다.

4 ⓐ~ⓔ의 문맥적 의미를 활용하여 만든 문장으로 적절하지 **않은** 것은?

① ⓐ: 그는 어린 나이에 혼자 힘으로 쓰러진 가세를 일으켰다.
② ⓑ: 그동안 공부한 결실이 나타나는데 정말 기분이 좋았다.
③ ⓒ: 낚시터에서 물고기를 잡을 생각을 하니 신이 났다.
④ ⓓ: 기업을 경영하는 것은 생각보다 어렵다.
⑤ ⓔ: 요즈음 시청자들의 수준은 매우 높다.

중학 국어의
문을 두드려라!

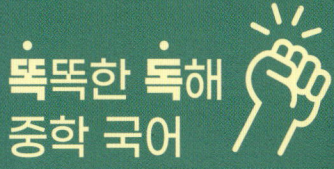

똑똑한 독해
중학 국어

똑독

중학 국어 비문학 독해+어휘

똑똑한 독해

똑독
중학 국어
비문학
독해+어휘

실전편
3

1 비문학 독해의 기본이 되는 독해력과 어휘력을 동시에 습득
2 중학교 국어·도덕·사회·과학·음악·미술 교과서 연계 배경지식 강화
3 수능형·서술형·논술형 등 다양한 유형의 문제로 단계별 실력 향상

이투스북

똑똑 중학 국어 **문법**

똑똑 중학 국어 **어휘**

개념 학습과 문제 풀이의
1DAY 구성으로
계획적인 학습 가능

중학교 국어 교과서와
100% 연계된
개념 학습

족보닷컴을 활용하여
출제한 문제로
내신 시험과 수행 평가 대비

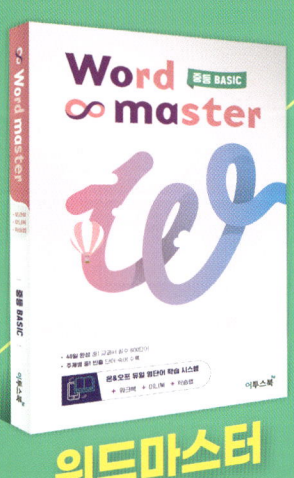

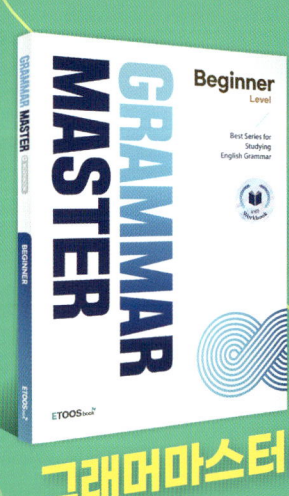

똑똑한 독해

똑독

중학 국어

비문학

독해＋어휘

기본편

1

정답과 해설

이투스북

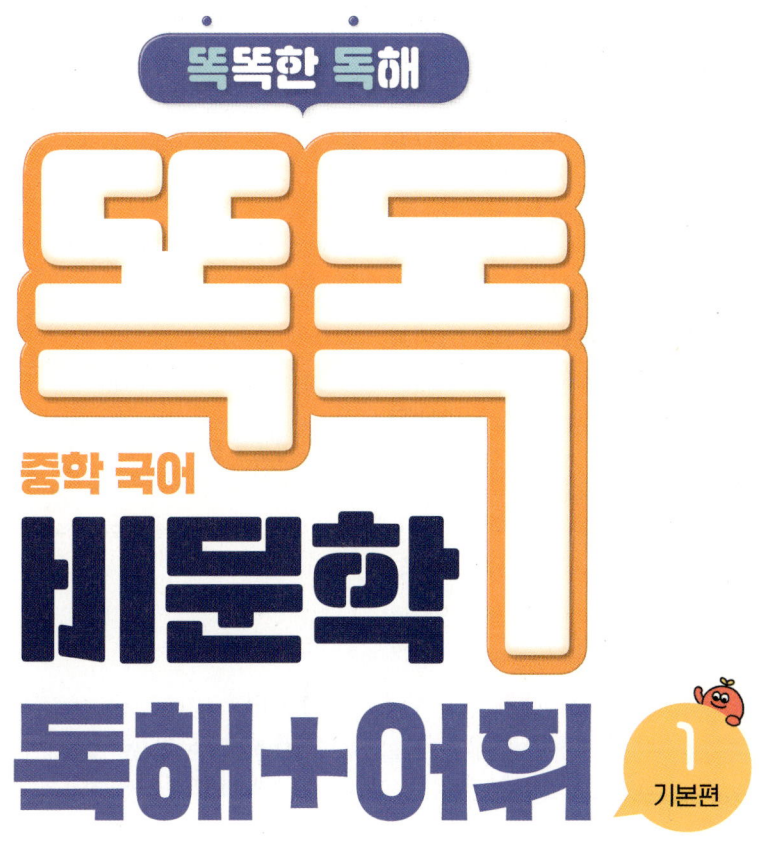

똑독

중학 국어

비문학

독해+어휘

기본편 1

정답과 해설

본문 • 010~015쪽

DAY 1 중심 화제 / 중심 문장 / 중심 내용 요약 / 글의 주제 / 종합적 독해

❶ 토정 이지함 / ④ **❷** 잊힐 권리란 인터넷에서 생성·저장·유통되는 개인 정보에 대해 유통 기한을 정하거나 이의 수정, 삭제, 영구적인 폐기를 요청할 수 있는 권리를 말한다. / ① **❸** 새롭게 형성되어 경쟁자가 거의 없는 시장을 블루 오션이라고 한다. / 식용 곤충 / 노동력 / 경제적 **❹** ❶ 가야 ❷ 사국 시대 / 확장 / 사국 시대 / 역사 인식 **❺** (1) 저축 (2) ❶ 저금리가 유지되고 있는 사회에서는 저축에 대한 사람들의 인식이 상당히 회의적이다. ❷ 물가 상승에 비해 금리가 낮을 때에는 시간이 경과할수록 화폐의 가치가 떨어지게 되어 저축으로부터 얻을 수 있는 실질적인 수익이 낮아지거나 오히려 손해를 입을 수 있기 때문이다. ❸ 이런 점에서 볼 때 금리가 낮음에도 불구하고 사람들이 저축을 하는 것은 장래에 닥칠 위험을 대비하기 위한 적극적인 의지의 반영인 것이다. ❹ 따라서 눈앞에 보이는 이익에만 치우쳐서 저축이 가지는 효용 가치를 단기적인 측면으로 한정해서 바라보아서는 안 된다. (3) ③ (4) 저금리 / 저축 / 단기적 (5) ②

본문 • 016~017쪽

DAY 2 〔인문〕 은유의 개념과 특성

[독해 기술 적용] 은유

1 ④ 2 ④ 3 은유는 추상적이고 막연한 개념을 구체적이고 분명한 개념으로 나타내 준다.

지문 분석

>> 한 문장으로 요약하기

❶ 문단	은유는 의미의 확장을 야기한다.
❷ 문단	'너는 나의 오른팔이다.'라는 은유적 표현은 화자와 청자의 관계가 매우 밀접하다는 뜻이다.
❸ 문단	어떻게 비유를 하는지에 따라 은유는 네 가지 유형으로 나눌 수 있다.
❹ 문단	은유는 그때그때 생성되는 언어 표현이다.
❺ 문단	은유는 참신하고 효과적인 표현을 위한 수단으로, 추상적이고 막연한 개념을 구체적이고 분명한 개념으로 나타내 준다.

글의 구조 한눈에 보기

은유(정의)	서로 다른 두 사물 간에 유사성이 있을 때 사물의 의미가 기존과 다르게 새로운 상황을 나타내는 것.
예시	'너는 나의 오른팔이다.'

은유의 네 유형	첫째, 의인법적 은유 둘째, 사물의 명칭이나 현상을 동물에 비유 셋째, 추상적 개념이나 특성을 구체적 단어로 비유 넷째, 공감각적 전이

특징	• 의미의 확장을 야기 • 임시적으로 생성되는 언어 표현

목적	추상적이고 막연한 개념을 구체적이고 분명한 개념으로 나타냄.

주제 은유의 이해

| 교과 연계 | 중학교 국어 ①-1_비유 표현

---

1 정답 ④ 　　　　　　　　　　비판·반응의 적절성 평가

정답 풀이 마지막 문단 첫 문장에서 '참신하고 효과적인 표현을 위한 수단'으로 은유를 서술하고 있다.

오답 풀이
① 1문단에서 사물의 의미가 기존과 다르게 새로운 상황을 나타낸다고 이야기하였다. 이 말은 단어가 지닌 지시적 의미를 뛰어넘음을 뜻한다.
② 모든 시가 은유적 표현 기법을 사용하지는 않는다.
③ 모든 은유적 표현이 사은유로 변화하는 것은 아니다.
⑤ 은유를 사용하면 추상적인 개념을 구체적으로 표현할 수 있다.

---

2 정답 ④ 　　　　　　　　　　사례·상황의 적용

정답 풀이 '내가 마라톤에 참가하게 되었다'가 '새로운 상황'이 아니라, 마라톤이 인생을 비유하는 말로 사용됨으로써 확장된 의미가 '새로운 상황'을 나타내는 것이다.

오답 풀이
①, ② ㉠에 따르면 은유는 서로 다른 두 사물 간에 유사성이 있을 때 할 수 있다. 〈보기〉의 문장에서는 '인생'과 '마라톤'이 '서로 다른 두 사물'이지만 둘 다 '긴 시간 동안 이루어진다'는 유사성을 지니고 있으므로 이를 바탕으로 은유적 표현을 만들어 내고 있다.

③ '마라톤'은 원래 '육상 경기에서 길이가 가장 긴 장거리 경주 종목'을 의미한다.

⑤ ㉠에 따르면 은유적 표현은 사물의 의미를 기존과 다르게 새로운 상황으로 확장해 준다. 따라서 〈보기〉 역시 은유적 표현이므로 '마라톤'은 원래 의미인 육상 경기 종목으로서의 의미가 아닌 다른 의미를 갖게 되었음을 알 수 있다.

3 정답 | 은유는 추상적이고 막연한 개념을 구체적이고 분명한 개념으로 나타내 준다.

정답 풀이 은유는 두 사물이 유사성이 있을 때 사물의 의미가 기존과 다르게 새로운 상황을 나타내는 것을 말한다. 은유를 사용하면 추상적이고 막연한 개념을 구체적이고 분명하게 해 주는 효과를 낼 수 있다.

본문 • 018~019쪽

DAY 2 〔과학〕 판 운동이 일어나는 이유

[독해 기술 적용] ❶

1 ②   **2** ④   **3** 금성에는 바다가 없기 때문에 판 운동이 일어나지 않는다.

지문 분석

» 한 문장으로 요약하기

❶ 문단	판 구조론은 지구의 껍질이 판으로 이루어져 있고, 맨틀의 순환 운동으로 인해 판이 움직이는 과정에서 지진과 화산이 발생한다는 이론이다.
❷ 문단	판의 움직임으로 새로운 지각이 생겨나기도 하고, 판이 소멸하기도 하며, 이 과정 속에서 지진과 화산 폭발이 나타난다.
❸ 문단	지구와 크기가 비슷한 금성에서도 판의 운동이 발생할 수 있을 것이다.
❹ 문단	과학자들은 바다가 없는 금성에서는 판의 운동이 불가능하다는 결론을 내리게 되었다.

• 글의 구조 한눈에 보기

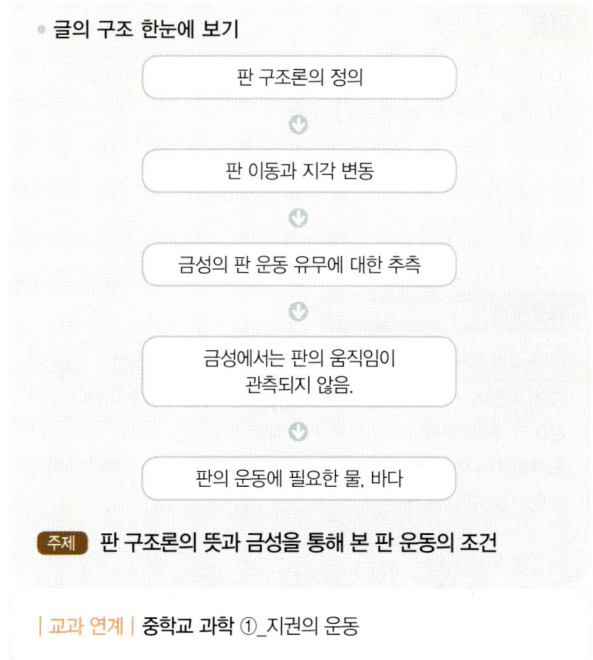

판 구조론의 정의
⇩
판 이동과 지각 변동
⇩
금성의 판 운동 유무에 대한 추측
⇩
금성에서는 판의 움직임이 관측되지 않음.
⇩
판의 운동에 필요한 물, 바다

주제 판 구조론의 뜻과 금성을 통해 본 판 운동의 조건

| 교과 연계 | 중학교 과학 ①_지권의 운동

1 정답 ②   ◦ 세부 내용 파악

정답 풀이 1문단의 맨틀이 순환한다는 표현이나 마지막 문단의 판의 원활한 이동이 가능하다는 표현을 통해 지구의 표면이 굳어 있더라도 그 아래에 있는 맨틀은 계속 움직이고 있음을 알 수 있다.

오답 풀이

① 지구의 지형과 맨틀의 굳어지는 양은 관계가 없다.

③ 이 글을 통해선 태양계 행성 중 판의 이동이 일어나는 행성의 존재를 알 수 없다.

④ 판과 판의 충돌이 반드시 화산 폭발을 수반하지는 않는다.

⑤ 맨틀 내부로 유입되는 물은 맨틀을 덜 끈적하게 해서 판의 이동을 원활하게 한다.

2 정답 ④   ◦ 정보 및 내용 추론

정답 풀이 관찰 결과 해석에 따르면 금성은 판의 움직임이 관측되지 않았는데, 그 이유는 금성의 판이 지구의 판과 성분이 달라서가 아니라 바다, 즉 물이 없어서이다. 판이 이동하려면 맨틀의 순환이 필요한데, 이를 위해서는 맨틀을 굳지 않게 해 줄 물이 필요한 것이다.

3 정답 | 금성에는 바다가 없기 때문에 판 운동이 일어나지 않는다.

정답 풀이 지구는 바다가 있어서 물이 맨틀로 들어가기 때문에 판의 원활한 이동이 가능하지만, 금성에는 바다가 없기 때문에 판이 움직이지 않는다.

본문 · 020쪽

어휘 완성하기

1 (1) 주시 (2) 초래 (3) 막막   2 (1) 전이 (2) 지각 (3) 순환 (4) 위상   3 (1) 관측 (2) 증진 (3) 소멸

본문 · 021쪽

배경지식으로 사고력 키우기

✎ 논술형 문제 예 판 구조론이란, 지구의 판들이 이동하면서 판의 경계에 지진이나 화산 활동, 산맥 형성 등의 지각 변동이 일어난다는 이론이다. 판이 이동하는 이유는 지구 내부의 맨틀은 상부와 하부의 온도 차이가 나는데 뜨거운 아랫부분이 상승하고, 차가운 윗부분이 하강하면서 움직이기 때문이다.

정답 풀이 판 구조론이란 판의 이동으로 지구에 여러 가지 지각 변동이 일어난다는 이론이다. 그리고 이때 판의 이동은 〈보기〉에서 주어진 바와 같이 맨틀이 상부와 하부의 온도 차이에 의해 상승과 하강을 하면서 움직이기 때문이라는 점을 밝힌다.

채점 기준

• '판 구조론'에 대한 서술에 '판의 이동', '지각 변동'의 2가지가 나타나 있을 것.
• 맨틀이 상부와 하부의 온도 차이에 의해 움직인다는 것을 판의 이동과 연결시켜 서술할 것.

본문 · 022~023쪽

DAY 3 기술 보이지 않는 배

[독해 기술 적용] ❶ 문단: 이렇게 군함들은 '보이지 않는 배'가 되기 위한 여러 가지 기술들을 사용한다. ❷ 문단: 함정은 스텔스 효과를 위해 형상 변화를 주고 있다. ❸ 문단: 한편, 전쟁에서는 레이더뿐만 아니라 적외선 감지기도 이용하기 때문에, 배가 보이지 않게 하려면 열 적외선을 줄여야 한다. ❹ 문단: 마지막으로, 진정한 '보이지 않는 배'를 만들기 위해서는 '소리 없는 배'를 만들어야 한다.

1 ③   2 ③   3 소리 없는 배

지문 분석

≫ 한 문장으로 요약하기

❶ 문단	군함은 '보이지 않는 배'가 되기 위해 여러 가지 기술을 사용한다.
❷ 문단	함정은 스텔스 효과를 위해 형상 변화를 준다.
❸ 문단	배가 적외선 감지기에 잡히지 않게 하기 위해 열 적외선을 줄이는 여러 가지 방법을 사용한다.
❹ 문단	소리 없는 배를 만들기 위해 프로펠러를 개조하거나 음향 장벽을 만드는 방법을 사용한다.

• 글의 구조 한눈에 보기

보이지 않는 배	적에게 들키지 않는 배

🔽 여러 가지 기술 사용

형상	스텔스 효과를 위한 형상 변화 • 선체에 경사각을 줌. • 선체 표면을 매끄럽게 함. • 레이더 흡수 재료를 사용함.
열	열 적외선 줄이기 • 외부의 차가운 공기와 배기가스를 혼합함. • 바닷물을 끌어와 냉각시킴.
소리	프로펠러와 회전 시스템의 소리 제거 • 프로펠러에 날개를 많이 달거나 공기 방울을 방출시킴.

주제 '보이지 않는 배'가 되기 위한 여러 가지 기술

| 교과 연계 | 중학교 기술·가정 ②_수송 기술과 효율

1 정답 ③ ◑ 세부 내용 파악

정답 풀이 이 글에서는 항공기와 관련한 정보는 제공하고 있지 않다. 따라서 항공기와 함정의 스텔스 기능이 차이가 난다는 것은 확인할 수 없다.

오답 풀이

① 4문단에서는 배에서 나오는 음향 신호는 주로 프로펠러와 이를 회전시키는 시스템에 의해 발생하며, 전문가들은 소리만 듣고도 배의 종류를 파악한다고 하였다. 이로 볼 때 배에서 나오는 음향 신호는 배의 종류에 따라 다르다는 것을 알 수 있다.

② 3문단에 따르면 배의 연통 따위를 통해 열 적외선이 나온다고 하였으므로 적절한 진술이다.

④ 2문단에 따르면 함정은 스텔스 효과를 위해 형상 변화를 주는데, 반사가 심한 부분은 램이라는 레이더 흡수 재료를 써서 보충하기도 한다고 하였으므로 적절한 진술이다.

⑤ 3문단에 따르면 배가 보이지 않게 하려면 열 적외선을 줄여야 하는데, 열 적외선은 각종 열기관들에서 직간접적으로 나오므로 열기관을 식히기 위해 차가운 공기를 끌어들이거나 바닷물을 끌어와서 냉각시키는 방법을 쓰고 있음을 알 수 있다.

2 정답 ③ ⬦ 비판·반응의 적절성 평가

정답 풀이 카멜레온이 보호색을 통해 천적에게 들키지 않는 것이 스텔스 기능과 가장 비슷한 사례이다.

오답 풀이

① 스컹크의 고약한 냄새는 숨길 수 없다.
② 도마뱀의 꼬리가 흔적으로 남는다.
④ 영양의 발이 빠른 것은 들키지 않기 위한 기능과 거리가 멀다.
⑤ 괴성을 지르면 적에게 노출이 된다.

3 정답 | 소리 없는 배

정답 풀이 군함은 '보이지 않는 배'가 되기 위해서 여러 가지 기술을 사용하지만, 마지막 문단에서 진정한 '보이지 않는 배'를 만들기 위해서는 '소리 없는 배'를 만들어야 한다고 하였다.

본문 • 024~025쪽

DAY 3 예술 **우리 음악과 서양 음악의 차이**

[독해 기술 적용] ❶ 문단: 즉 서양에서는 색에 색을 더하여 혹은 덧칠을 하여 새로운 색을 만들어 내듯 음악도 그와 같은 방법으로 만들었다. ❷ 문단: 우리의 그림에서는 붓에 검은 먹물을 듬뿍 묻혀 그려 나가는 방법을 택한다. ❸ 문단: 한편 서양화는 캔버스의 구석구석을 색으로 꽉 채워 놓아야 한다. ❹ 문단: 반면에 우리의 그림은 많은 빈 공간의 여백을 남겨 둔다. ❺ 문단: 우리 음악은 하나의 선율만으로 구성되는 단선율이다.

1 ② 2 ② 3 화성 / 단선율

지문 분석

≫ 한 문장으로 요약하기

❶ 문단	서양에서는 배색으로 새로운 색을 만들 듯 음악도 화성적 방법으로 만든다.
❷ 문단	우리의 전통적 그림에서는 붓에 검은 먹물을 묻혀 그리는데, 덧칠을 허용하지 않는다.
❸ 문단	서양화는 캔버스를 색으로 꽉 채워 놓고, 음악에서도 빈 틈과 공간이 없게 여러 음들을 수직적 방법으로 채워 놓는다.
❹ 문단	우리의 그림은 여백으로 여운과 여유를 준다.
❺ 문단	우리 음악은 하나의 선율로 구성되는 단선율이라 화성적 음악에 비해 표현 방법이 솔직·담백하여 따뜻하고 부드럽다.

● **글의 구조 한눈에 보기**

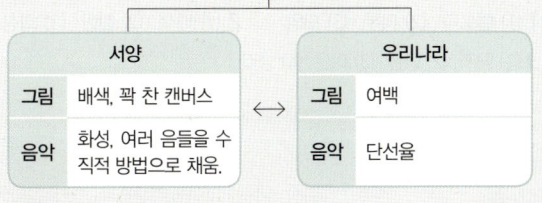

우리 음악과 서양 음악의 차이

서양			우리나라	
그림	배색, 꽉 찬 캔버스	↔	그림	여백
음악	화성, 여러 음들을 수직적 방법으로 채움.		음악	단선율

주제 **우리 음악과 서양 음악의 차이**

| 교과 연계 | **중학교 음악 ①_국악의 기본**

1 정답 ② ⬦ 내용 전개 방식 파악

정답 풀이 우리 음악의 특징을 말하기 위해 우리의 전통적 그림과 서양화를 비교하면서 서양 음악과 우리 음악의 차이점을 서술하고 있다.

오답 풀이

① 우리 음악의 구조를 단계적으로 나누어 설명하고 있지는 않다.

③ 기존 이론에 대한 언급은 나타나 있지 않다.

④ 우리 음악과 서양 음악을 통합하고 있지 않다.

⑤ 서양 음악을 먼저 언급하였고, 글쓴이의 주장은 마지막에 나온다.

2 정답 ② 　　　　　　　　　　　　　　　사례·상황의 적용

정답 풀이 〈보기〉의 내용은 우리나라 음악에 나타난 단선율의 특징이다. 서양 음악에 비해 부족해 보일 수 있는 부분을 그렇지 않다고 설명하기 위해 활용할 수 있는 자료이다.

오답 풀이

① 보편성은 널리 통용되는 성질이기에 적절하지 않다.

③ 단선율에 대한 특징이 즉흥성과 연결되지는 않는다.

④, ⑤ 우리 음악과 서양 음악의 차이점을 드러내거나 우리 음악이 단순한 음으로 이루어졌다는 것을 드러내기 위한 자료라기보다는 우리 음악의 특징 중 하나인 단선율의 특징을 이야기함으로써 우리 음악의 우수성을 증명할 수 있는 자료이다.

3 정답 | 화성 / 단선율

정답 풀이 이 글에는 우리 음악이 화성이 없는 단선율로 구성되어 음악의 표현이 솔직하면서 담백하다고 설명하고 있다.

어휘 완성하기 　　　　　　　　　　　　　　　본문 · 026쪽

1 (1) 멜로디　(2) 터부　(3) 모양　　**2** (1) 배색　(2) 산란　(3) 화성

3 (1) 탐지　(2) 방출　(3) 여운　(4) 냉각

배경지식으로 사고력 키우기 　　　　　　　　　　　본문 · 027쪽

✏ **논술형 문제** 예 내가 생각하기에 서양 음악과 국악의 접목은 긍정적이다. 왜냐하면 전통 음악이 서양 음악과 만나거나 대중음악과 접목되면서 국악을 재발견할 수 있고, 많은 사람들에게 국악을 알려 우리나라의 위상을 높이는 데도 매우 긍정적 효과를 낼 수 있기 때문이다.

정답 풀이 우리 전통 문화의 재발견, 많은 사람들에게 우리 음악 알리기, 경제적 효과, 국가적 위상 드높이기 등 긍정적 요소를 담아 서술한다.

채점 기준

• 긍정적으로 생각하는 이유를 분명히 서술할 것.

• 문장과 문장 사이의 관계가 유기적이고 자연스러울 것.

본문 · 028~029쪽

DAY 4 인문 　**학문을 하는 목적**

[독해 기술 적용] **❶** 문단: 학문　　**❷** 문단: 진리　　**❸** 문단: 왜곡

❹ 문단: 합리성 / 실증성

1 ④　　**2** ①　　**3** 현실을 도피하는 행위

지문 분석

》 한 문장으로 요약하기

❶ 문단 학문의 궁극적 목적은 진리를 탐구하는 것이다.

❷ 문단 학문의 목적은 진리를 탐구한다는 것만으로 충분하다.

❸ 문단 학문에 진리 탐구 이외의 다른 목적이 앞설 때 학문은 자유를 잃고 왜곡될 염려가 있다.

❹ 문단 학문의 본질은 합리성과 실증성에 있고, 학문의 목적은 진리 탐구에 있다.

• **글의 구조 한눈에 보기**

학문의 궁극적 목적은?

⬇

진리 탐구

⬇

진리 탐구 이외의 목적이 앞설 때 문제점

⬇

학문의 본질은 합리성과 실증성에,
학문의 목적은 진리 탐구에 있음.

주제 학문을 하는 목적

| 교과 연계 | 중학교 도덕 ①_정신적 가치의 추구

1 정답 ④ .... ◦ 세부 내용 파악

정답 풀이 학문은 실용적이고 재미가 있기 때문에 진리에 가까운 것이 아니라 그것이 진리이기 때문에 인간 생활에 유용한 것이요, 재미도 난다고 1문단에 언급되어 있다.

2 정답 ① .... ◦ 핵심 내용 파악

정답 풀이 학문 외적인 것에 지나치게 관심을 가질 때 그 학문이 필연적으로 변질되고 왜곡될 수밖에 없다는 것은 '바른길에서 벗어난 학문으로 세상 사람에게 아첨함.'의 뜻을 가진 곡학아세(曲學阿世)와 관련이 있다.

오답 풀이

② 망양지탄(亡羊之歎): 갈림길이 매우 많아 잃어버린 양을 찾을 길이 없음을 탄식한다는 뜻으로, 학문의 길이 여러 갈래여서 한 갈래의 진리도 얻기 어려움을 이르는 말이다.

③ 실사구시(實事求是): 사실에 토대를 두어 진리를 탐구하는 일. 공리공론을 떠나서 정확한 고증을 바탕으로 하는 과학적·객관적 학문 태도를 이른다.

④ 온고지신(溫故知新): '옛것을 익히고 그것을 미루어서 새것을 앎.'의 뜻을 가진 말이다.

⑤ 타산지석(他山之石): 다른 산의 나쁜 돌이라도 자신의 산의 옥돌을 가는 데에 쓸 수 있다는 뜻으로, 본이 되지 않은 남의 말이나 행동도 자신의 지식과 인격을 수양하는 데에 도움이 될 수 있음을 비유적으로 이르는 말이다.

3 정답 | 현실을 도피하는 행위

정답 풀이 2문단에서 학문밖에 모르는 일을 '현실을 도피하는 행위'로 보기도 한다고 서술하고 있다.

DAY 4 기술 방사선 기술

[독해 기술 적용] **❶ 문단**: 방사선 기술의 정의 **❷ 문단**: 방사선의 특징 **❸ 문단**: 화성 탐사에 문제가 되는 방사선과 추후 방사선 기술 개발의 과제 **❹ 문단**: 우주 방사선 차폐 기술이 필요한 이유와 활용 분야

1 ⑤　　**2** ①　　**3** 방사성 동위 원소

지문 분석

≫ 한 문장으로 요약하기

❶ 문단	방사선 기술은 방사성 동위 원소에서 나오는 전자파나 전자선을 이용하는 것으로, 넓은 분야에서 응용되고 있다.
❷ 문단	방사선은 투과력과 살균력이 뛰어나며, 문화재 보존에 사용되기도 한다.
❸ 문단	유인 우주선으로 화성 탐사를 하려면 방사선의 노출을 막을 수 있는 기술이 필요하다.
❹ 문단	우주 방사선의 차폐 기술과 식이 요법 또는 차단제 개발이 시급하며, 이와 같은 기술은 다른 산업으로 이전되어 실생활에도 이용이 가능할 것으로 전망된다.

● **글의 구조 한눈에 보기**

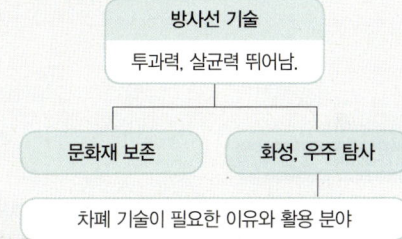

주제 우주 방사선 기술의 필요성 및 전망

| **교과 연계** | 중학교 과학 ③_우주 탐사

---

1 정답 ⑤ .... ◦ 세부 내용 파악

정답 풀이 2문단을 보면 문화재 보존을 위해 조사하는 방사선의 세기는 의료 기기에 사용하는 방사선량의 10~20분의 1에 불과하다고 하였다. 따라서 ⑤의 내용은 적절하지 않다.

2 정답 ① .... ◦ 사례·상황의 적용

정답 풀이 〈보기〉는 떡밥 제조 기술에 응용된 방사선 기술과 관련된 자료로, 방사선 기술의 활용 범위가 무궁무진함을 강조하는 사례에 해당한다.

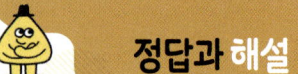
오답 풀이

② 우주 방사선 차폐 기술과 관련된 내용은 〈보기〉에서 확인할 수 없다.

③ 〈보기〉에는 문화재 보존 및 관리 문제와 관련된 내용이 언급되어 있지 않다.

④ 〈보기〉에는 방사선의 의료 분야 응용과 관련된 내용이 나타나 있지 않다.

⑤ 〈보기〉와 이 글 모두에 경기 활성화와 관련된 내용은 나타나 있지 않다.

3 정답 | 방사성 동위 원소

정답 풀이 1문단에 방사선 기술이란 방사성 동위 원소에서 나오는 전자파나 전자선을 비파괴 검사, 암 치료, 농·식물 육종, 의료 기기 멸균 등에 이용하는 것이라고 설명하고 있다.

본문 • 032쪽

어휘 완성하기

1 ②   **2** (1) '막힌 물체를 환히 꿰뚫어 봄.'은 '투시'의 뜻이다.   **3** ①

본문 • 033쪽

배경지식으로 사고력 키우기

✏ **논술형 문제** ⓔ 학문을 하는 사람들이 가져야 할 올바른 자세는 자기 이익만이 아닌 더 많은 사람들을 위해 지식을 사용하도록 노력하는 데 있다고 생각한다. 인간은 더불어 사는 존재이고, 자기 자신만이 아닌 더 많은 사람을 위할 때 진정한 행복을 느낄 수 있고, 삶을 가치 있게 느끼기 때문이다.

정답 풀이 공자는 학문에 대해 자기 생각을 가지고 열심히 배울 것을 강조하고 있다. 이와 마찬가지로 학문을 하는 사람이 가져야 할 올바른 태도에 대한 자기 생각을 논리적으로 서술한다.

채점 기준

• 학문을 하는 사람이 가져야 할 올바른 자세가 드러나야 할 것.

• 자기 생각에 대한 근거가 논리적이어야 할 것.

본문 • 034~035쪽

DAY 5 사회 **문화적 전통의 확립**

[독해 기술 적용] 문화적 전통

1 ⑤   **2** ④   **3** 적합성, 정체성, 통합성

지문 분석

>> **한 문장으로 요약하기**

1 문단	우리의 문화적 정체성을 살려 문화를 올바로 이어가는 일이 문화적 전통을 확립하는 길이다.
2 문단	문화적 전통 확립을 위해서는 문화의 적합성, 정체성, 통합성의 조건을 충족시켜야 한다.
3 문단	각각의 조건을 지나치게 강조하면 문제가 생길 수 있으므로 세 가지 조건을 동시에 충족시키는 문화를 형성해 나가야 한다.
4 문단	첫째, 사회 변동을 정확하게 이해하여 미래 사회 구조에 맞춰 문화 유형을 형성하고 발전시켜야 한다.
5 문단	둘째, 현대 사회 구조에 적합성을 갖는 전통을 발견하고 연구하는 데 집중적 노력을 기울여야 한다.

• **글의 구조 한눈에 보기**

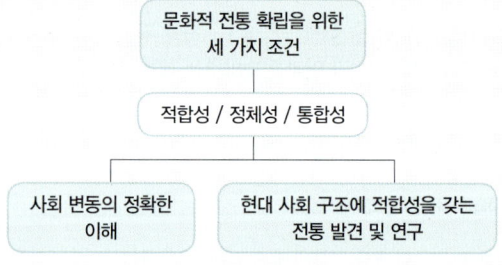

문화적 전통 확립을 위한 세 가지 조건

↓

적합성 / 정체성 / 통합성

↓

사회 변동의 정확한 이해 ｜ 현대 사회 구조에 적합성을 갖는 전통 발견 및 연구

주제 문화적 전통을 확립하기 위한 조건과 노력

| **교과 연계** | 중학교 사회 ①_한국 사회의 변동

1 정답 ⑤   ◎ 핵심 내용 파악

정답 풀이 이 글은 문화적 전통을 확립하기 위한 문화의 적합성, 정체성, 통합성의 총 세 가지 조건을 제시하면서 문화적 전통 확립을 위해 노력해야 한다고 강조하고 있다.

오답 풀이

① 문화적 전통의 특징에 대한 내용은 이 글에 언급되어 있지 않다.

② 문화적 전통의 종류에 대한 내용도 언급되어 있지 않다.

③ 사회 변동과 문화 변동의 관계를 중심 내용으로 하여 서술한 글이 아니다.

④ 문화적 전통과 전통 문화의 차이점에 대해 서술하고 있지 않다.

2 정답 ④ ··○ 사례·상황의 적용

정답 풀이 〈보기〉는 사회적인 윤리 의식이 마비되어 가는 상황에 대처하는 방안으로 전통적인 효의 회복을 제시하고 있다. 따라서 '효'의 전통적인 가치와 근대적인 가치가 대립되어 충돌한다는 것은 적절하지 않다.

오답 풀이

①, ③ 전통적인 효의 회복을 이야기하고 있으므로 우리 문화 고유의 문화적 특성을 존중하고 문화적 정체를 살려 주는 문화적 연속성을 발견한 경우라고 볼 수 있다.

② 기존의 효의 관념을 현대 사회의 이념과 제도에 걸맞게 재해석하자고 하고 있으므로 현대적인 입장에서 재조정, 재적용, 재창조하려는 경우라 할 수 있다.

⑤ 기존의 효의 관념을 현대 사회의 이념과 제도에 걸맞게 '인간애의 구현'으로 재해석하고 있으므로 현대적 사회 구조에 높은 적합성을 가지고 있다고 생각한 경우라고 볼 수 있다.

3 정답 | 적합성, 정체성, 통합성

정답 풀이 이 글에서는 우리 문화의 적합성, 정체성, 통합성에 대하여 우리 모두 관심을 두고, 이 세 가지 조건을 동시에 충족시키는 문화를 형성해 나가야 한다고 하였다.

본문 • 036~037쪽

DAY 5 과학 **말매미 소리가 소음인 이유**

[독해 기술 적용] ❸

1 ④   2 ⑤   3 배 / 일정 / 고주파

🐛 **지문 분석**

≫ 한 문장으로 요약하기

❶ 문단	매미는 수컷만이 소리를 내고 저마다 개성 있는 소리를 낸다.
❷ 문단	지구 온난화로 인한 말매미의 증가로 매미 소리가 바뀌면서 사람들이 매미 소리를 소음으로 인식한다.
❸ 문단	소리의 크기가 클 때, 리듬이 없을 때, 고음일 때 소음이 된다.
❹ 문단	말매미는 약 20초간 소리를 내고 이때 리듬이 없는 소리를 약 17초 동안 유지한다.
❺ 문단	말매미는 배를 이용하여 소리를 증폭할 수 있고, 소리가 일정하며 사람이 민감하게 반응하는 고주파가 많아 소음으로 인식된다.

• 글의 구조 한눈에 보기

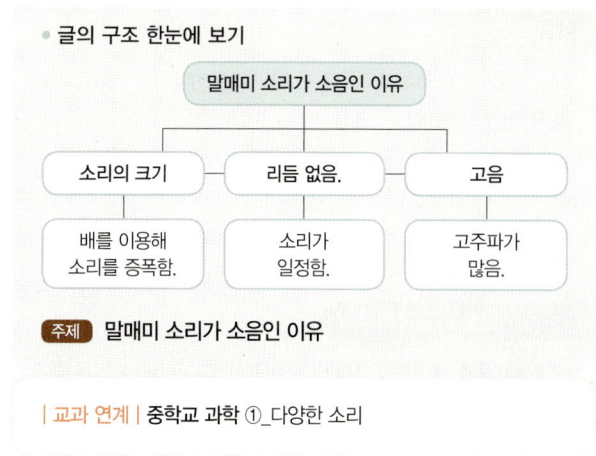

주제 **말매미 소리가 소음인 이유**

| 교과 연계 | **중학교 과학** ①_다양한 소리

1 정답 ④ ··○ 세부 내용 파악

정답 풀이 백색 소음은 소리의 크기가 지나치게 클 때 일어나는 것이 아니다. 백색 소음이란 소리의 크기나 진동수가 변하지 않고 의미가 없는 소리가 오랫동안 지속되는 것을 말한다.

2 정답 ⑤ ··○ 사례·상황의 적용

정답 풀이 소리의 크기가 크고, 리듬이 없고, 고음일 때 소음으로 인식될 수 있다. 말매미의 소리가 크게 나고, 소리의 크기와 진동수가 일정하게 날 때는 유지부(㉯)일 때이다. 따라서 소리의 크기가 작고, 크기와 진동수가 일정하지 않은 상승부(㉮)와 감쇠부(㉰)는 소음으로 보기 어렵다.

오답 풀이

① 말매미의 꽁무니는 상승부에서 천천히 올라가 유지부에서 최대가 된다.

② 말매미는 배를 이용하여 유지부에서 소리를 증폭할 수 있다.

③ 말매미는 감쇠부에서 꽁무니를 내리며 소리를 멈춘다.

④ 말매미는 상승부에서 감쇠부까지 약 20초가량 소리를 낸다.

3 정답 | 배 / 일정 / 고주파

정답 풀이 말매미 소리가 소음인 이유는 소리의 크기, 리듬 없음, 고주파(고음)라는 소음이 가진 세 가지 조건을 모두 충족하기 때문이다.

본문 · 038쪽

어휘 완성하기

1 ④   2 (1) '한껏 차서 가득함.'은 '충만'의 뜻이다. (3) '재빠르고 날쌤.'은 '민첩'의 뜻이다.   3 ④

본문 · 039쪽

배경지식으로 사고력 키우기

✏️ 논술형 문제 예) 정보화 사회의 장점은 시간과 공간의 제약을 줄게 하여 사람들의 생활을 매우 편리하게 하였다는 점이다. / 정보화 사회의 장점은 누구나 쉽고 간편하게 정보를 얻을 수 있다는 데 있다. 옛날에는 원하는 정보를 얻으려면 잡지나 책, 신문 등을 하나하나 찾아봐야 했지만 지금은 쉽게 검색하여 몰랐던 정보를 빠르고 쉽게 얻어 낼 수 있다. / 정보화 사회의 장점은 시간과 공간을 초월하여 세계 각국의 사람들이 소통할 수 있다는 데 있다.

정답 풀이 정보화 사회에 관한 장점을 하나 이상 서술하고 문장 표현을 자연스럽고 논리적으로 서술한다.

채점 기준
• 정보화 사회의 장점을 하나 이상 제시할 것.
• 제시된 생각이 논리적 근거에 적합할 것.

본문 · 040~041쪽

DAY 6 기술 인공 지능 컴퓨터

[독해 기술 적용] 인공 지능

1 ③   2 ①   3 지식의 양

지문 분석

≫ 한 문장으로 요약하기

1 문단 현재 인공 지능 컴퓨터는 한정된 영역에서 우수한 지적 능력을 보여 주고 있으나 추론 능력과 상황 이해 능력 등에서는 성과를 거두지 못하고 있다.

2 문단 현재 여러 한계점을 지닌 컴퓨터에 비해 인간은 자신이 처한 상황을 잘 이해하는 데다 본능과 직관에 의한 행동을 할 수 있다.

3 문단 인간과 비슷한 능력을 지닌 컴퓨터 시스템을 개발하는 것이 현재로서는 힘들지만 연구는 계속될 것이다.

4 문단 인공 지능의 목표는 인간의 지능을 가능한 한 많이 컴퓨터에 주입하여 컴퓨터가 인간의 생활을 윤택하게 할 수 있도록 하는 것이다.

● **글의 구조 한눈에 보기**

> 인공 지능 컴퓨터의 장점과 한계
> ⬇
> 인간만의 장점
> ⬇
> 인공 지능 연구의 현재와 미래
> ⬇
> 인공 지능의 목표

주제 인공 지능 컴퓨터의 목표와 한계

| 교과 연계 | 중학교 기술·가정 ②_정보 통신 기술

1 **정답 ③**   정보 및 내용 추론

정답 풀이 2문단에서 인간은 엄청난 양의 정보를 기억하고 있다고 언급했지만, 이것이 기억된 정보를 완전하게 재생할 수 있다는 의미는 아니다.

오답 풀이
①, ④ 2문단에 따르면 인간은 방대한 양의 지식을 빠르게 검색할 뿐만 아니라, 다른 범주의 지식을 끌어와 상황을 신속하게 이해할 수 있다.

②, ⑤ 2문단에 따르면 인간은 모호함을 이해하고 지식의 사용 규칙을 인식하지 않고도 많은 형태의 지식을 사용하여 행동할 수 있다.

2 정답 ① .... ◦ 정보 및 내용 추론

정답 풀이   ㉠에는 인간의 생활을 윤택하게 하면서 마치 지능을 사용한 것 같은 컴퓨터 능력의 사례가 들어가야 한다. 계산하기 힘든 큰 숫자들을 계산하는 일은 현재 일반 계산기도 할 수 있는 것이므로 적절하지 않다.

3 정답 | 지식의 양

정답 풀이   이 글에서는 인공 지능을 연구하는 사람들은 컴퓨터 프로그램의 문제 해결 능력이 프로그램의 구성 방법에 좌우되지 않고 프로그램이 가지고 있는 지식의 양에서 나오는 것임을 가정한다고 설명하고 있다.

본문 • 042~043쪽

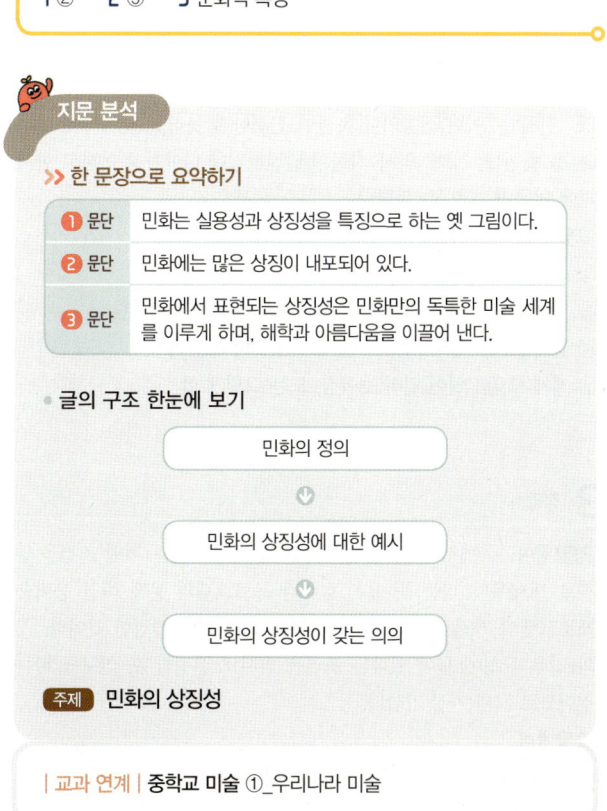

DAY 6 [예술] **민화의 상징성**

[독해 기술 적용] ❶

1 ②   **2** ⑤   **3** 문화적 특성

지문 분석

≫ 한 문장으로 요약하기

❶ 문단	민화는 실용성과 상징성을 특징으로 하는 옛 그림이다.
❷ 문단	민화에는 많은 상징이 내포되어 있다.
❸ 문단	민화에서 표현되는 상징성은 민화만의 독특한 미술 세계를 이루게 하며, 해학과 아름다움을 이끌어 낸다.

● 글의 구조 한눈에 보기

민화의 정의

⬇

민화의 상징성에 대한 예시

⬇

민화의 상징성이 갖는 의의

[주제] **민화의 상징성**

| 교과 연계 | **중학교 미술 ①_우리나라 미술**

1 정답 ② .... ◦ 핵심 내용 파악

정답 풀이   이 글은 민화의 뜻을 정의한 후 민화의 특성인 상징성을 중심으로 설명한 글이다. 민화가 민중의 현실 소망을 반영하는 그림이라는 것은 2문단의 내용을 통해 파악할 수 있다. 민화의 상징성 속에 인간으로서의 소박한 바람이 표현되었다는 점에서 그러하다.

오답 풀이

① 민화는 장식적 필요뿐만 아니라 주술적 필요에 의해서도 많은 상징을 내포하고 있다. 따라서 민화가 장식적 필요에 의해 그린 그림이라고 단정하는 것은 옳지 않다.
③ 민화에 사회 계층 간 대립이 담겨 있다는 내용은 없다.
④ 민화의 틀과 소재가 정해져 있다는 내용은 찾아볼 수 없다.
⑤ 민화는 조선 시대 서민 계층이 향유한 그림이지 각 민족이 고루 즐겼던 그림은 아니다.

2 정답 ⑤ .... ◦ 정보 및 내용 추론

정답 풀이   「어해도」에 한꺼번에 알을 낳고 떼 지어 다니는 물고기의 생물학적 특징이 잘 드러난다는 진술로 미루어 보아, 「어해도」는 '아이 또는 새끼를 많이 낳음.'을 뜻하는 '다산'을 상징하는 작품임을 알 수 있다. 「약리도」는 자연의 순리를 거스르는 생명력 넘치는 잉어의 모습을 묘사하고 있다는 점에서 '사회적으로 높은 지위에 오르거나 유명하게 됨.'을 뜻하는 '출세'의 상징성을 담고 있다고 할 수 있다.

오답 풀이

① '부귀'는 '재산이 많고 지위가 높음.'을 뜻하는 말이다. '장수'는 '오래도록 삶.'을 뜻하는 말이다.
② '우애'는 '형제간 또는 친구 간의 사랑이나 정분.'을 의미하는 말이다. '화목'은 '서로 뜻이 맞고 정다움.'을 이르는 말이다.
③ '장수'는 '오래도록 삶.'을 뜻하는 말이고, '다산'은 '아이 또는 새끼를 많이 낳음.'을 뜻하는 말이다.
④ '출세'는 '사회적으로 높은 지위에 오르거나 유명하게 됨.'을 뜻하는 말이고, '무병'은 '병이 없이 건강함.'을 이르는 말이다.

3 정답 | 문화적 특성

정답 풀이   1문단을 참고하면 민화의 상징성을 통해 그 시대의 문화적 특성을 파악할 수 있음을 확인할 수 있다.

정답과 해설

본문 • 044쪽

어휘 완성하기

1 ① **2** (1) '보존하여 유지함.'은 동음이의어 '보유(保維)'의 뜻이다. '팀 보유 기록'의 '보유'는 가지고 있거나 간직하고 있다는 뜻의 '보유(保有)'를 써야 한다. (3) '도움이 되도록 이바지함.'은 '기여'의 뜻이다.

3 (1) 범위 (2) 수입 (3) 광택 (4) 내포

본문 • 045쪽

배경지식으로 사고력 키우기

✎ **논술형 문제** 예 「어린 왕자」 / 내가 「어린 왕자」를 좋아하는 이유는 어린 왕자와 여우가 천천히 서로를 길들여 가며 친구가 되는 모습이 인상 깊었기 때문이다.

정답 풀이 책 제목을 떠올리고 자신이 그 책을 좋아하는 이유를 구체적으로 써야 한다.

채점 기준
• 책 제목과 책 선정 이유를 모두 적을 것.
• 주어와 서술어의 호응이 잘 이루어지도록 서술할 것.

본문 • 046~047쪽

수능형 어휘 TEST

1 ① **2** ③ **3** ① **4** ②

1 정답 ①

정답 풀이 '적합성을 잃지 않으면서 우리의 문화적 정체성을 살려 문화를 올바로 이어나가는 일'과 가장 어울리는 한자 성어는 온고지신(溫故知新)이다. '온고지신'은 '옛것을 익히고 그것을 미루어서 새 것을 앎.'을 뜻하는 말이다.

오답 풀이
② 연목구어(緣木求魚): 나무에 올라가서 물고기를 구한다는 뜻으로, 도저히 불가능한 일을 굳이 하려고 할 때 쓰는 말이다.
③ 수주대토(守株待兎): 한 가지 일에만 얽매여 발전할 줄 모르는 어리석은 사람을 비유하는 말이다.
④ 동병상련(同病相憐): 같은 병을 앓는 사람끼리 서로 가엾게 여긴다는 뜻으로 어려운 처지에 있는 사람끼리 서로의 처지를 공감함을 뜻한다.
⑤ 기호지세(騎虎之勢): 호랑이를 타고 달리는 형세라는 뜻으로, 이미 시작한 일을 중도에서 그만둘 수 없는 경우를 비유하는 말이다.

2 정답 ③

정답 풀이 침체(沈滯)와 바꿔 쓰기에 적절한 어휘는 정체(停滯)이다. '침체'는 '어떤 현상이나 사물이 진전하지 못하고 제자리에 머무름.'을 뜻한다. '정체' 역시 '사물이 발전하거나 나아가지 못하고 한자리에 머물러 그침.'을 뜻한다.

오답 풀이
① 적체(積滯): 쌓이고 쌓여 제대로 통하지 못하고 막힘.
② 연체(延滯): 정한 기한에 약속을 지키지 못하고 지체함.
④ 삽체(澁滯): 일이 더디어 잘 나가지 못하고 늦어짐.
⑤ 계체(稽滯): 일이 밀려 늦어짐. 또는 그렇게 함.

3 정답 ①

정답 풀이 ㉠에서 '가정(假定)하다'의 문맥적 의미는 '어떤 조건을 임시로 내세우다.'라는 뜻이다. 컴퓨터 프로그램의 문제 해결 능력을 프로그램이 가진 지식의 양에서 나온다고 조건을 설정한 것이다. ①의 경우 금성에 물이 있다는 조건을 임시로 설정한 후 연구를 하는 것이므로 ㉠과 가장 가깝다.

오답 풀이
② 백 점 맞았다고 가정하는 것은 사실이 아닐 수 있는 것을 임시로 인정하는 것이다.

③ 최악의 상황을 가정하는 것은 분명하지 않은 상황을 임시로 정해 놓는 것이다.

④ 호떡을 먹었을 거라고 가정하는 것은 확실하지 않은 상황을 임시로 인정하는 것이다.

⑤ 무사히 도착했다고 가정하는 것은 분명하지 않은 사실을 임시로 인정하는 것이다.

4 정답 ②

정답 풀이 컴퓨터가 보유한 사실을 빠른 시간 내에 검색할 수 있도록 구성하는 것은 '몇 가지 부분이나 요소들을 모아서 일정한 전체를 짜 이룸.'을 의미하고, 작가들이 문학 작품을 구성할 때의 구성은 '문학 작품에서 형상화를 위한 여러 요소들을 유기적으로 배열하거나 서술하는 일.'을 의미한다.

오답 풀이
① 둘 다 '재능, 능력 따위를 떨치어 나타냄.'을 뜻한다.
③ 둘 다 '규모나 양이 매우 크거나 많음.'을 뜻한다.
④ 둘 다 '사물을 분별하고 판단하여 앎.'을 뜻한다.
⑤ 둘 다 '감각, 경험, 연상, 판단이나 추리 따위의 사유 작용이 없이 대상을 직접적으로 파악하는 것.'을 뜻한다.

DAY 7 **정의 / 예시 / 주장과 근거 / 귀납과 연역 / 비판과 반박**

1 ③ / 엑스레이 아트 **2** 맥락 **3** 연민 / 위험 / 관계 / 불행
4 ④ / ① **5** ③

DAY 8 인문 **유추를 통한 사고 방법**

[독해 기술 적용] 어떤 사물이나 현상의 성질을 그와 비슷한 다른 사물이나 현상에 기초하여 미루어 짐작하는 것을 말한다.

1 ②   **2** ②   **3** 유추는 '알고자 하는 특성의 확정 – 알고 있는 대상과의 비교 – 결론 내리기'의 과정을 통해 이루어진다.

지문 분석

>> 한 문장으로 요약하기

1 문단	유추란 어떤 사물이나 현상의 성질을 그와 비슷한 다른 사물이나 현상에 기초하여 미루어 짐작하는 것을 말한다.
2 문단	유추는 '알고자 하는 특성의 확정 – 알고 있는 대상과의 비교 – 결론 내리기'의 과정을 통해 이루어진다.
3 문단	유추를 통해 알아낸 것은 옳을 가능성이 있는 것이지, 반드시 옳다고 할 수는 없다.
4 문단	유추를 통해 옳은 결론을 내릴 가능성을 높일 수 있으며, 인간은 유추와 같은 사고법을 가지고 있기 때문에 많은 지식을 갖게 되었다.

• 글의 구조 한눈에 보기

유추의 과정	알고자 하는 특성의 확정 → 알고 있는 대상과의 비교 → 결론 내리기

⇩

유추의 문제점	유추를 통해 알아낸 것이 반드시 옳다는 보장은 없음.

⇩

유추의 유용성	유추는 반드시 필요하고, 유추를 통해 옳은 결론을 내릴 가능성을 높이는 것이 중요함.

주제 유추에 대한 이해와 유용성

| 교과 연계 | 중학교 국어 ③-2_논리적으로 읽기

1 정답 ② ········· ○ 내용 전개 방식 파악

정답 풀이 1문단에서는 유추의 개념을, 2문단에서는 유추의 과정과 사례를, 3문단에서는 유추의 한계를, 4문단에서는 유추의 유용성을 설명하고 있다. 따라서 이러한 내용을 통해 유추의 유용성을 강조하려는 의도를 파악할 수 있다.

정답과 해설 • 13

오답 풀이

① 유추의 활용 사례들이 제시되어 있으나, 유추의 유형을 설명한 것이 아니라 유추의 과정을 설명하고 있다.

③ 유추의 개념과 과정, 한계와 유용성을 설명하고 있을 뿐, 유추에 대한 학문적 논의 과정을 제시하고 있지 않다.

④ 유추의 문제점을 지적하고 있기는 하지만, 새로운 사고 방법의 필요성을 역설하고 있지 않다.

⑤ 유추의 본질에 대해 설명하고 있기는 하지만, 다른 사고 방법들과의 차이점을 제시하고 있지 않다.

2 정답 ②   사례·상황의 적용

정답 풀이 〈보기〉의 벤 다이어그램을 살펴보면 (A)는 [가]만이 지닌 특성이고, (C)는 [나]만이 지닌 특성이며, (B)는 [가]와 [나]가 공통으로 지닌 특성이다. 이 글에서 알고 있는 대상과의 비교를 통해 공통점이 가장 많은 대상을 선정하면 옳은 결론을 내릴 가능성이 높다고 하고 있으므로, [가]와 [나]가 공통으로 지닌 (B)의 범위가 가장 넓은 대상을 선택하는 것이 적절하다고 볼 수 있다.

오답 풀이

① (A)의 범위는 [가]만이 지닌 특성이므로, 비교 대상과 공통점이 많다고 볼 수 없다.

③ (C)의 범위는 [나]만이 지닌 특성이므로, 비교 대상과 공통점이 많다고 볼 수 없다.

④, ⑤ 유추는 알고자 하는 대상과 비교 대상의 크기와는 연관이 없으므로 적절하다고 볼 수 없다.

3 정답 | 유추는 '알고자 하는 특성의 확정 – 알고 있는 대상과의 비교 – 결론 내리기'의 과정을 통해 이루어진다.

정답 풀이 2문단에서 유추의 과정을 설명하고 있다.

DAY 8 사회 좋고 나쁜 자산과 부채

[독해 기술 적용] 자산 / 내가 가진 돈

1 ②   **2** ⑤   **3** 주택을 구입하기 위한 부채는 좋은 자산을 보유하기 위한 것이기 때문이야.

지문 분석

>> **한 문장으로 요약하기**

1 문단 자산은 '내가 가진 돈'으로, 수익을 내는지의 여부에 따라 좋은 자산과 나쁜 자산으로 구분한다.

2 문단 부채란 '빌린 돈'으로, 사용 목적에 따라 좋은 부채와 나쁜 부채로 구분한다.

3 문단 나쁜 부채는 자산을 늘리는 데 방해가 되는 부채를 말한다.

4 문단 수익을 위해 무조건 돈을 빌리는 것은 바람직하지 않다.

● **글의 구조 한눈에 보기**

자산		부채	
좋은 자산	나쁜 자산	좋은 부채	나쁜 부채
수익을 내는 자산 예 정기 예금, 주식, 부동산	수익을 내지 못하는 자산 예 주택 전세금, 자동차	좋은 자산을 보유하기 위해 발생한 부채 예 주택 구입을 위한 부채	자산을 늘리는 데 방해가 되는 부채 예 소비를 위해 빌리는 돈

(가운데 ↔ 표시)

↓

좋은 자산을 보유하기 위한 목적이 아니라면 가급적 돈을 빌리지 말아야 함.

주제 수익을 위한 자산과 부채 활용법

| 교과 연계 | 중학교 사회 ②_금융 생활의 중요성

1 정답 ②   내용 전개 방식 파악

정답 풀이 이 글은 중심 화제인 '자산'과 이와 대비되는 대상인 '부채'를 그 특징에 따라 나누어 설명하고 있다. 즉 '자산'을 '좋은 자산'과 '나쁜 자산'으로, '부채'를 '좋은 부채'와 '나쁜 부채'로 구분하고 각각의 의미와 특징을 설명하면서 자산을 늘리는 방법에 대해 설명하고 있다. '자산', '부채'와 관련된 다양한 이론은 소개하고 있지 않다.

오답 풀이

① '자산', '부채', '부채 비용' 등 용어의 개념을 설명하면서 내용을 전개하고 있다.

③ 이 글은 '자산'과 '부채'라는 서로 대비되는 서술 대상을 각각의 하위 항목으로 나누어 서술하고 있다.

④ 마지막 문단에서 수익을 위한 가장 빠른 방법은 부채를 이용하는 것인지에 대해 물음을 던지고 그렇지 않다고 대답하면서 말하고자 하는 바를 이끌어 내고 있다.

⑤ 1문단에서 좋은 자산(정기 예금, 주식, 부동산)과 나쁜 자산(주택 전세금, 자동차)의 구체적인 예를, 2문단에서 좋은 부채의 구체적인 예(주택 구입을 위한 부채)를, 3문단에서 나쁜 부채의 구체적인 예(소비를 위해 빌리는 돈)를 제시함으로써 서술 내용에 대한 이해를 돕고 있다.

2 정답 ⑤ ··· ◈ 사례·상황의 적용

정답 풀이 ㉠은 좋은 부채의 특징을 효과적으로 설명하기 위한 비유적 표현이다. 따라서 이를 바탕으로 ㉡에 들어갈 내용을 추리해야 한다. ㉠에서 '물'은 '돈'을, '항아리'는 '주택'을 비유한 것이다. 3문단에서 주택으로 추가 부채를 얻었다고 하였으므로 이때의 주택은 '깨진 항아리'에 비유할 수 있으며, '추가 부채'는 '또다시 물을 빌려' 오는 것으로 비유할 수 있다.

3 정답 | 주택을 구입하기 위한 부채는 좋은 자산을 보유하기 위한 것이기 때문이야.

정답 풀이 2문단에서 부채도 사용 목적에 따라 좋은 부채와 나쁜 부채로 구분한다고 하였다. 이때 좋은 부채란 좋은 자산을 보유하기 위한 것으로, 해당 자산이 내는 수익이 부채 비용보다 더 클 것으로 기대될 때 이용한다고 제시되어 있다.

본문 • 060쪽

어휘 완성하기

1 (1) 행하 (2) 여부 (3) 전세금 **2** (1) 정기 (2) 수익 (3) 폄하 (4) 회수 **3** (1) 보유 (2) 확정 (3) 짐작

본문 • 061쪽

배경지식으로 사고력 키우기

✎ **논술형 문제** 예 자동차를 구입하려고 받는 대출은 자산을 늘리는 데 방해가 되는 부채이므로 나쁜 부채에 해당합니다. 따라서 모아 놓은 돈을 자동차를 구입하는 데에 쓰기보다는 정기 예금을 들어 자산을 늘려 보세요.

정답 풀이 자산을 늘리는 데 방해가 되는 부채를 나쁜 부채라고 하는데, 소비를 위해 빌리는 돈을 말한다. 자동차를 사기 위해 돈을 빌리는 것은 나쁜 부채라고 볼 수 있다. 따라서 자산을 늘리기 위해서는 모아 놓은 돈으로 자동차를 사기보다는 정기 예금과 같이 좋은 자산을 활용하는 것이 올바르다는 점을 담아 서술한다.

채점 기준

• 질문자의 자산 관리 유형을 포함할 것.
• 질문자에게 제안할 올바른 자산 관리 방법을 포함할 것.
• 문장과 문장 사이의 관계가 유기적이고 자연스러울 것.

본문 • 062~063쪽

DAY 9 기술 무선 주파수 인식 칩

[독해 기술 적용] ❸

1 ⑤ 2 ③ 3 기껏해야 가격 정보나 표시하는 바코드와 달리 무선 주파수 인식 칩 태그는 복제가 불가능하고 재활용이 가능하며 다양한 정보를 넣어 암호화할 수 있다.

지문 분석

한 문장으로 요약하기

1 문단 무선 주파수 인식 칩이 바코드를 대체할 것이다.

2 문단 무선 주파수 인식 칩은 간단한 원리로 작동하며, 기술이 발달하여 물류·유통의 핵심적인 요소가 되었다.

3 문단 무선 주파수 인식 칩은 복제가 불가능하고 재활용이 가능하며 다양한 정보를 넣어 암호화하여 많은 부분에서 활용되고 있다.

4 문단 무선 주파수 인식 칩 기술의 발달을 통해 지능적 환경을 구축할 수 있게 되었다.

글의 구조 한눈에 보기

중심 화제	무선 주파수 인식 칩

⇩

원리	태그 안에 전자 회로를 심어 멀리 떨어져 있는 판독기에서 에너지를 받아 정보를 교환하는 원리

⇩

기능	복제가 불가능하고 재활용이 가능하며 다양한 정보를 넣어 암호화할 수 있음.

⇩

의의	무선 주파수 인식 칩의 발달로 지능적 환경 구축이 가능해짐.

주제 무선 주파수 인식 칩 기술의 발달

| 교과 연계 | 중학교 기술·가정 ②_정보 통신 기술의 발달

1 정답 ⑤ ◈ 세부 내용 파악

정답 풀이 무선 주파수 인식 칩 태그는 기존의 바코드와 달리 다양한 정보를 담아 암호화할 수 있다고 했지만, 이는 소비자가 할 수 있는 일이 아니며, 이 글에도 그와 관련된 부분은 제시되어 있지 않다. 상품의 가격을 소비자가 조작하는 등의 문제가 발생할 수 있기 때문이다.

오답 풀이
① 2문단의 '무선 주파수 인식 칩은 1970년대 탄도 미사일 추적을 위해 개발된 기술'이라는 부분을 통해 알 수 있다.
② 3문단의 '무선 주파수 인식 칩은 상점의 상품이 움직이는 것까지 감지'한다고 제시되어 있는 부분을 통해 알 수 있다.
③ 초창기에 쓰인 무선 주파수 인식 칩 태그는 인식 거리가 짧아 출입 통제나 재고 관리에 쓰였으나, 사용 가능한 주파수의 영역이 늘어나 인식 거리가 길어지면서 물류, 유통의 핵심적인 요소로 여겨지게 되었다는 2문단의 내용을 통해 알 수 있다.
④ 가격 정보나 표시하는 바코드와 달리 무선 주파수 인식 칩 태그는 복제가 불가능하고 재활용이 가능하며 다양한 정보를 넣어 암호화할 수 있다는 3문단의 내용을 통해 알 수 있다.

2 정답 ③ ◈ 정보 및 내용 추론

정답 풀이 ③은 무선 주파수 인식 칩 태그를 이용하여 개인의 생활을 감시하고 나아가 개인의 사생활까지 원치 않게 기록하게 되는 행위에 해당한다.

3 정답 | 기껏해야 가격 정보나 표시하는 바코드와 달리 무선 주파수 인식 칩 태그는 복제가 불가능하고 재활용이 가능하며 다양한 정보를 넣어 암호화할 수 있다.

정답 풀이 3문단에 기존에 사용했던 바코드와 무선 주파수 인식 칩의 차이점이 제시되어 있다.

DAY 9 예술 모더니즘 미술과 그리드

[독해 기술 적용] ❸

1 ② **2** ② **3** 몬드리안은 화면을 분할하고 구획화함으로써 작품에 조형미를 드러내었다.

지문 분석

≫ 한 문장으로 요약하기

❶ 문단	모더니즘 미술은 어떠한 대상을 있는 그대로 재현하는 것을 거부하였다.
❷ 문단	대상의 재현을 거부한 모더니즘 미술의 대표적 양식을 '그리드'라고 하며, 대표 화가로 몬드리안이 있다.
❸ 문단	그리드는 모더니즘 미술의 동력이 되었으며 포스트모더니즘 미술의 바탕이 되었다.

• 글의 구조 한눈에 보기

모더니즘 미술	어떠한 대상을 있는 그대로 재현하는 것을 거부하고 연상에 대해 부정적으로 생각함.

↓

대표 양식	'그리드'로, 사각형의 격자 구조로 조화로움과 균형적인 아름다움을 표현함.

↓

의의	감상자의 연상을 차단한 그리드는 모더니즘 미술의 동력이 되고 포스트모더니즘 미술의 바탕으로까지 이어짐.

주제 모더니즘 미술과 그리드에 대한 이해

| 교과 연계 | 중학교 미술 ①_20세기 미술

---

1 정답 ② ·········· ○ 핵심 내용 파악

정답 풀이 이 글은 모더니즘 미술이 어떠한 대상을 그대로 재현하는 미술 양식을 거부하면서 그리드가 확산되었다고 말하고 있다. 대상을 재현하는 것은 미술의 본질이 아니라는 생각이 작품을 추상의 길로 나아가게 했고, 그 대표적인 양식이 그리드라고 하였으므로 그리드는 대상 재현의 한계성을 극복한 방식이라고 볼 수 있다.

오답 풀이
① 모더니즘 미술의 특징에 대해 설명하고는 있지만, 한계가 제시되지는 않았다.
③ 모더니즘 미술의 지향성을 보여 주는 그리드에 대해 설명하고 있을 뿐, 시각 예술에서 말하는 예술의 개념에 대해서는 설명하지

않았다.
④ 모더니즘 미술의 대표 양식인 그리드에 대해 설명하고 있을 뿐, 그 발전 양상에 대해 설명하지는 않았다.
⑤ 모더니즘 미술의 대표 양식인 그리드의 회화 방식에 대해 예를 들어 설명하고 있는 글로, 이러한 그리드의 회화 방식이나 가치에 대한 논란은 제시되지 않았다.

---

2 정답 ② ·········· ○ 세부 내용 파악

정답 풀이 이 글에서 모더니즘 미술은 연상에 대해 부정적인 인식을 드러내며, 대상을 재현하는 것이 미술의 본질이 아니라고 하였다. 따라서 그리드 방식의 작품 안에는 그 어떤 내용도 담기지 않으며 어떤 미술 외적 대상에 대한 매개의 역할을 하지 않는다고 하였다. 이는 그리드가 대상의 재현이 아니라 어떠한 대상도 모방하지 않고 작품 그 자체로 의미를 지니는 양식이라는 의미로 파악할 수 있다.

오답 풀이
①, ③ 그리드는 어떤 대상을 있는 그대로 재현하거나 작품 안에 어떤 내용을 담는 것을 거부한 양식으로, 작품이 보여 줄 수 있는 다양성을 제한하지 않는다.
④ 그리드는 감상자가 작품 자체에 집중할 수 있게 유도하는 양식일 뿐, 감상자가 창의적이고 다양한 방식으로 작품을 이해할 수 있도록 하는 양식이 아니다.
⑤ 그리드 방식과 시각적 이미지를 통해 세계가 지닌 문제점을 상징적으로 표현할 수 있는 양식과는 아무런 관련이 없다.

---

3 정답 | 몬드리안은 화면을 분할하고 구획화함으로써 작품에 조형미를 드러내었다.

정답 풀이 3문단에서 그리드는 몬드리안의 작품에서 보는 것처럼 화면을 분할하고 구획화하여 조형미를 보여 준다고 하였다.

어휘 완성하기

1 (1) 단언 (2) 분할 (3) 재현 (4) 수시로 **2** (1) 연상 (2) 대체
3 (1) 재고 (2) 조형미 (3) 판독기 (4) 구획화

정답과 해설

본문 · 067쪽

배경지식으로 사고력 키우기

✏️ **논술형 문제** 예 사이버 범죄를 예방하기 위해서는 해킹이나 악성 프로그램 설치를 막기 위해 평소 보안 관리를 철저히 해야 한다. / 컴퓨터에 백신 프로그램과 방화벽을 설치해 악성 바이러스가 침투하는 것을 막아야 한다. / 출처가 분명하지 않은 이메일, URL 주소, 첨부 파일 등은 절대 클릭하지 않는다.

정답 풀이 사이버 범죄의 의미를 이해하고 스스로 실천할 수 있는 구체적인 방법을 서술해야 한다.

채점 기준

• 사이버 범죄 예방을 위해 할 수 있는 현실적인 방법을 쓸 것.
• 사이버 범죄 예방 방법을 두 가지 이상 쓸 것.

본문 · 068~069쪽

DAY 10 사회 | 지역 축제 내실화 방안

[독해 기술 적용] ❷

1 ⑤   2 ④   3 지역 주민의 단합과 지역 경제의 활성화를 가져올 것이다.

지문 분석

≫ 한 문장으로 요약하기

❶ **문단** 지역 축제가 본래의 긍정적인 역할을 다하지 못하고 있어 내실화의 필요성이 제기되고 있다.

❷ **문단** 지역 축제를 내실화할 수 있는 첫째 방안은 그 지역의 개성을 담는 것이다.

❸ **문단** 지역 축제를 내실화할 수 있는 둘째 방안은 지방 자치 단체들의 효율적인 축제 운영이다.

❹ **문단** 지역 축제를 내실화하기 위한 노력을 지속한다면 지역 축제는 본래의 제 기능을 회복할 수 있을 것이다.

글의 구조 한눈에 보기

| 문제 제기 | 지역 축제가 본래의 긍정적 역할을 다하지 못함. |

⬇

지역 축제의 내실화 방안 ①	지역 축제의 내실화 방안 ②
그 지역만의 개성을 담아야 함.	지역 축제를 효율적으로 운영해야 함.

⬇

| 결론 | 지역 축제를 내실화하여 지역 주민의 단합과 지역 경제를 활성화함. |

주제 지역 축제를 내실화하여 지역 주민의 단합과 지역 경제를 활성화하자.

| **교과 연계** | 중학교 사회 ①_지방 자치 제도

1 정답 ⑤ · 내용 전개 방식 파악

정답 풀이 각 지역의 전통문화를 활용한 지역 축제의 예로 '안동 민속 축제', '강릉 단오제', '조선 통신사 축제'를 들고, '성공적인 지역 축제들은 전통문화를 활용하였음'을 결론으로 정리하였다. 이와 같이 개별적인 사실로부터 일반적이고 보편적인 결론을 이끌어 내는 논증 방식을 '귀납'이라고 한다.

오답 풀이

①, ② 일반적인 원리나 법칙에서 개별적이고 구체적인 사실을 이끌어 내는 논증 방식을 '연역'이라고 한다.
③ 상반된 두 가지 사실이나 주장을 절충하여 새로운 주장을 이끌어 내는 논증 방식을 '변증'이라고 한다.
④ 같거나 비슷한 대상의 유사성을 근거로 다른 속성을 추리하는 논증 방식을 '유추'라고 한다.

2 정답 ④ · 세부 내용 파악

정답 풀이 이 글은 지역 축제의 내실화가 필요함을 먼저 이야기하고, 지역 축제를 내실화할 수 있는 두 가지 방안을 제시하고 있다. 그중 두 번째 방안인 지역 축제의 효율적 운영을 위한 해결 방법으로 주제가 유사한 축제를 통합할 수 있다고 언급하고 있다. 따라서 주제와 상관없이 여러 지역 축제들을 하나로 통합할 수 있다고 요약한 ⓓ의 내용은 적절하지 않다.

오답 풀이

① 1문단의 '각 지역의 축제들이~유사하게 진행되다 보니'와 '지역 축제 내실화의 필요성이 제기되고 있다.'에서 확인할 수 있다.
② 2문단에서 지역 축제를 내실화할 수 있는 방안으로 '그 지역만의 개성을 담는 것'을 제시하였다.

③ 3문단에 정부의 예산은 한정되어 있으므로 예산을 효율적으로 사용하면서도 관광객들로부터 좋은 반응을 얻을 수 있도록 운영해야 한다는 내용이 제시되어 있다.

⑤ 4문단에서 지역 축제를 내실화하는 노력을 지속적으로 해 나간다면 지역 주민의 단합과 지역 경제의 활성화라는 역할을 회복할 수 있게 될 것이라고 제시하고 있다.

3 정답 | 지역 주민의 단합과 지역 경제의 활성화를 가져올 것이다.

정답 풀이 4문단에서 지역 축제를 내실화하기 위해 지역 주민과 지방 자치 단체들이 서로 협력하는 노력을 지속하면, 지역 주민의 단합과 지역 경제의 활성화라는 역할을 회복할 수 있게 될 것이라고 하였다.

본문 • 070~071쪽

DAY 10 인문 문화를 바라보는 관점

[독해 기술 적용] ❷

1 ② **2** ② **3** 인간의 정신세계에 주목하여 문화 현상을 바라보는 관점

지문 분석

▶▶ 한 문장으로 요약하기

❶ 문단	인간의 정신세계가 그 사회의 문화를 형성하는 데에 영향을 미칠 수 있다.
❷ 문단	인간의 정신세계에 주목하여 문화 현상을 바라보는 관점을 관념론적 관점이라고 한다.
❸ 문단	인간의 정신 활동이 자연 환경에 적응하기 위한 특정한 생존 방식의 영향을 받는다고 보는 관점을 유물론적 관점이라고 한다.
❹ 문단	인류학자 마빈 해리스는 특정 동물의 고기를 금기하는 현상을 유물론적 관점에서 보았다.
❺ 문단	관념론적 관점과 유물론적 관점을 상호 보완적인 관계로 보고 파악하면 문화 현상을 심층적으로 이해할 수 있다.

• 글의 구조 한눈에 보기

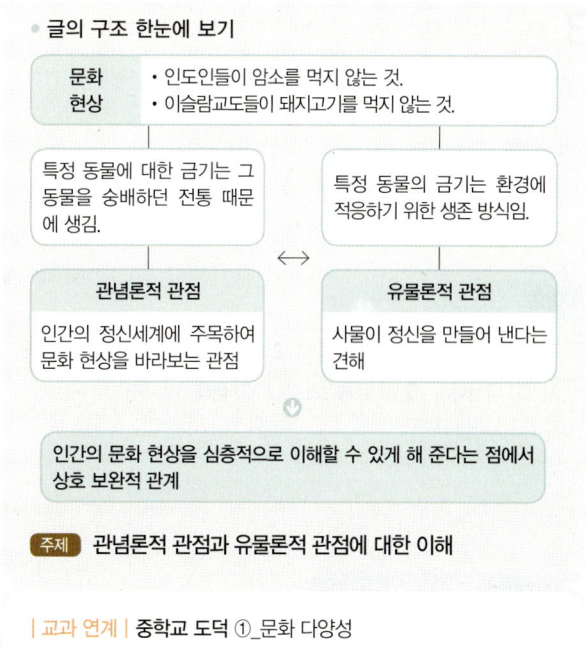

주제 관념론적 관점과 유물론적 관점에 대한 이해

| 교과 연계 | **중학교 도덕 ①_문화 다양성**

1 정답 ②　　　　　　　　　　　　　　◈ 내용 전개 방식 파악

정답 풀이 1, 2문단은 문화 현상을 관념론적 관점에서 예를 들어 설명한 내용이고, 3, 4문단은 문화 현상을 유물론적 관점에서 예를 들어 설명한 내용이다. 그리고 5문단은 관념론적 관점과 유물론적 관점의 관계에 대해 설명한 내용이다. 따라서 구조를 도식화할 때 1문단과 2문단, 3문단과 4문단을 각각 연결하고, 이러한 내용들을 이어 주는 5문단을 그다음에 연결하는 것이 적절하다.

2 정답 ②　　　　　　　　　　　　　　◈ 사례·상황의 적용

정답 풀이 관념론적 관점에서는 문화 현상을 인간의 정신 활동의 산물로 보고 있다. 따라서 산모가 미역국을 먹는 현상을 인간의 정신 활동과 연관 지어 반응해야 관념론적 관점에 따른 접근으로 볼 수 있다. 그러나 ②에서는 미역에 포함된 성분을 살피고 있으므로, 유물론적 관점에서 접근한 반응으로 볼 수 있다.

오답 풀이

① 삼칠일 동안 출입을 금하는 현상을 숫자의 결합이 가지는 신성함과 연관 지어 반응하고 있으므로 관념론적 관점에 따른 접근으로 볼 수 있다.

③ 새끼줄을 금줄로 사용하는 것을 인간의 생존 방식에 따른 적응으로 파악하고 있으므로 유물론적 관점에 따른 접근으로 볼 수 있다.

④ 금줄에 숯을 끼우는 것을 인간의 생존 방식에 따른 적응으로 파악하고 있으므로 유물론적 관점에 따른 접근으로 볼 수 있다.

⑤ 외부인의 출입을 막는 것을 인간의 생존 방식에 따른 적응으로 파악하고 있으므로 유물론적 관점에 따른 접근으로 볼 수 있다.

3 정답 | 인간의 정신세계에 주목하여 문화 현상을 바라보는 관점

정답 풀이 2문단에서는 특정 동물에 대한 금기를 '관념론적 관점'으로 설명하면서 '관념론적 해석'에 대해 설명하고 있다.

본문 • 072쪽

어휘 완성하기

1 (1) 금기 (2) 보완 (3) 본격적 **2** (1) 산물 (2) 되새김질 (3) 이바지 (4) 내실화 **3** (1) 유용 (2) 예산 (3) 생태

본문 • 073쪽

배경지식으로 사고력 키우기

✏️ **논술형 문제** 예) 우리 지역의 문제는 청소년이 이용할 수 있는 도서관의 수가 너무 적다는 것이다. 이 문제를 해결하기 위해서는 시에서 예산을 들여 각 중학교에서 걸어다닐 수 있는 거리에 새로운 도서관을 더 지어야 한다.

정답 풀이 조례는 지방 자치 단체가 법령의 범위 안에서 지방 의회의 의결을 거쳐 제정하는 법이다. 이러한 조례는 먼저 각 개인이 지역 사회에 대한 문제 해결을 위한 제안에서부터 시작한다. 지역 사회가 가진 문제점을 찾고 해결 방안을 서술한다.

채점 기준
• 지역 사회가 가진 문제점이 명확히 드러날 것.
• 지역 사회의 문제를 해결할 수 있는 방안이 제시될 것.
• 문장의 호응이 자연스러울 것.

본문 • 074~075쪽

DAY 11 과학 생물의 다양성 보존

[독해 기술 적용] 생물의 다양성은 보존되어야 한다.

1 ④ **2** ② **3** 인간은 다른 여타 생물들을 우주 내의 생명체 동반자로서 보호할 도덕적 책임을 지니고 있기 때문이다.

지문 분석

》》 한 문장으로 요약하기

❶ 문단 생물 다양성이 가진 가치는 경제적으로만 따질 수 없다.

❷ 문단 생물은 주위 환경에 큰 영향을 미친다.

❸ 문단 생물의 다양성은 지구 대기 조성의 변화를 막아 준다.

❹ 문단 생물 다양성은 윤리적 이유와 심미적 이유로도 보존되어야 한다.

• 글의 구조 한눈에 보기

생물의 다양성이 지닌 가치

경제적 이유	국내 생물 다양성의 총 가치는 몇십 조가 넘는 가치를 갖는 것으로 분석됨.
환경적 이유	생물은 주위 환경에 크게 영향을 미치고, 지구 대기 조성의 변화를 막아 식물 생장의 장애를 억제함.
윤리적 이유	인간은 다른 여타 생물들을 우주 내의 생명체 동반자로서 보호할 도덕적 책임을 지님.
심미적 이유	최근 성행하는 탐조 활동, 생태 관광 등은 인간이 누리는 생물 다양성에 대한 심미적 활동임.

생물의 다양성이 지닌 가치를 파악하고, 이를 보존해야 함.

주제 생물의 다양성이 지닌 가치

| 교과 연계 | 중학교 과학 ①_생물의 다양성

---

1 정답 ④ 핵심 내용 파악

정답 풀이 이 글은 생물 다양성을 화제로 삼고 있다. 1문단에서는 정부 발표를 인용하여 생물 다양성이 갖는 경제적 가치를 설명하고 있다. 또한, '생물 다양성이 가진 가치는 경제적인 것에만 국한되지는 않는다.'를 통해 생물 다양성은 경제적인 가치뿐만 아니라 경제 외적인 영역에서도 다양한 가치를 지니고 있음을 언급하고 있다. 즉 2~4 문단에서는 경제적인 가치 외에 다양한 영역에서 가치를 발휘하고 있는 구체적 예들을 제시하고 있다.

2 정답 ②

정보 및 내용 추론

정답 풀이 3문단에서 콩과 식물의 뿌리에 살고 있는 뿌리혹박테리아가 사라지면 지구 전체의 질소 균형이 깨져 심각해질 수 있다고 하였으므로, 콩과 식물의 감소는 뿌리혹박테리아의 번식을 감소시키고, 결국 지구 전체의 질소 균형을 깨뜨려 심각한 문제를 불러올 수 있음을 알 수 있다.

오답 풀이

① 3문단에서 특히 열대 우림은 이산화 탄소를 흡수하고 산소를 생산하는 큰 역할을 하는데, 이산화 탄소의 증가로 인해 지구 온난화가 촉진되는 것을 억제하기 위해서도 생물의 다양성이 보존되어야 한다고 말하고 있다.

③ 2문단에서 숲이 사라지면 수분 배분에 차질이 생겨 우기 때마다 홍수를 이룬다고 하였다.

④ 3문단에서 생물의 다양성은 지구 대기 조성의 변화를 막아 식물 생장의 장애를 억제한다고 하였다.

⑤ 3문단에서 식물성 단백질의 감소는 이를 먹는 가축 사육에 차질을 가져와 인간의 단백질 공급도 차단된다고 말하고 있다.

3 정답 | 인간은 다른 여타 생물들을 우주 내의 생명체 동반자로서 보호할 도덕적 책임을 지니고 있기 때문이다.

정답 풀이 4문단에서 생물 다양성은 윤리적인 이유에서도 보존되어야 하는데, 이는 인간은 다른 여타 생물들을 우주 내의 생명체 동반자로서 보호할 도덕적 책임을 지니고 있기 때문이라고 하였다.

DAY 11 사회 기업의 사회적 책임

[독해 기술 적용] 주장 / 근거

1 ③ **2** ① **3** 기업은 투명하게 경영하고 윤리적으로 제품을 생산한다. / 판매 수익의 일부를 지역 사회에 환원한다.

지문 분석

≫ 한 문장으로 요약하기

1 문단 기업과 소비자 사이의 신뢰를 회복하기 위해 기업이 사회적 책임을 다해야 한다는 논의가 확산되었다.

2 문단 기업은 투명하고 효율적인 경영으로 기업을 유지하고 정직한 제품을 생산하며 이익의 일부를 사회에 환원할 책임이 있다.

3 문단 기업이 사회적 책임을 다하지 않을 경우엔 이윤이 감소하고, 책임을 다했을 경우엔 매출 신장으로 이어질 수 있다.

4 문단 기업은 장기적 관점에서 더 큰 혜택을 얻기 위해서라도 사회적 책임을 다하기 위해 더욱 노력해야 한다.

• 글의 구조 한눈에 보기

기업의 사회적 책임에 대한 논의

책임을 다한 경우	책임을 다하지 않은 경우
• 투명하게 경영하고 윤리적으로 제품 생산 • 이익을 지역 사회에 환원	• 정직하지 않은 제품 생산
↓	↓
소비자의 신뢰를 얻어 매출 신장으로 이어짐.	소비자의 신뢰를 잃어 실질적인 이윤의 감소로 이어짐.

주제 기업의 역할과 사회적 책임

| 교과 연계 | 중학교 사회 ②_기업의 역할과 사회적 책임

1 정답 ③

정보 및 내용 추론

정답 풀이 3문단에서 기업이 사회적 책임을 다하지 않은 경우에는 소비자의 신뢰를 잃게 되고, 이는 실질적인 이윤의 감소로 이어진다고 하였다. 하지만 기업이 사회적 책임을 다한 경우엔 매출 신장으로 이어졌다고 하였으므로, 기업의 사회 공헌에 의해 국가 경제가 악화되었다는 설명은 적절하지 않다.

오답 풀이

① 1문단에서 기업과 소비자 사이의 신뢰를 회복하기 위해서 기업이 사회적 책임을 다해야 한다는 논의가 확산되었다고 하였다.

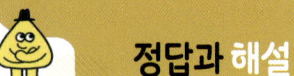
② 2문단에서 기업이 생산한 정직하지 않은 제품은 그 제품을 사용하는 소비자들에게 돌이킬 수 없는 피해를 입힐 수도 있다고 하였다.

④ 3문단의 내용을 통해 기업이 사회적 책임을 다하는 경우엔 소비자의 신뢰를 얻을 수 있고, 이는 매출 신장으로 이어짐을 파악할 수 있다.

⑤ 3문단에서 인체에 유해한 물질을 섞은 식품을 제조하여 소비자에게 피해를 끼친 기업이 파산한 사례를 제시하였다.

2 정답 ①　　　　　　　　　　　　　　　비판·반응의 적절성 평가

정답 풀이　주장의 타당성을 평가하는 것은 주장이 이치에 맞게 옳음을 판단하는 것을 말한다. 따라서 독자의 흥미를 유발하는 주장인지 판단하는 것과는 거리가 멀다.

오답 풀이

② 글쓴이는 사회적 책임을 다한 기업의 사례와 그렇지 않은 사례를 들어 기업이 사회적 책임을 다해야 한다는 자신의 주장을 강조하고 있다.

③ 글쓴이의 주장을 뒷받침할 수 있는 전문적인 자료를 인용하면 보다 주장의 타당성을 높일 수 있다. 따라서 글쓴이가 제시한 보고서의 통계가 정확하게 인용되었는지를 확인하는 것은 중요하다.

④ 글쓴이는 기업이 사회적 책임을 다해야 한다는 주장을 하고 있으므로, 기업의 입장에서 이러한 글쓴이의 주장에 대해 반론할 가능성을 생각해 보면 그 주장이 타당한지를 평가하는 데 도움이 될 수 있다.

⑤ 주장의 타당성을 평가하며 글쓴이가 내세우는 주장이 사회를 기준으로 보편적 윤리에 어긋나지 않는지 검토해야 할 필요성이 있다.

3 정답 | 기업은 투명하게 경영하고 윤리적으로 제품을 생산한다. / 판매 수익의 일부를 지역 사회에 환원한다.

정답 풀이　4문단에서 투명하게 경영하고 윤리적으로 제품을 생산하며 이익을 지역 사회에 환원하면, 기업 이미지가 좋아지고 소비자의 신뢰를 얻을 수 있기 때문에 기업은 더 큰 혜택을 받을 수 있다고 하였다.

본문 • 078쪽

어휘 완성하기

1 (1) 탐조 (2) 심미적 (3) 조성　**2** (1) 차질 (2) 막대하다 (3) 환원 (4) 배분　**3** (1) 이윤 (2) 타격 (3) 신장

본문 • 079쪽

배경지식으로 사고력 키우기

✎ **논술형 문제** ◉ 생물은 주위 환경에 크게 영향을 주며, 인간에게 여러 혜택을 준다. 인간은 우주 내의 생명체 동반자로서 이러한 생물들을 보호할 도덕적 책임을 지니고 있다. 따라서 생물 다양성을 위해 우리는 모피로 만든 제품을 되도록 사지 말고, 희귀한 동물을 채집하거나 기르지 않아야 한다.

정답 풀이　생물은 주위 환경에 크게 영향을 미치며, 인간에게 여러 혜택을 주고 있다. 또한, 생물 다양성은 윤리적인 이유에서도 보존되어야 하는데, 인간은 다른 여타 생물들을 우주 내의 생명체 동반자로서 보호할 도덕적 책임을 지니고 있다. 따라서 이러한 내용을 바탕으로 그림의 잘못된 점을 지적하며 서술할 수 있다.

채점 기준

• 생물 다양성의 중요성을 표현할 것.
• 그림 속 사람들의 잘못된 점을 드러낼 것.

DAY 12 예술 판소리의 매력

[독해 기술 적용] ○ / ○ / ×

1 ④　　**2** ②　　**3** 하지만

지문 분석

≫ 한 문장으로 요약하기

❶ 문단	판소리는 접근하기 어렵고, 효과적인 학습이 어려운 음악이라는 인식이 있다.
❷ 문단	판소리는 많은 매력을 지닌 문학이자 음악이다.
❸ 문단	판소리는 탁월한 음악성을 지녔다.
❹ 문단	판소리를 구시대적 예술이라고 치부하는 것은 옳지 않다.

• 글의 구조 한눈에 보기

판소리에 대한 편견	• 표현이나 내용 면에서 요즘의 상황에 맞지 않음. • 쉽게 다가가기 어려운 음악적 기교를 지님. • 구전으로 전승되고 있어 효과적인 학습이 어려움.

↕ 반박

판소리의 매력	• 민중적 해학성이 뚜렷해 판소리 사설은 읽을수록 재미가 있음. • 판소리 사설은 뛰어난 문학성을 지님. • 음악성이 탁월함.

주제 뛰어난 문학성과 탁월한 음악성을 지닌 판소리의 매력

| **교과 연계** | **중학교 음악 ①_창극과 판소리**

---

1 정답 ④　　○ 내용 전개 방식 파악

정답 풀이　1문단에서 판소리가 과거의 이야기이고, 한문투가 많으며, 스토리가 비현실적이고, 어려운 음악적 기교, 구전 전승으로 인해 효과적인 학습이 어렵다는 문제점 등 자신의 생각과 다른 견해를 나열한 뒤에 이를 2, 3문단에서 반박하고 있다.

오답 풀이

① 마지막 문단의 '판소리를 구시대의 것으로 치부하는 것은 옳지 못하다.'에서 판소리에 대한 확고하고 단호한 태도를 보이므로 적절하지 않다.

② 전문가의 견해를 인용하지 않았다.

③ 자신과 다른 견해에 대해 예를 들어 반박하는 진술로 전개되므로 점층적인 논지 전개라고 하기 어렵다.

⑤ 예를 든 것은 자신의 주장을 강화하기 위한 것으로 오히려 대상의 장점을 제시한 것이다.

---

2 정답 ②　　○ 사례·상황의 적용

정답 풀이　〈보기〉에서 제시한 '서민의 정서와 언어'가 반영된 진술을 찾는다. ㉡에서 '이름 없는 군사의 아픔과 가족에 대한 그리움'은 서민적인 정서를, '해학적으로 그렸다'는 것은 서민적인 언어를 잘 보여 주고 있다.

오답 풀이

① ㉠은 판소리에 대해 사설 내용이 어렵고 스토리 자체가 비현실적이라고 생각하는 사람들의 이야기이므로 〈보기〉의 관점과는 거리가 있다.

③ ㉢은 판소리의 매력 중 하나인 음악성에 대한 이야기이므로 〈보기〉에서 제시한 '서민의 정서와 언어'와는 관련이 없다.

④ ㉣은 장단의 잦은 바뀜으로 변화무쌍한 음악을 만들어 결코 지루함을 느낄 수 없다는 내용이므로 〈보기〉에서 제시한 '서민의 정서와 언어'와는 관련이 없다.

⑤ ㉤은 판소리를 제대로 감상할 준비도 하지 않고 판소리에 대해 편견을 갖는 것에 대해 경계하는 내용이므로 〈보기〉에서 제시한 '서민의 정서와 언어'와는 관련이 없다.

---

3 정답 | 하지만

정답 풀이　1문단에서는 판소리가 표현이나 내용 면에서 요즘의 상황에 맞지 않고, 어려운 음악적 기교를 가지며, 효과적인 학습이 어렵다고 생각하는 인식이 제시되어 있다. 2문단에서는 앞에서 서술한 내용과 반대되는 내용인 판소리가 지닌 매력과 문학성이 제시되어 있다. 따라서 Ⓐ에는 역접을 나타내는 접속어인 '하지만'이 들어가야 한다.

본문 • 082~083쪽

DAY 12 인문 우리말의 운명

[독해 기술 적용] ❸

1 ① 2 ③ 3 ㉠: 우리말, ㉡: 영어

지문 분석

≫ 한 문장으로 요약하기

❶ 문단 세계화에 맞추어 우리나라도 영어를 공용어로 선택하자는 주장이 있다.

❷ 문단 우리 사회는 마구 흘러드는 외래 문명에 정신을 차리지 못하고 있다.

❸ 문단 토종이 제자리에 당당히 지키고 있는 곳에는 외래종이 쉽게 뿌리내릴 수 없다.

❹ 문단 우리말을 바로 세우는 일에 소홀해서는 절대 안 된다.

• 글의 구조 한눈에 보기

문제 제기	세계화에 맞추어 우리나라도 영어를 공용어로 선택하자는 주장이 있음.

⬇

글쓴이의 생각	• 언어를 잃는다는 것은 곧 그 언어로 세운 문화도 사라진다는 것을 의미함. • 국제 경쟁력을 키우는 차원에서 영어는 반드시 배워야 함. • 우리말을 바로 세우는 일에 소홀해서는 절대 안 됨.

주제 우리말을 바로 세우기 위한 주체적 태도 확립의 중요성

| 교과 연계 | 중학교 국어 ③-2_우리말과 우리글

1 정답 ① ◑ 핵심 내용 파악

정답 풀이 1문단의 '언어를 잃는다는 것은 곧 그 언어로 세운 문화도 사라진다는 것을 의미한다.'를 통해 글쓴이의 언어관을 확인할 수 있다. 즉 글쓴이는 언어와 문화를 떼어서 생각할 수 없는 밀접한 관계로 파악하고 있다.

2 정답 ③ ◑ 비판·반응의 적절성 평가

정답 풀이 글쓴이는 국제 경쟁력 확보를 위해 영어 학습의 필요성은 인정하지만, 우리말을 제대로 세우지 않고 영어를 공용화하는 일은 황소개구리의 경우와 같이 도입종들이 토종을 누르고 활개를 치게 하는 잘못을 저지르는 것이므로, 먼저 우리말에 대한 사랑을 바탕으로 우리말을 제대로 세워야 한다고 주장하고 있다.

3 정답 | ㉠: 우리말, ㉡: 영어

정답 풀이 글쓴이는 '우리말'을 제대로 세우지 않고 '영어'를 들여오는 일을, '우리 개구리들'을 돌보지 않고 '황소개구리'를 들여온 것에 비유하여 표현하였다.

본문 • 084쪽

어휘 완성하기

1 (1) 치부 (2) 활개 (3) 봇물 2 (1) 쇠약 (2) 비단 (3) 사설 (4) 극치 3 (1) 텃밭 (2) 기교 (3) 금지

본문 • 085쪽

배경지식으로 사고력 키우기

✎ 논술형 문제 예 삼강오륜 중 '부자유친'이 오늘날 사회에 가장 필요하다고 생각한다. 왜냐하면 부모가 자식에게 쏟는 사랑은 시간이 아무리 흘러도 그 가치가 변하지 않는데, 옛날에 비해 오늘날에는 자식의 부모에 대한 마음이 덜 드러나는 것 같기 때문이다.

정답 풀이 삼강오륜의 다섯 가지가 가진 각각의 의미를 이해하고 현대 사회의 모습에 비추어 봤을 때 가장 필요한 것이 무엇인지 생각해 서술한다.

채점 기준

• 삼강오륜 중 한 가지를 골라 쓸 것.
• 자신이 생각하는 바에 대한 이유를 논리적으로 쓸 것.
• 문장의 연결이 자연스러울 것.

본문 • 086~087쪽

수능형 어휘 TEST

1 ③ 2 ③ 3 ⑤ 4 ①

1 정답 ③

정답 풀이 ㉠과 ③에 사용된 '입히다'는 '(도움, 손해 따위와 같은 말을 목적어로 하여) 받거나 당하게 하다.'를 의미한다.

오답 풀이
① '옷을 몸에 꿰게 하거나 두르게 하다.'를 의미한다.
②, ④ '물건의 거죽에 다른 물건을 바르거나 얇게 덮어씌우다.'를 의미한다.
⑤ '(무엇과 관련된 다른 것을) 어울리도록 더하다.'를 의미한다.

2 정답 ③

정답 풀이 '실질적(열매 실(實), 바탕 질(質), 과녁 적(的))'은 '실제로 있는 본바탕과 같거나 그것에 근거하는 것.'을 의미한다. '사실에 없는 일을 사실처럼 꾸며 만드는 성질을 띤 것.'을 의미하는 단어는 '허구적(虛構的)'이다.

오답 풀이
① ⓐ의 '돌이키다'와 비슷한 말로는 '되돌리다'가 있다.
② ⓑ의 한자는 '사귈 교(交), 통할 통(通), 그물 망(網)'이다.
④ ⓓ의 한자는 '깨뜨릴 파(破), 낳을 산(産)'이다.
⑤ ⓔ의 한자는 '비롯할 창(創), 업 업(業), 주인 주(主)'이다.

3 정답 ⑤

정답 풀이 '의하다'는 '무엇에 의거하거나 기초하다. 또는 무엇으로 말미암다.'라는 의미를 지니므로, '의하면'과 바꿔 쓸 수 있는 말로는 '어떤 일이나 의논, 의견에 그 근본이 되다.'라는 의미를 지닌 '근거하면'이 가장 적절하다.

오답 풀이
① '말하면'은 '생각이나 느낌 따위를 말로 나타내면.'을 의미한다.
② '이르면'은 '무엇이라고 말하면.'을 의미한다.
③ '생각하면'은 '사물을 헤아리고 판단하면.'을 의미한다.
④ '주의하면'은 '마음에 새겨 두고 조심하면.'을 의미한다.

4 정답 ①

정답 풀이 '여기다'는 '마음속으로 그러하다고 인정하거나 생각하다.'를 의미한다. 따라서 이 글에서 인도인들은 암소를 생명의 상징으로 인정하고 생각한다고 이해할 수 있다. '사정이나 형편 따위를 어림잡아 헤아린다.'를 의미하는 단어는 '짐작하다'이다.

오답 풀이
② ⓑ의 한자는 '물 댈 주(注), 눈 목(目)'이다.
③ ⓒ의 한자는 '높을 숭(崇), 절 배(拜)'이다.
④ ⓓ의 한자는 '던질 포(抛), 버릴 기(棄)'이다.
⑤ ⓔ의 한자는 '놀 유(遊), 칠 목(牧)'이다.

DAY 13 부연 설명 / 대등(나열) / 원인과 결과 / 통시(시간 순서) / 비교

❶ ❶ / ❷   ❷ ②   ❸ 시장 거래 비용 / 내부 거래 비용   ❹
❶ : 18세기 말 / ❷ : 20세기 중반   ❺ (1) ❶ : 공개 구두 경매 ❷ : 영국식 경매 ❸ : 네덜란드식 경매 (2) ❶ : 공개 구두 경매는 경매에 참여하는 사람들을 모두 한자리에 모아 놓고 누가 어떠한 조건으로 경매에 응하는지를 공개적으로 진행하는 방식을 말한다. ❷ : 영국식 경매는 오름 경매 방식으로, 우리가 가장 흔히 접하는 낮은 가격부터 시작해서 가장 높은 가격을 제시한 사람이 낙찰자가 되는 방식을 말한다. ❸ : 이와는 반대로 판매자가 높은 가격부터 제시해 가격을 점점 낮추면서 가장 먼저 응찰한 사람을 낙찰자로 정하는 방식이 네덜란드식 경매다. (3) ① – ㉡ / ② – ㉠

DAY 14 인문 장자의 철학과 현대인의 문제

[독해 기술 적용] 선악 / 가치 / 자연

1 ③   2 ⑤   3 유학은 선악을 분명하게 구분 지었으나, 장자는 선악을 구분 짓지 않았다.

지문 분석

>> 한 문장으로 요약하기

1 문단	장자는 선악을 구분 짓지 않았으며 하나의 획일화된 기준을 두지 않았다.
2 문단	장자는 만물은 모두 동등한 가치를 가지고 있다고 하였다.
3 문단	장자는 도를 따르는 일은 자연을 따르는 일이라고 하였다.
4 문단	장자의 이야기는 현대인에게 현실에서 잠시 쉬어 가는 지혜의 필요성을 깨닫게 한다.

• 글의 구조 한눈에 보기

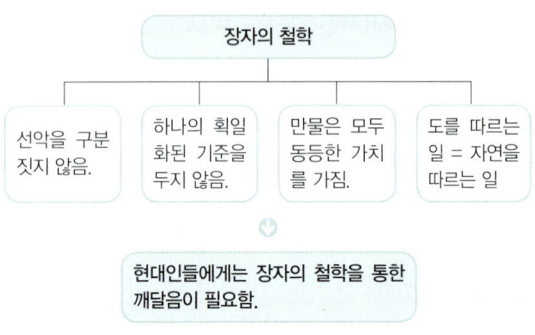

```
                    장자의 철학
  ┌──────────┬──────────┬──────────┬──────────┐
선악을 구분   하나의 획일   만물은 모두   도를 따르는
짓지 않음.    화된 기준을   동등한 가치   일 = 자연을
            두지 않음.    를 가짐.     따르는 일
```
↓

현대인들에게는 장자의 철학을 통한 깨달음이 필요함.

주제 현대인에게 필요한 장자의 철학

| 교과 연계 | 중학교 도덕 ①_도덕적인 삶

1 정답 ③ ◦ 글의 목적 이해

정답 풀이 이 글은 장자의 철학에 대해 설명하고 있다. 4문단에서 글쓴이는 더 편한 삶을 위해 발전만을 추구하는 현대인들의 모습을 문제점으로 지적한 후, 앞에서 설명한 장자의 철학을 배울 필요가 있음을 강조하고 있다.

오답 풀이
① 장자의 철학에 대한 구체적인 소개로 보아 이미 많은 연구가 있었음을 짐작할 수 있다.
② 장자의 인간적인 모습보다는 철학의 소개에 중심을 두고 있다.
④, ⑤ 장자와 같은 학자의 양성을 주장하거나 장자의 철학에 대한 잘못된 생각을 지적하고 있는 것이 아니고, 장자의 지혜를 배워야 함을 강조하고 있다.

2 정답 ⑤ ◦ 핵심 내용 파악

정답 풀이 장자는 만물에 동등한 가치를 부여했으므로 선악의 기준이나 획일화된 기준을 두지 않았다. 지금까지 이루어진 사물에 대한 가치 판단은 인간 위주의 것이었기에 장자는 이를 비판하고 있는 것이다. 오히려 장자는 만물은 서로 연결되어 있기에 동등한 가치를 가지고 있다고 보았으므로 ⑤와 같이 인간의 이익을 최우선으로 여긴다는 가치 판단은 장자 철학의 내용으로 적절하지 않다.

오답 풀이
①, ③ 1문단에서 획일화되고 구속된 삶에서 벗어나 자유로운 삶을 추구하는 장자의 철학이 드러나 있다.
② 3문단에서 언급한 '도를 따르는 일이 자연을 따르는 일'이라는 것에서 장자의 철학을 확인할 수 있다.
④ 2문단에서 '만물은 모두 동등한 가치를 가지고 있'다고 한 것에서 장자의 철학을 확인할 수 있다.

3 정답 | 유학은 선악을 분명하게 구분 지었으나, 장자는 선악을 구분 짓지 않았다.

정답 풀이 1문단에서 '장자의 철학은 선악을 분명하게 구분 짓는 유학의 입장과 다르다'고 하였다. 또한, 장자는 선악의 구분 같은 것은 사람을 자유로울 수 없게 만든다고 보았다고 하였다.

본문 • 098~099쪽

DAY 14 과학 **바다의 가치**

[독해 기술 적용] 바다 / 석유 / 물

1 ② **2** ① **3** 망간 단괴

지문 분석

≫ 한 문장으로 요약하기

1문단 지구의 바다에는 무궁무진한 자원이 있다.

2문단 해조류와 온갖 물고기는 물론 여러 원소들이 해수와 바다 식물체 속에 함유되어 있다.

3문단 바닷속에는 석유와 망간 단괴가 있다.

4문단 바다에는 높은 가치가 있는 순수한 물이 있다.

• 글의 구조 한눈에 보기

```
          바다의 가치 – 무궁무진한 자원
  ┌─────────────────────┬──────────────────┐
해조류, 물고기 금, 은, 우라늄, 여러 원소   석유와 망간 단괴,
들을 제공하는 해수와 바다 식물체          물 자체
```
↓

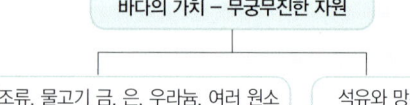

해양 자원 개발에 앞장서는 국가가 되도록 노력해야 함.

주제 무한한 가치를 지닌 지구의 바다

| 교과 연계 | 중학교 과학 ②_해수의 특성과 순환

1 정답 ② ········· ○ 내용 전개 방식 파악

정답 풀이 1문단에서 대륙의 면적을, 2문단에서 바다가 간직하고 있는 자원의 양을, 3문단에서 망간 단괴가 함유하고 있는 금속의 비율과 태평양 바다에 묻혀 있는 망간 단괴의 양을 구체적인 수치로 제시하여 독자의 이해를 돕고 있으며, 내용 전달의 효과를 높이고 있다 (ㄱ, ㄷ).

2 정답 ① ········· ○ 핵심 내용 파악

정답 풀이 이 글은 무한한 해양 자원의 보물 창고인 바다에 대한 관심을 일깨우고 있으며, 현재 당면한 자원 부족의 문제를 해결하고 미래 사회의 경쟁력을 확보하기 위해서는 바다에 더욱 많은 관심과 투자가 이루어져야 할 것임을 강조하고 있다. 따라서 이 글의 표제와 부제로 ①이 가장 적절하다.

3 정답 | 망간 단괴

정답 풀이 3문단에서 석유의 중요성 못지않게 유용성을 인정받고 있는 망간 단괴에 대해 소개하고 있다.

어휘 완성하기

1 (1) 원소 (2) 획일화 (3) 일각 **2** (1) 소유 (2) 함유 **3** (1) 동등 (2) 무궁무진한 (3) 질곡

배경지식으로 사고력 키우기

✐논술형문제 ㉮ 사람의 본성이 본래 선하다는 관점이 드러난다. 왜냐하면 모르는 아이인데도 당연히 구하려고 하는 것은 선한 마음이 있어야 가능하기 때문이다.

정답 풀이 제시된 상황은 위험에 처한 어린아이를 누구든, 이유 없이 구하려 한다는 내용으로 여기에는 인간이 선하다는 관점이 드러나 있다고 볼 수 있다.

채점 기준
• 사람의 본성에 대한 세 가지 관점 중 하나를 선택할 것.
• 선택한 관점을 고른 근거를 명확하게 서술할 것.
• 문장과 문장 사이의 관계가 유기적이고 자연스러울 것.

DAY 15 사회 분쟁 해결의 법 적용

[독해 기술 적용] 문자주의적 / 목적

1 ⑤ **2** ④ **3** 목적주의적 접근

🙂 지문 분석

▶▶ 한 문장으로 요약하기

1 문단	분쟁을 해결하기 위해 법을 적용할 때 법의 해석이 필요하다.
2 문단	법 규범의 적용이 어려운 경우도 있다.
3 문단	법 규범은 관점의 차이에 따라 해석의 내용이 달라질 수 있다.
4 문단	'문자주의적 접근'은 문자의 일반적 의미나 법률의 문구적 의미를 중심으로 해석하는 것이며, '목적주의적 접근'은 법 규범의 근본 취지, 목적, 상황 등을 고려하여 해석하는 것이다.
5 문단	'문자주의적 접근' 또는 '목적주의적 접근'에 따라 판결 내용이 달라진다.

● 글의 구조 한눈에 보기

법 규범 적용의 어려움 발생

⬇

법 규범을 해석하는 관점의 차이에 따라 문제 해결 양상이 달라짐.

법 규범 해석 관점

문자주의적 접근	목적주의적 접근
문자의 의미, 법률의 문구적 의미 고려	법 규범의 근본 취지, 목적, 상황 등 고려

주제 법 규범 적용 시 해석 관점에 대한 이해

| 교과 연계 | 중학교 사회 ①_일상생활과 법

1 정답 ⑤ ········· ○ 내용 전개 방식 파악

정답 풀이 이 글은 분쟁을 해결할 때 필요한 법 규범 적용이 어려운 경우를 밝히고, 해석의 관점을 '문자주의적 접근'과 '목적주의적 접근'으로 나누었다. 그리고 이 둘을 대등하게 나열하여 설명하였다.

오답 풀이
① '통념'이란 일반적으로 널리 통하는 개념을 의미하는데, 이 글에서는 이러한 통념의 문제점을 지적하고 있지 않다.

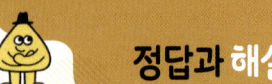
②, ③ 이 글은 법 규범을 적용할 때 관점에 따라 해석이 다름을 설명하고 있는 글로, 다양한 학설의 공통점이나 특정 이론의 장단점이 나타나 있지 않다.

④ '법의 적용'에 대한 개념 설명은 제시되어 있지만, 변화 과정을 시간 순으로 설명하고 있지는 않다.

2 정답 ④ ○ 정보 및 내용 추론

정답 풀이 '공원에서 탈것 금지'라는 규정을 적용할 때 목적주의적 접근으로 해석하면 법 규범의 근본 취지, 목적, 구체적 상황과 맥락 등을 고려하여 출입의 허용 여부를 결정할 것이다.

오답 풀이

①, ② 문자주의적 접근은 '공원에서 탈것 금지'라는 문자의 일반적 의미나 법률의 문구적 의미를 중심으로 해석하는 것이다. '공원의 특성'과 '공원 조성 목적'에 따라 해석하는 관점은 목적주의적 접근에 가깝다고 볼 수 있다.

③ 목적주의적 접근은 법 규범의 근본 취지, 목적, 구체적 상황과 맥락 등을 고려해 해석하는 것이다. '사전적 정의'에 따라 해석하는 관점은 문자주의적 접근에 가깝다고 볼 수 있다.

⑤ 불명확한 법 규범을 개정한 이후에 해석하는 것은 '문자주의적 접근', '목적주의적 접근'과 아무런 연관이 없다.

3 정답 | 목적주의적 접근

정답 풀이 목적주의적 접근은 법 규범의 근본 취지, 목적, 구체적 상황과 맥락 등을 고려해 해석하는 것으로, 〈보기〉에서는 '응급한 상황에서의 환자 이송'이라는 구체적 상황을 고려해 법을 적용한 것으로 볼 수 있다.

DAY 15 인문 역사의 종류

[독해 기술 적용] 대등 / 대등

1 ① 2 ④ 3 과거의 잘못을 바로세우는 척도를 세워야 한다.

지문 분석

≫ 한 문장으로 요약하기

❶ 문단 역사는 인간의 삶과 관계를 맺는다.

❷ 문단 기념비적 역사는 과거의 위대함에 대한 회상을 통해 새로운 위대함의 가능성을 촉진하는 역사이다.

❸ 문단 골동품적 역사는 오래된 과거를 찾아 보존하면서 전승하는 역사이다.

❹ 문단 비판적 역사는 과거를 부정하기 위한 것으로 잘못을 폭로하고 파괴해야 한다고 보는 역사이다.

● 글의 구조 한눈에 보기

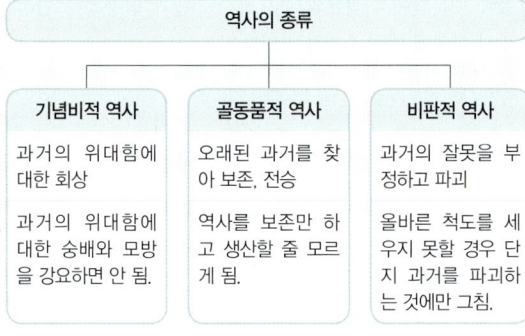

역사의 종류		
기념비적 역사	**골동품적 역사**	**비판적 역사**
과거의 위대함에 대한 회상	오래된 과거를 찾아 보존, 전승	과거의 잘못을 부정하고 파괴
과거의 위대함에 대한 숭배와 모방을 강요하면 안 됨.	역사를 보존만 하고 생산할 줄 모르게 됨.	올바른 척도를 세우지 못할 경우 단지 과거를 파괴하는 것에만 그침.

주제 **역사의 종류에 따른 장단점 이해**

| 교과 연계 | 중학교 역사 ①_역사의 의미

1 정답 ① ○ 내용 전개 방식 파악

정답 풀이 이 글은 인간의 삶과 역사의 관계를 먼저 설명한 뒤, 역사가 인간의 삶과 맺는 관계에 따라 역사의 유형을 '기념비적 역사', '골동품적 역사', '비판적 역사'로 제시하고 각각의 장점과 단점을 설명하고 있다.

2 정답 ④ ○ 핵심 내용 파악

정답 풀이 3문단에서 ⓒ은 오래된 과거를 찾아 보존하면서 계승하는 역사로, 사실의 확인은 중요하게 여기지 않는다고 진술하고 있다.

오답 풀이

① ㉠은 2문단에 언급된 '비범한 대상에 대한 관심에서 시작'한다는 내용을 통해 확인할 수 있다.

② ㉡은 3문단에 언급된 '민족 구성원 모두를 결합'시킨다는 내용을 통해 확인할 수 있다.

③ ㉠은 2문단에 언급된 '과거의 위대함에 대한 회상을 통해 새로운 위대함의 가능성을 촉진'한다는 내용, ㉢은 4문단에 언급된 보존되고 전승된 과거와 투쟁을 벌여 '새로운 관습과 본능을 만들고자' 한다는 내용을 통해 확인할 수 있다.

⑤ ㉢은 과거를 부정하지만, ㉠은 과거를 숭상하고 ㉡은 과거를 보존한다는 내용으로 볼 때 적절한 진술이다.

3 정답 | 과거의 잘못을 바로세우는 척도를 세워야 한다.

정답 풀이 4문단에서 비판적 역사는 과거의 잘못을 바로세우는 척도를 세우지 못할 경우 단지 과거를 파괴하는 것에만 그칠 수 있다고 하였다.

어휘 완성하기

본문 • 106쪽

1 (1) 촉진 (2) 창출 (3) 숭배 **2** (1) 척도 (2) 찬양 (3) 분쟁 (4) 명료 **3** (1) 충족 (2) 범주화 (3) 맥락

배경지식으로 사고력 키우기

본문 • 107쪽

✏ **논술형 문제** 📖 독일은 역사를 은폐하거나 축소시키지 않고, 과거 자신들의 행동을 인정하고 진심으로 사과하면서 이를 잊지 않기 위해 노력하는 행동을 보였다. 이는 다시는 그런 비극적인 역사가 일어나지 않도록 경각심을 줄 수 있으므로 긍정적이다.

정답 풀이 독일은 자신들이 자행한 반인륜적 범죄 행위를 자각하고 끊임없이 반성하며 피해자들에 대한 지원을 아끼지 않고 있다. 또한, 독일 내부에서도 역사 교육을 철저하게 시행하여 후대에 자신의 잘못을 알리기 위해 노력하고 있으므로, 이와 같은 노력이 지닌 가치에 대하여 서술한다.

채점 기준
• 독일의 역사적 반성의 태도에 대해 서술할 것.
• 독일의 반성적 태도가 어떤 긍정적 효과를 가져올지 서술할 것.
• 문장 간 연결이 자연스러울 것.

DAY 16 [과학] 환경을 바꾸어 온 생명체

[독해 기술 적용] 최초의 생명체는 육상에서 존재할 수 없었다.

1 ④ **2** ⑤ **3** ㉡ → ㉢ → ㉣ → ㉠

지문 분석

≫ 한 문장으로 요약하기

1 문단	지구 최초의 생명체는 38억 년 전부터 지구상에 존재했을 것이라고 추정한다.
2 문단	최초의 생명체는 육상에서 존재할 수 없었다.
3 문단	최초의 생명체는 바닷속에서 생겨나 산소를 만들고, 이 산소가 축적되어 오존층이 형성되고, 그러한 과정을 통해 우리가 사는 환경이 되었다.
4 문단	지구의 산소 비율 21%는 38억 년 동안 진행된 생명의 역사를 통해 생겨났다.
5 문단	생명체는 수십억 년의 세월 동안 지구의 환경을 만들어 냈다.

● 글의 구조 한눈에 보기

> 38억 년 전 바닷속에서 최초의 생명체가 생겨남.

⬇

> 생명체가 번성하며 광합성을 하고 산소를 만듦.

⬇

> 산소가 축적되어 오존층이 형성돼 태양으로부터 오는 자외선을 걸러 줌.

⬇

> 수십억 년 동안 이러한 생명의 역사를 통해 현재의 지구 환경이 만들어짐.

주제 지구의 환경을 바꿔 온 생명체

| **교과 연계** | 중학교 과학 ③_대기권과 지구 기온

---

1 정답 ④ •••••••••••••••• ◦ 세부 내용 파악

정답 풀이 3문단을 통해 오존층이 바닷물 속 생명체들의 광합성 과정을 통해서 만들어진 산소가 모여 형성되었음을 알 수 있다. 즉 오존층 형성 이전에도 바닷물 속에는 생명체들이 존재하였던 것이다.

오답 풀이

① 1문단에서 최초의 생명체가 38억 년 전부터 지구상에 존재했을 것이라고 하였다.

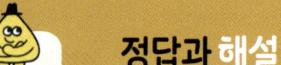
② 3문단에서 바닷물이 태양의 자외선을 걸러 주는 역할을 해서 최초의 생명체가 생겨나게 되었다고 하였다.

③ 3문단에서 바닷물 속에서 생겨난 생명체가 광합성을 하고 산소를 만들어, 그 산소의 축적으로 육상에 생명체가 생겨날 수 있게 되었음을 파악할 수 있다.

⑤ 4문단에서 지구는 같이 태어난 목성이나 토성과 달리 21%의 산소를 가진 환경을 지녔음을 파악할 수 있다.

2 정답 ⑤   ◎ 사례·상황의 적용

정답 풀이   이 글은 '생명체는 환경의 영향을 받을 뿐만 아니라 환경을 적극적으로 바꾸기도 한다.'라는 내용을 담고 있다. 〈보기〉에는 춥거나 더운 날씨에 적응하기 위해 사람들이 벽을 두껍게 하여 집을 짓거나 통풍이 잘 되는 집을 짓는 모습, 즉 자신의 주변 환경을 바꿔 나가는 모습이 나타나 있다.

3 정답 | ⓛ → ⓒ → ㉣ → ㉠

정답 풀이   3문단에서 바닷물 속에서 최초의 생명체가 생겨나고, 이 생명체가 광합성을 하며 산소를 만들고, 이 산소가 축적되어 오존층을 형성하고, 이 오존층이 태양으로부터 오는 자외선을 걸러 주어 지금과 같은 환경이 되었다고 설명하였다. 또한, 4문단에서 산소 21%의 현재 비율은 38억 년 동안 진행되었던 생명의 역사를 통해 생겨났다고 제시하고 있다.

본문 · 110~111쪽

DAY 16 [사회]   **지수 물가와 체감 물가**

[독해 기술 적용] 〈원인〉 ① 지수 물가 ② 평균 ③ 기억
〈결과〉 지수 물가

1 ③   **2** ①   **3** ① 많이 구매하는 물건을 중심으로 지수 물가를 따로 설정한다. ② 기준이 되는 품목이나 가중치를 바꾼다.

지문 분석

》 한 문장으로 요약하기

❶ 문단   소비자는 체감 물가와 지수 물가가 다르다고 생각한다.

❷ 문단   첫째, 지수 물가는 대표적인 품목만을 대상으로 하기 때문이다.

❸ 문단   둘째, 지수 물가는 전국 주요 도시의 상점과 서비스 업체 중 일부를 조사한 평균이기 때문이다.

❹ 문단   셋째, 소비자의 기억 차이 때문이다.

❺ 문단   지수 물가에 대한 신뢰성을 높이기 위해 많이 구매하는 물건을 중심으로 지수 물가를 따로 설정하거나 기준이 되는 품목이나 가중치를 바꾸기도 한다.

● 글의 구조 한눈에 보기

소비자가 체감 물가와 지수 물가가 다르다고 생각하는 원인

지수 물가는 대표적인 품목만을 대상으로 함.	지수 물가는 전국 주요 도시의 상점과 서비스 업체 중 일부를 조사한 평균임.	소비자의 기억이 차이가 남.

↓

소비자에게 지수 물가에 대한 신뢰성을 얻는 방법

① 많이 구매하는 물건을 중심으로 지수 물가를 따로 설정함.
② 기준이 되는 품목이나 가중치를 바꿈.

[주제] **소비자가 체감 물가와 지수 물가를 다르다고 생각하는 원인**

| 교과 연계 | 중학교 사회 ②_물가와 실업

1 정답 ③   ◎ 핵심 내용 파악

정답 풀이   이 글은 소비자가 실생활에서 느끼는 체감 물가와 통계청에서 발표하는 지수 물가가 다르다고 생각하는 원인을 세 가지로 설명하고 있다.

오답 풀이

① 지수 물가는 가격 변동을 측정하기 위해 통계적 방법으로 처리된 평균적인 물가로, 소비의 기준과는 거리가 멀다.

② 합리적 소비에 대한 내용은 제시되어 있지 않으며, 소비자에게 지수 물가에 대한 신뢰를 얻기 위한 방법이 제시되어 있다.

④ 지수 물가와 체감 물가의 차이가 크면 지수 물가에 대한 신뢰성이 떨어질 수 있다는 내용은 있지만, 지수 물가가 지나치게 높으므로 상승률을 낮춰야 한다는 내용은 나타나 있지 않다.

⑤ 3문단에 지수 물가는 전국 주요 도시의 상점과 서비스 업체 중 일부를 조사한 평균이라고 제시되어 있다.

2 정답 ① ·· ○ 접속사의 역할 파악

정답 풀이 '그런데'는 앞의 내용과 다른 내용을 이끌 때 쓰는 접속 부사이다. 앞 내용의 원인이 서술될 것임을 알려 주는 접속 부사에는 '왜냐하면'이 있다.

오답 풀이

② '이에'에서 '이'는 앞 문장에 제시된 '소비자는 실제 느끼는 체감 물가와 통계청에서 발표하는 지수 물가가 다르다고 생각'하는 것을 가리킨다.

③ '예를 들어'는 앞에서 설명한 내용의 예가 다음 문장에 제시되는 것을 알리는 표지어로, ⓒ 다음에 개인이 구매한 물건의 가격이 올랐을 경우에 물가가 올랐다고 생각하는 사람들의 예를 제시하고 있다.

④ '뿐만 아니라'는 앞의 내용에 덧붙일 내용이 다음에 제시될 것임을 알려 준다.

⑤ '설정하거나'에서 '−거나'는 앞의 내용과 다음에 제시될 내용 중 어느 것이든 선택될 수 있음을 나타내는 연결 어미이다.

3 정답 | ① 많이 구매하는 물건을 중심으로 지수 물가를 따로 설정한다.
② 기준이 되는 품목이나 가중치를 바꾼다.

정답 풀이 5문단에서 통계청이 발표하는 지수 물가와 소비자가 느끼는 체감 물가의 차이가 크면 지수 물가에 대한 신뢰성이 떨어지기 때문에 이것을 막기 위한 방법을 두 가지 제시하였다.

어휘 완성하기

1 (1) 추정 (2) 물가   **2** (1) 품목 (2) 가중치 (3) 천체 (4) 원시

3 (1) 측정 (2) 번성 (3) 축적 (4) 실감

배경지식으로 사고력 키우기

✎ **논술형 문제** 예 지수 물가는 평균적인 물가를 가리키는데 주부들이 많이 구매하는, 식탁에 자주 올라가는 품목의 가격이 올라 지수 물가와 체감 물가의 차이가 난다고 느낀 것이다.

정답 풀이 지수 물가는 가격 변동을 측정하기 위하여 통계적 방법으로 처리된 평균적인 물가이다. 지수 물가는 대표적인 품목만을 대상으로 하는데, 모든 소비자가 동일한 품목의 물건을 구매하지는 않기 때문에 모든 소비자에게 공통적으로 적용될 수 없다. 따라서 식탁에 자주 올라가는 품목들을 주로 구입하는 주부들의 입장에서는 지수 물가와 체감 물가의 차이가 크게 느껴지는 것이다.

채점 기준

• 자료를 통해 주부가 느끼는 체감 물가와 지수 물가가 다른 이유를 파악할 것.

• 지수 물가가 평균적인 물가임을 밝혀 쓸 것.

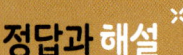 정답과 해설

본문 • 114~115쪽

DAY 17 과학 지구 온난화와 이산화 탄소

[독해 기술 적용] ㉠ → ㉡ → ㉣ → ㉢

1 ⑤ **2** ③ **3** 기상 이변

지문 분석

≫ 한 문장으로 요약하기

1문단 이산화 탄소가 지구 온난화의 주범으로 여겨지고 있다.

2문단 지구 온난화 발생 가능성에 대해 19세기 말부터 논의된 바 있었으나 이산화 탄소의 농도 증가를 직접 원인으로 지적하기 어려웠다.

3문단 1980년대에 이르러 이산화 탄소 농도 증가 현상과 기상 이변을 연결시켜 엄청난 재앙을 가져올 것이라는 주장이 거세졌다.

4문단 국제회의를 통해 세계적으로도 이산화 탄소 배출을 줄이려고 노력하고 있다.

● 글의 구조 한눈에 보기

19세기 말	이산화 탄소 농도가 매년 높아져 지구 온난화를 일으킬 수 있다는 주장이 제기됨.

⬇

1980년대	• 지구 온난화나 기상 이변이 이산화 탄소의 농도 증가 때문이라는 이론이 등장함. • 기상 이변이 엄청난 재앙을 가져올 것이라는 주장도 생겨남.

⬇

최근	지구의 평균 기온이 약 0.3~0.6℃ 상승하여 2100년에는 약 1℃ 정도 더 상승할 것이라는 주장이 제기됨.

⬇

지구 온난화에 대한 지속적인 연구가 필요함.

주제 지구 온난화 현상에 대한 지속적인 연구의 필요성

| 교과 연계 | 중학교 과학 ③_더워지는 지구

1 정답 ⑤　　　　　　　　제목의 추리

정답 풀이 이 글은 지구 온난화 현상에 대해 설명하며, 지구 온난화 현상의 원인으로 이산화 탄소 농도 증가로 인한 기상 이변을 제시하고, 지구 온난화에 대한 지속적인 연구의 필요성을 말하고 있다.

오답 풀이

① 지구 온난화 현상과 그 원인을 주로 설명하고 있으므로, 기상 이변의 원인은 제목으로 적절하지 않다.

②, ④ 지구 온난화 현상의 원인과 지속적인 연구의 필요성을 말하고 있을 뿐, 환경 문제의 범위나 언론의 과장 보도에 대한 내용은 제시되어 있지 않다.

③ 지구 온난화의 원인으로 이산화 탄소 농도 증가로 인한 기상 이변을 제시하고 있지만, 이산화 탄소의 배출을 줄이는 방법에 대한 내용은 제시되어 있지 않다.

2 정답 ③　　　　　　　　글쓴이의 견해 파악

정답 풀이 4문단에서 글쓴이는 국제 사회가 지구 온난화 현상에 대해 공동보조를 취해야 할 만큼 절박한 상황임을 전하며 이것에 대한 지속적인 연구가 필요하다고 하였다. 글쓴이의 주된 생각이 담긴 부분과 글쓴이가 사실을 설명한 부분을 구분해서 독해할 필요가 있다.

3 정답 | 기상 이변

정답 풀이 3문단에서는 대기 중 이산화 탄소 농도의 증가가 기상 이변을 일으켜 엄청난 재앙을 가져올 것이라는 주장이 제시되어 있다.

DAY 17 사회 자유주의와 신자유주의

[독해 기술 적용] ❶ 문단: 자본주의 초기인 18세기 ❷ 문단: 1929년, 1960년대 ❸ 문단: 1970년대 초반, 1980년대

1 ③　2 ③　3 (1) 개인 (2) 여러 나라에 회사를 거느린 다국적 기업

지문 분석

≫ 한 문장으로 요약하기

❶ 문단	18세기 애덤 스미스는 경제 활동을 개인의 자유 경쟁에 맡기는 자유주의 시장 경제를 예찬하였다.
❷ 문단	1929년 터진 대공황 이후 미국은 국가가 경제에 개입하는 방식을 통해 1960년대까지 경제 호황을 누렸다.
❸ 문단	1970년대 국가 개입으로 경제 문제를 해결할 수 없다는 의식이 생기고 1980년대 세계 경제가 다시 침체되면서 신자유주의가 등장하였다.
❹ 문단	신자유주의는 국가 재정의 위기가 복지 국가의 이념 때문이라고 보았다.
❺ 문단	신자유의주의와 자유주의는 경제 주체에서 차이가 있다.

글의 구조 한눈에 보기

| 18세기 애덤 스미스 | 경제 활동을 개인의 자유 경쟁에 맡기면 사회 전체의 번영도 실현된다는 자유주의 예찬 |

⬇

| 1929년 이후 케인스 | 시장을 개인에게 맡기는 대신에 국가가 경제에 개입하는 방식 제안 |

⬇

| 1960년대까지 경제 호황 |

⬇

| 1980년대 | 세계 경제 침체로 인해 신자유주의가 나타남.
– 국가 재정의 위기를 심화시킨 최대의 주범을 복지 국가의 이념이라고 봄. |

⬇

• 자유주의의 경제 주체: 개인
• 신자유주의의 경제 주체: 여러 나라에 회사를 거느린 다국적 기업

주제 | 자유주의의 탄생과 신자유주의로의 변화

| 교과 연계 | 중학교 사회 ②_시장 가격의 결정

---

1 정답 ③ .... 내용 전개 방식 파악

정답 풀이 '신자유주의'를 설명하기 위해 18세기 이후 자본주의가 발달해 온 과정을 '자유주의 – 케인스 주의 – 신자유주의'라는 순서에 따라 통시적으로 서술하고 있다.

2 정답 ③ .... 사례·상황의 적용

정답 풀이 〈보기〉를 보면 그리스의 국가 부도의 위기에 대해 김 박사는 그리스 정부의 연금 정책, 즉 복지 정책에서 원인을 찾고 있다(①). 반면 이 교수는 유럽 여러 나라와 같은 통화를 사용함으로써 나타난 현상 때문이라고 설명하고 있다(②). 그러므로 김 박사는 신자유주의를 수용하는 견해를, 이 교수는 그리스의 국가 부도를 신자유주의의 측면이 아닌 것으로 이해하는 견해를 가졌다고 볼 수 있다(④). 그러나 김 박사와 이 교수 모두 그리스의 위기 극복 가능성에 대해서는 언급하지 않았다.

3 정답 | (1) 개인 (2) 여러 나라에 회사를 거느린 다국적 기업

정답 풀이 5문단에서 자유주의의 경제 주체는 개인이었으나, 신자유주의의 경제 주체는 여러 나라에 회사를 거느린 다국적 기업이라고 제시하고 있다.

어휘 완성하기

1 (1) 번영 (2) 침체 (3) 재정　2 (1) 주범 (2) 이변 (3) 호황 (4) 방출　3 (1) 개입 (2) 간주하고 (3) 감축할

배경지식으로 사고력 키우기

✎ 논술형 문제 예 지구 온난화 현상을 해결하기 위해서는, 개인은 이산화 탄소를 발생시키는 석탄이나 석유 같은 지하 자원의 사용을 자제하고 절약함은 물론 근본적인 해결을 위해 대체 에너지 개발에 박차를 가하고, 나무 심기, 물 절약하기와 같은 캠페인 활성화로 자연 보호 정신을 확립해야 한다. 또한, 국가 간의 좀 더 체계적인 협약 강화를 통해 지구 환경 문제에 대한 대책을 끊임없이 찾아 나가야 할 것이다.

정답 풀이 지구 온난화 현상을 해결할 방안을 생각하여 서술하도록 한다. 예를 들어 '이산화 탄소 배출량을 줄여야 한다, 화석 연료의 사용을 줄이고 나무를 많이 심어 이산화 탄소를 식물이 흡수할 수 있도록 해야 한다, 이산화 탄소를 배출하지 않는 대체 에너지를 개발해야 한다' 등을 들 수 있다. 또한, 이러한 문제에 경각심을 가지고 자연을 보호하려는 노력이 필요하다는 내용을 언급할 수도 있다.

채점 기준
• 지구 온난화 현상의 해결 방안에 대해 개인적인 관점과 국가적인 관점에서 모두 쓸 것.
• 실제로 행할 수 있는 현실적 방안을 담아 쓸 것.

글의 구조 한눈에 보기

인체 내부 촬영 기술

	CT	MRI
설명	인체의 단면 주위를 돌면서 X선을 투사하여 흡수 정도를 분석함.	고주파를 발생시키면 신체의 수소 원자핵이 공명하면서 신호를 발생시키고, 이 신호를 분석함.
장점	• 대상이 조금 움직인다고 해도 촬영 가능함. • 소음이 적음. • 검사 시간이 MRI보다 짧음.	• CT에 비해 정밀한 영상을 보는 것이 가능함. • 뼈나 관절을 둘러싼 부위 진단 시 CT보다 유리함. • 인체에 유해한 X선을 사용하지 않음.
단점	• MRI에 비해 영상이 덜 정밀함. • 뼈나 관절을 둘러싼 부위 진단 시 MRI보다 불리함.	• 심장 박동기나 치아 보철물이 몸에 있는 사람은 검사가 불가능함. • 움직임에 민감함. • 검사 시간이 긺. • 폐소 공포증을 가진 환자에게 어려움.

주제 **CT와 MRI 검사의 장단점**

| 교과 연계 | **중학교 과학 ②_전기와 자기**

본문 • 120~121쪽

DAY 18 기술 CT와 MRI 검사

[독해 기술 적용] 컴퓨터 단층 촬영(CT) / 자기 공명 영상(MRI)

1 ⑤ 2 ⑤ 3 ㉠: X선(방사선) ㉡: 자기장과 고주파

 지문 분석

≫ 한 문장으로 요약하기

1 문단 인체의 내부를 촬영하는 기술에는 컴퓨터 단층 촬영(CT)과 자기 공명 영상(MRI)이 있다.

2 문단 CT는 방사선인 X선을 투사하여 장기의 밀도 차를 분석하여 인체의 횡단면 영상을 제공한다.

3 문단 CT는 X-ray보다 정밀하게 내부 상태를 확인할 수 있으며, 대상이 조금 움직여도 촬영이 가능하고 소음이 적으며 검사 시간도 MRI보다 짧다.

4 문단 MRI는 자기장과 고주파를 이용하여 수소 원자핵이 공명하며 발생시킨 신호를 분석하여 영상으로 구현한다.

5 문단 MRI는 CT보다 더 정밀한 영상을 보는 것이 가능하지만, 심장 박동기나 치아 보철물 등이 있는 사람은 검사할 수 없고, 움직이면 안 되고, 검사 시간이 길어 폐소 공포증을 가진 환자는 촬영이 어려울 수 있다.

---

1 정답 ⑤   세부 내용 파악

정답 풀이 4문단에서 MRI 검사 기기에 사람을 들어가게 한 후 고주파를 발생시키면 인체 내 수소 원자핵이 자기장에 반응하여 신호를 발생시키고, 각 조직과 구조물들의 공명 현상의 차이가 발생하여 이를 토대로 컴퓨터가 조직의 영상을 구현한다고 하였다. 따라서 MRI 검사 중 고주파를 발생시키면 각 신체 기관에서 나오는 신호가 다르기 때문에 이를 분석하여 신체 기관에 대한 정확한 영상을 구현할 수 있는 것이다.

오답 풀이
① 5문단에서 MRI는 CT에 비해 좀 더 정밀한 영상을 보는 것이 가능하다고 하였다.
② 2문단에서 CT는 X-ray와 마찬가지로 방사선인 X선을 이용한다고 하였다.
③ 2문단에서 CT는 인체의 가로 면의 영상을 제공한다고 하였고, 3문단에서 CT는 컴퓨터로 투과도를 분석하기 때문에 X-ray 상에서는 불확실한 내부 상태를 정밀하게 확인할 수 있다고 했으므로 적절한 진술이다.
④ 2문단에서 '간이나 신장 같은 인체의 내부 장기들은 그 밀도가 약간씩 차이가 나기 때문에 X선이 투사된 방향에 따라 흡수하는 정도가 서로 다르게 나타난다.'라고 하였다.

2 정답 ⑤ .... ○ 사례·상황의 적용

정답 풀이 마지막 문단에서 MRI는 '자기장을 이용하므로 심장 박동기나 치아 보철물 등 자기장을 형성할 수 있는 인공 장치가 몸에 있는 사람은 검사를 할 수 없다.'라고 하였다. 따라서 심장 박동기를 착용한 지호가 뇌 사진을 촬영하기 위해서는 MRI가 아닌 CT를 활용하는 것이 적절하다.

오답 풀이
① 마지막 문단에서 MRI는 '촬영기 내부가 좁고 검사 시간이 길기 때문에, 폐소 공포증을 가진 환자에게는 어려움이 있을 수 있다.'라고 하였다. 따라서 좁은 공간에서 심한 공포를 느끼는 지훈은 MRI보다는 CT를 활용하는 것이 적절하다.
② 마지막 문단에서 MRI는 '근육, 연골, 인대, 혈관 및 신경 등 뼈나 관절을 둘러싸고 있는 부위의 촬영 시 CT에 비해서 정확한 진단을 할 수 있다'고 하였다. 따라서 인대와 연골에 대한 정밀 검사가 필요한 혜리는 MRI를 활용하는 것이 적절하다.
③ 3문단에서 CT는 '대상이 조금 움직인다 해도 촬영이 가능하며 소음도 적'다고 하였다. 따라서 유치원생인 동현은 검사 중간에 몸을 크게 움직일 수도 있고 검사 소리에 겁을 먹을 수도 있으므로 CT를 활용하는 것이 적절하다.
④ 3문단에서 CT는 MRI에 비해 검사 시간이 짧다고 하였다. 따라서 응급 환자인 정우는 단시간에 검사 결과를 얻을 수 있는 CT를 활용하는 것이 적절하다.

3 정답 | ③: X선(방사선) ©: 자기장과 고주파

정답 풀이 2문단에서 CT는 방사선인 X선을 이용한다고 제시하고 있으며, 4문단에서 MRI는 방사선이 아닌 자기장과 고주파를 이용한다고 하였다.

DAY 18 과학 우주에 있는 별의 수

[독해 기술 적용] 항성과 행성

1 ③ **2** ③ **3** 태양빛을 반사하여 빛을 낸다.

지문 분석

≫ 한 문장으로 요약하기

1 문단	별은 넓은 의미로 항성과 행성을 모두 포함한다.
2 문단	항성은 우주상에서 서로의 상대 위치를 바꾸지 않고 별자리를 구성하는 별로 자체의 에너지로 빛을 내고, 행성은 태양 주위를 공전하며 태양빛을 반사하여 빛을 낸다.
3 문단	우주 공간 속 전체 별의 개수를 계산해 보면 약 1,500억×1,000억 개 정도가 된다.
4 문단	지구에서 가장 가까이 있는 별은 태양이고, 계산상으로 우리가 상상할 수 있는 우주의 끝은 약 180억 광년 거리에 있다.

• 글의 구조 한눈에 보기

```
                        별
                        |
        ┌───────────────┴───────────────┐
       항성                            행성
```

항성	행성
• 서로의 상대 위치를 바꾸지 않고 별자리를 구성하는 별 • 자체의 에너지로 빛을 냄.	• 태양계 내에서 타원 모양으로 태양 주위를 공전함. • 스스로 에너지를 생성하지 못하고 태양빛을 반사하여 빛남.

• 우주 공간 속 전체 별의 개수: 약 1,500억×1,000억 개
• 지구에서 가장 가까이에 있는 별: 태양
• 지구에서 가장 멀리 있는 은하는 180억 광년의 거리에 있음.

주제 우주에 있는 별의 개수와 종류

| **교과 연계** | 중학교 과학 ②_태양계의 행성

---

1 정답 ③ .... ○ 세부 내용 파악

정답 풀이 4문단을 보면 지구에서 가장 가까이 위치하고 있는 별은 태양이라고 설명하고 있다.

오답 풀이
① 1문단에는 천문학에서 정의한 별의 개념과 넓은 의미의 별의 개념이 제시되어 있다.
② 1, 2문단에는 태양처럼 스스로 빛을 내는 '항성', 스스로 에너지를 생성하지 못하고 항성을 반사하여 빛나는 '행성'의 의미가 제시되어 있다.

④ 3문단에서 지구가 속한 은하계에는 태양과 비슷한 별이 약 1,500억 개 정도가 있다고 제시하고 있다.
⑤ 4문단에서 지상에서 망원경으로 본 가장 먼 은하가 수십억 광년 거리에 있다고 제시하고 있다.

2 정답 ③
◎ 관련 자료의 이해 및 적용

정답 풀이 〈보기〉는 은하계 안의 별들의 개수와 은하계의 1회전 주기에 대해 언급하고 있다. 따라서 〈보기〉는 이 글에서 언급하고 있는 우주의 크기에 대한 호기심과 궁금증을 자극하고 해소하는 자료로 활용할 수 있다.

오답 풀이
① 이 글과 〈보기〉에서는 우주의 팽창설과 관련된 내용을 찾을 수 없다.
② 〈보기〉에는 우주의 나이에 대한 언급은 있지만, 우주 생성의 기원과 역사에 대해서는 이 글과 〈보기〉 모두 설명하고 있지 않다.
④ 이 글과 〈보기〉에서는 우주선 개발과 관련된 내용을 찾을 수 없다.
⑤ 이 글과 〈보기〉에서는 지구 안에서 은하계의 회전을 느끼지 못하는 이유와 관련된 내용을 찾을 수 없다.

3 정답 | 태양빛을 반사하여 빛을 낸다.

정답 풀이 2문단에서 행성은 스스로 에너지를 생성하지 못하고 태양빛을 반사하여 빛난다고 제시하고 있다.

어휘 완성하기
본문 • 124쪽

1 (1) 공전 (2) 보철물 (3) 공명 (4) 광년 **2** (1) 투과 (2) 분포
3 (1) 자체 (2) 폐소 공포증 (3) 대략적

배경지식으로 사고력 키우기
본문 • 125쪽

✏️ **논술형 문제 예** A 집단: 질량과 반지름이 작고, 밀도가 크다. / 위성이 없거나 개수가 적고, 고리가 없다.
B 집단: 질량과 반지름이 크고, 밀도가 작다. / 위성 수가 많고, 고리가 있다.

정답 풀이 행성의 물리적 특성을 나타낸 표를 분석하면 다음과 같다. 이 내용을 한 문장으로 각각 서술한다.

	A 집단: 수성, 금성, 지구, 화성	B 집단: 목성, 토성, 천왕성, 해왕성
질량	작다	크다
반지름	작다	크다
밀도	크다	작다
위성 수	없거나 1~2개	10개 이상
고리	없음.	있음.

채점 기준
• 행성 간 공통점과 차이점을 분명하게 정리할 것.
• 문장 간의 어색한 점이 없을 것.

본문 • 126~127쪽

수능형 어휘 TEST 🌷

1 ③ **2** ③ **3** ① **4** ③

1 정답 ③

정답 풀이 '잇따라'의 기본형 '잇따르다'는 '어떤 사건이나 행동 따위가 이어 발생하다.'를 의미하므로, 같은 의미를 지닌 '연달아'와 바꿔 쓰기에 적절하다.

오답 풀이
① '시간적·공간적 간격이 얼마쯤씩 있게.'를 의미한다.
② '흔하다'는 '보통보다 더 자주 있거나 일어나서 쉽게 접할 수 있다.'를 의미한다.
④ '반복하다'는 '같은 일을 되풀이하다.'를 의미한다.
⑤ '시간적으로 잦지 않고 드문 모양.'을 의미한다.

2 정답 ③

정답 풀이 '감축'의 한자는 '덜 감(減), 오그라들 축(縮)'으로, '덜어서 줄임.'을 의미한다. '양이나 수치가 줆. 또는 양이나 수치를 줄임.'을 의미하는 단어는 '감소(減少)'이다.

오답 풀이
① ⓐ의 한자는 '다를 이(異), 변할 변(變)'이다.
② ⓑ의 한자는 '부를 초(招), 올 래(來)'이다.
④ ⓓ의 한자는 '끊을 절(切), 닥칠 박(迫)'이다.
⑤ ⓔ의 한자는 '매달 현(懸), 책상 안(案)'이다.

3 정답 ①

정답 풀이 ⓒ과 ㉠에 사용된 '지나다'는 '시간이 흘러 그 시기에서 벗어나다.'를 의미한다.

오답 풀이

②, ③ '어디를 거치어 가거나 오거나 하다.'를 의미한다.

④ '어떤 사람이나 사물과 같은 대상물의 주위를 지나쳐 가다.'를 의미한다.

⑤ '어떤 한도나 정도가 벗어나거나 넘다.'를 의미한다.

4 정답 ③

정답 풀이 '주체'의 한자는 주인 주(主), 몸 체(體)로, '사물의 작용이나 어떤 행동의 주가 되는 것.'을 의미한다. '주된 원인. 또는 주된 원인이 되는 부분.'을 나타내는 단어는 '주요인(主要因)'이다.

오답 풀이

① ⓐ의 한자는 '깊을 심(深), 될 화(化)'이다.

② ⓑ의 한자는 '위태할 위(危), 틀 기(機), 뜻 의(意), 알 식(識)'이다.

④ ⓓ의 한자는 '많을 다(多), 나라 국(國), 서적 적(籍)'이다.

⑤ ⓔ의 한자는 '거느릴 통(統), 합할 합(合)'이다.

본문 • 130~135쪽

DAY 19 대조 / 분류 / 분석 / 문제와 해결 / 과정

1 ② **2** 키를 관리하는 방식 / 대칭 키 방식 / 공개 키 방식
3 ② **4** 다양한 역사 서술 속에서 우리에게 가치 있는 역사 서술이 무엇인지를 판단해야 한다. **5** 면역 세포 / 기억 B 세포 / 형질 세포 / 면역 기억력

본문 • 136~137쪽

DAY 20 예술 동양화와 서양화의 차이

[독해 기술 적용] 동양의 그림과 서양의 그림

1 ⑤ **2** ② **3** 인간 중심적인 사고

지문 분석

>> 한 문장으로 요약하기

1 문단	동양의 산수화는 서양의 풍경화와 달리 한 자리에서 바라본 산의 모습으로 그릴 수 없었다.
2 문단	전통 산수화는 다양한 시점을 한 화면에서 보여 준다.
3 문단	서구의 인물화 발달은 인간 중심적인 사고에서 비롯되었다.
4 문단	오늘날 미술 감상은 동서양의 차이를 구분하는 것보다 작가 개개인의 감수성과 생각의 차이를 읽어 내는 것이 더 중요하다.

• **글의 구조 한눈에 보기**

동양 산수화의 특징

다양한 시점을 한 화면에 보여 줌.
⑩ 정선의 「박연폭」

↓

서양화의 특징

• 풍경화에 투시 원근법이 반영됨.
• 인물화가 크게 발달함.

↓

오늘날 미술 감상의 포인트

동·서양 그림의 구분이 희미해지고, 작가의 감수성과 생각을 읽어 내는 것이 더 중요해짐.

주제 동양화와 서양화가 가지고 있는 차이점

| **교과 연계** | 중학교 미술 ①_삼원법과 원근법

1 정답 ⑤ .... 세부 내용 파악

정답 풀이 1문단의 '이쪽에서 본 산, 저쪽에서 관찰한 골짜기, 위에서 굽어본 시냇물'이라는 표현과 2문단의 '다양한 시점을 한 화면에서 보여 주는 방식은 동양의 산수화에서 즐겨 사용한 방식'을 통해서 ⑤의 내용을 확인할 수 있다.

오답 풀이

① 5문단에서 현대 미술에서 동양화와 서양화의 차이점은 점점 희미해지고 있다고 하였다.

 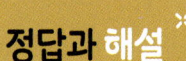
② 이 글에 제시되어 있지 않은 진술이다.

③ 2문단에서 '원근법이 존재하지 않았던 것은 아니지만'이라고 언급하고 있다.

④ 3문단에 서양화는 인간 중심적인 사고에서 비롯되어 인물화가 일찍이 크게 발달하였다고 설명하였을 뿐이다. 이 글에 주관적 감각에 의존한 대상 변형의 이야기는 언급되어 있지 않다.

2 정답 ②
사례·상황의 적용

정답 풀이 서양화에서도 다양한 시점이 한 화면에 담겨 있다고 제시할 수 있는 그림은 피카소의 「우는 여인」이다. 이 작품에서 피카소는 대상을 특정한 시점에 두고 묘사하는 전통적인 원근법을 파괴하고, 인물을 다방면에서 관찰한 후 다양한 측면에서 본 코와 제각기 다른 방향에서 본 모습의 눈과 손, 귀를 그렸다.

3 정답 | 인간 중심적인 사고

정답 풀이 3문단에서 '서구에서는 일찍이 인물화가 크게 발달했는데, 이는 인간 중심적인 사고에서 비롯되었다.'라고 제시하고 있다.

글의 구조 한눈에 보기

여론의 뜻	어떤 쟁점에 대해 국민들이 표출한 의견

↓

여론을 정책에 반영하는 문제에 대한 관점

부정적 관점	긍정적 관점
• 여론을 중시하는 정책은 위험함. • 정책의 정확한 판단은 전문성을 가진 공직 담당자가 해야 함.	• 여론을 정책에 반영해야 함. • 여론은 크게 보면 일정한 맥을 가짐.

↓

여론을 파악하는 방법

선거	여론 조사
• 가장 광범위하면서 확실하게 파악할 수 있는 방법임. • 엄청난 시간과 비용이 필요함.	• 응답자들이 당연히 옳은 듯한 항목을 답하는 경우가 있음. • 응답 문항의 구성에 따라 응답 결과가 다르게 나타남.

주제 여론을 정책에 반영하는 문제에 대한 두 관점의 차이

| 교과 연계 | 중학교 사회 ①_정치 과정과 시민 참여

1 정답 ④
핵심 내용 파악

정답 풀이 여론의 역사적 변천 과정, 즉 시간의 흐름에 따른 내용이 제시되지 않았다.

오답 풀이

① 1문단의 '여론은 어떤 쟁점에 대해 국민들이 표출한 의견'이라는 내용에서 확인할 수 있다.

② 2문단과 3문단에서 두 가지 상반된 관점을 찾아볼 수 있다.

③ 4문단에서는 여론을 파악하는 방법으로 선거와 여론 조사를 언급하고 있다.

⑤ 4문단에서는 여론 조사가 여론을 정확히 반영하는 것만은 아니라고 하였다. 응답자들이 여론 조사에서 자신의 솔직한 경험이나 판단을 표시하지 않거나 응답 문항이 어떻게 구성되어 있느냐에 따라 결과가 다르게 나타날 수 있다며 여론 조사가 지닌 문제점을 언급하고 있다.

본문 • 138~139쪽

 **DAY 20** 사회 **여론을 바라보는 두 관점**

[독해 기술 적용] ❶ 위험 ❷ 일정 / 반영

1 ④ 　 2 ② 　 3 선거는 엄청난 시간과 비용이 필요하다.

 **지문 분석**

》 한 문장으로 요약하기

❶ 문단	현대의 어떤 국가도 여론을 완전히 무시하거나 정책 결정 시 고려해야 할 사항에서 제외하지 않는다.
❷ 문단	여론을 중시하는 정책은 위험하다는 관점이 있다.
❸ 문단	여론을 정책에 반영해야 한다는 관점이 있다.
❹ 문단	여론을 파악하는 방법에는 선거와 여론 조사가 있는데 각기 다른 단점이 존재한다.

2 정답 ② ◦ 세부 내용 파악

정답 풀이 ⓐ는 여론에 대해 부정적인 관점이고 ⓑ는 여론을 반영해야 하는 지도자의 역할을 언급함으로써 여론의 긍정적 측면을 강조한 관점이다. 결국 ⓐ와 ⓑ는 여론에 대한 상반적 인식을 보여 주고 있다.

3 정답 | 선거는 엄청난 시간과 비용이 필요하다.

정답 풀이 마지막 문단의 '그러나 선거는 엄청난 시간과 비용이 필요하기 때문에, 흔히 여론 조사를 이용한다.'에 선거를 통한 여론 파악의 어려움이 나타나 있다.

어휘 완성하기
본문 · 140쪽

1 (1) 대조 (2) 사랑 (3) 순응   **2** (1) 쟁점 (2) 투시 (3) 대별 (4) 웅장   **3** (1) 표출 (2) 신빙성 (3) 공직

배경지식으로 사고력 키우기
본문 · 141쪽

✏ **논술형 문제** 예 그림 ❶은 소실점이 하나로 깊은 공간감을 강조하는 1점 투시가 사용되었다. 그리고 그림 ❷는 소실점이 두 곳에 생기는 2점 투시로 가까운 대상을 강조하고 웅장하고 넓은 느낌이 난다.

정답 풀이 투시 원근법은 시점을 한 곳에 고정하여 물체를 표현하는데, 어떤 모습을 그리느냐에 따라 소실점의 개수가 달라진다. 두 그림에 나타난 소실점의 수를 찾아보고 그로 인해 얻을 수 있는 효과를 서술한다.

채점 기준
- 각각의 그림에 있는 소실점의 수를 정확히 쓸 것.
- 소실점의 수에 따른 투시가 가진 각각의 효과를 서술할 것.
- 문장을 자연스럽게 연결하여 쓸 것.

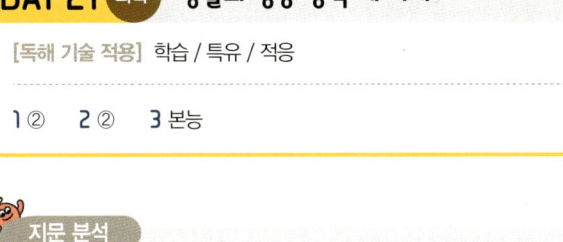

DAY 21 과학 **동물의 행동 양식 세 가지**

[독해 기술 적용] 학습 / 특유 / 적응

1 ②   **2** ②   **3** 본능

지문 분석

≫ 한 문장으로 요약하기

1 문단	동물이 환경에 대하여 하는 반응을 행동이라고 한다.
2 문단	본능은 모든 동물이 태어날 때부터 가지고 있는 행동 양식이다.
3 문단	동물의 행동은 본능만으로 설명할 수 없고 학습이 필요한 부분도 있다.
4 문단	곤충의 복잡하고 조직적 행동은 유전적으로 짜여져 있다.
5 문단	지능을 가진 동물은 협동을 통해 어떤 목적을 달성한다.

• 글의 구조 한눈에 보기

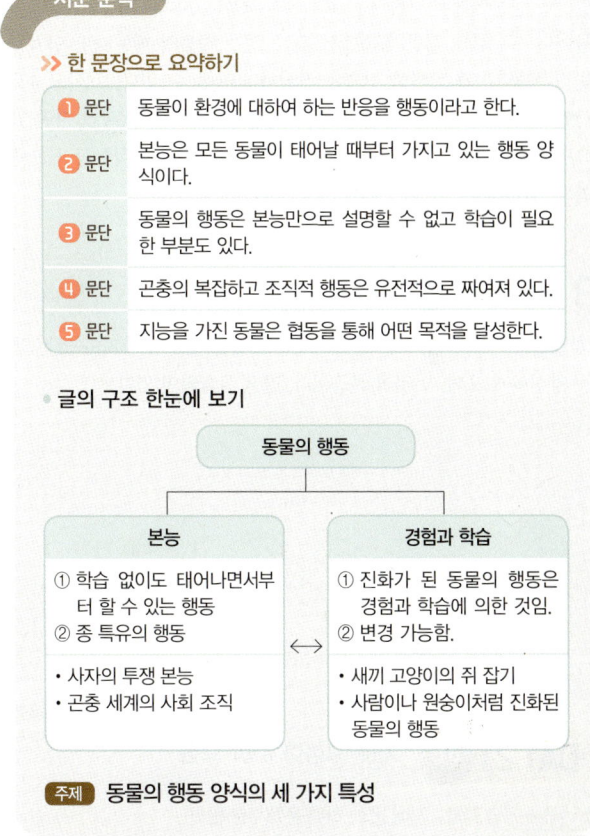

주제 **동물의 행동 양식의 세 가지 특성**

| 교과 연계 | **중학교 과학 ③_신경계**

---

1 정답 ② ◦ 세부 내용 파악 및 추론

정답 풀이 마지막 문단에서 협동적인 행동은 종 또는 서로 다른 종 사이에서 모두 발생할 수 있다고 하였다.

오답 풀이
① 어떤 동물이 주성 운동이 뛰어난지 이 글에는 언급되어 있지 않지만, 신경계가 진화한 동물일수록 고차적인 행동을 할 수 있다고 했으므로, '신경계가 발달한 동물일수록' 가장 단순한 본능적 행동인 주성 운동이 뛰어나다고 추론하는 것은 적절하지 않다.
③, ⑤ 개미나 꿀벌의 활동은 유전적으로 정확히 짜여 있는 조직적인 행동이지 학습에 의한 것은 아니다.

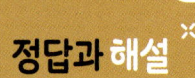

④ 지능이 높고 진화가 잘 이루어진 동물이 투쟁 본능이 강하다는 내용은 이 글을 통해 추론할 수 없다.

2 정답 ② 사례·상황의 적용

정답 풀이 페로몬을 분비하여 다른 종의 침입에 대처하는 것은 개미 특유의 행동 양식으로 이것은 일종의 본능이다. 따라서 신경계가 발달한 동물에게서 나타나는 고차적인 행동(①)이나, 지능을 가진 동물이나 포유류의 집단 행동에서 볼 수 있는 적응적 행동(③), 임기응변적 행동(④)과 관련한 진술은 적절하다고 볼 수 없다. 그리고 4문단에 따르면 곤충의 조직적인 행동(⑤)은 유전적으로 정확히 짜여 있으며 학습에 의한 영향이 아니라고 했으므로 이 또한 적절한 진술로 볼 수 없다.

3 정답 | 본능

정답 풀이 2문단에 '모든 동물에게는 태어날 때부터 가지고 있는 행동 양식이 있으며, 이것이 본능이다.'라고 서술되어 있다.

본문 • 144~145쪽

DAY 21 사회 지배 문화와 하위 문화

[독해 기술 적용] 지배 문화, 하위 문화(부분 문화)

1 ⑤   2 ②   3 문화적 다양성

지문 분석

>> 한 문장으로 요약하기

① 문단 문화적 다양성은 나라들 사이 또는 한 나라 안에서 발견되는 광범위한 문화적 차이를 일컫는다.

② 문단 한 사회의 문화는 지배 문화와 하위 문화로 구분할 수 있다.

③ 문단 지배 문화는 한 사회에서 가장 강력한 집단의 문화이고 하위 문화는 지배 문화를 가진 집단과 구별되는 가치와 규범을 가진 사람들 또는 사회 집단의 문화를 가리킨다.

④ 문단 하위 문화는 문화적 갈등을 일으키기도 하지만 그 사회의 역동성과 창의력을 나타내기도 한다.

• 글의 구조 한눈에 보기

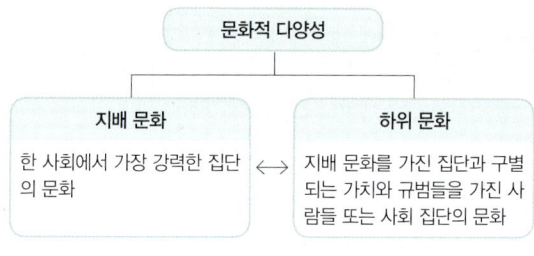

주제 지배 문화와 하위 문화

| 교과 연계 | 중학교 사회 ①_다양한 문화

1 정답 ⑤ 핵심 내용 파악

정답 풀이 이 글에서 지배 문화와 하위 문화가 상호 보완적이라는 내용은 확인할 수 없다.

오답 풀이

① 1문단의 첫 문장을 보면 '문화적 다양성은 나라들 사이 또는 한 나라 안에서 발견되는 광범위한 문화적 차이를 일컫는다.'라고 서술되어 있다.

② 4문단에 따르면 하위 문화는 문화적 갈등을 일으킨다는 점에서 부정적인 면을 가지고 있다.

③ 지배 문화와 하위 문화의 정의는 3문단에서 찾아볼 수 있다. 지배 문화는 '한 사회에서 가장 강력한 집단의 문화', 하위 문화는 '지배 문화를 가진 집단과 구별되는 가치와 규범을 가진 사람들 또는 사회 집단의 문화'를 말한다.

④ 3문단을 살펴보면, 미국의 백인이 주류 사회를 이루어 지배 문화를 형성하고, 흑인을 비롯한 유색인종 집단이 하위 문화를 갖고 있다고 예를 들어 설명하고 있다.

2 정답 ② 세부 내용 파악

정답 풀이 4문단에 따르면 문화의 다양성과 차이로 그 사회의 역동성을 나타내는 지표는 하위 문화이다.

오답 풀이

① 3문단에 따르면 지배 문화는 한 사회의 가장 강력한 집단의 문화로, 그 사회 제도들의 지원을 받으며 주요 신념 체계를 이룬다.

③ 3문단에 따르면 하위 문화는 지배 문화를 가진 집단과 구별되는 가치와 규범을 가진 사람들 또는 사회 집단의 문화이고, 4문단에 따르면 청년 문화, 노인 문화 등이 그 사회의 하위 문화를 이루기도 한다고 하였으므로, 하위 문화는 세대뿐 아니라 지역에 따라 달라지기도 한다는 것을 알 수 있다.

④ 3문단에서 예를 든 사례를 살펴보면 미국은 여러 인종이 모여 형성된 국가로, 백인이 주류 사회를 이루어 지배 문화를 형성하고, 흑인을 비롯한 유색 인종 집단은 그들과 구별되는 하위 문화를 갖는다.

⑤ 3문단에 따르면 한 사회의 전체 문화는 지배 문화와 여러 하위 문화들의 총합이라고 할 수 있다.

3 정답 | 문화적 다양성

정답 풀이 1문단의 첫 문장을 보면 '문화적 다양성은 나라들 사이 또는 한 나라 안에서 발견되는 광범위한 문화적 차이를 일컫는다.'라고 설명하고 있다.

어휘 완성하기

본문 • 146쪽

1 (1) 고유 (2) 구분 (3) 소신   **2** (1) 투쟁 (2) 재배 (3) 입각 (4) 임기응변   **3** (1) 지표 (2) 기여 (3) 주류

배경지식으로 사고력 키우기

본문 • 147쪽

✎ 논술형 문제 ㉠ 문화 동질화 현상이 나타난 예로 우리나라 사람들이 침대를 사용하는 것을 들 수 있다. 예전 우리나라 사람들은 온돌방 바닥에 이불을 깔고 덮고 잤지만, 지금은 서양처럼 침대를 사용하면서 입식 생활을 하고 있다.

정답 풀이 문화 동질화 현상의 예를 들고 그것이 전파된 이후 우리 생활이 어떻게 달라졌는가를 서술한다.

채점 기준
• 구체적인 예를 하나 제시할 것.
• 과거의 모습이 어떻게 달라졌는지를 드러낼 것.
• 문장과 문장 사이의 관계가 유기적이고 자연스러울 것.

본문 • 148~149쪽

DAY 22 기술 **물레방아의 원리**

[독해 기술 적용] ❶

1 ①   **2** ④   **3** 절구, 디딜방아, 연자방아, 물레방아

지문 분석

≫ 한 문장으로 요약하기

❶ 문단	방아란 곡식의 낟알의 껍질을 벗기거나 가루로 만들 때 쓰던 농기구이다.
❷ 문단	물레방아는 물레에 달린 바퀴와 비슷하게 생긴 바퀴를 돌리면서 곡식을 찧는 방아로 물이 떨어지는 힘을 활용하여 바퀴가 돌아가면 두 개의 공이가 번갈아 오르내리며 곡식을 찧는 원리로 작동된다.
❸ 문단	물레방아는 우리나라 고유의 자연환경과 조화를 이루도록 제작된 동력 장치로 선조들의 지혜로움을 잘 보여 주는 과학 기술 유물이다.

• 글의 구조 한눈에 보기

방아의 뜻	곡식의 낟알의 껍질을 벗기거나 가루로 만들 때 쓰던 농기구
방아의 종류	절구나 디딜방아, 연자방아, 물레방아

⬇

물레방아의 뜻	물레에 달린 바퀴와 비슷하게 생긴 바퀴를 돌리면서 곡식을 찧는 방아
물레방아의 작동법	물이 떨어져 물레의 바퀴가 돌아가면 두 개의 공이가 번갈아 오르내리며 곡식을 찧는 원리로 작동됨.

⬇

물레방아의 의의	• 우리 고유의 자연환경과 조화를 이루도록 제작된 동력 장치 • 선조들의 지혜로움을 잘 보여 주는 과학 기술 유물

주제 **물레방아의 작동 원리 및 의의**

| 교과 연계 | 중학교 과학 ①_여러 가지 힘

---

1 정답 ① ⋯⋯⋯⋯⋯⋯⋯⋯ ◎ 핵심 내용 파악

정답 풀이 이 글은 방아의 종류를 제시하며 그중 물레방아의 원리에 대해 설명한 글이다. 따라서 이 글을 통해 심화 학습을 하기 위한 주제로 적절한 것은 〈보기〉의 ㄱ과 ㄴ이다. ㄷ은 1문단에서, ㄹ은 3문단에서 이미 설명하였다.

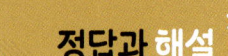

2 정답 ④　　　　　　　　　　　○ 정보 및 내용 추론

정답 풀이　물레방아와 물방아 모두 물이 높은 곳에서 떨어질수록 공이에 큰 힘이 도달한다.

오답 풀이

① 물레방아와 물방아는 모두 물을 사용하여 곡식을 찧는 장치이므로 가뭄이 든 시기에는 사용하기 어렵다.

② 물레방아는 물방아와 달리 바퀴가 있어, 바퀴가 회전하면서 공이를 움직여 곡식을 찧는다.

③ 물방아에는 공이가 한 개이지만, 물레방아는 두 개의 방아를 사용하기 때문에 두 개의 공이가 번갈아 오르내리며 효율을 높였다.

⑤ 물레방아와 물방아는 모두 많은 양의 물이 빨리 떨어질수록 공이의 찧는 속도를 높일 수 있다. 물레방아는 바퀴의 회전 속도가 빨라지며, 물방아는 공이가 오르내리는 속도가 빨라진다.

3 정답 | 절구, 디딜방아, 연자방아, 물레방아

정답 풀이　1문단에서 '방아의 종류에는 사람의 힘을 이용한 절구나 디딜방아, 소의 힘을 이용한 연자방아, 물의 힘을 이용한 물레방아 등이 있다'고 설명하였다.

DAY 22 인문　고대 이집트 파라오의 힘

[독해 기술 적용] 파라오

1 ②　　2 ①　　3 파라오는 백성과 하늘의 신들 사이의 유일한 중재자요, 하늘의 신을 모시는 제사장이었다.

 지문 분석

≫ **한 문장으로 요약하기**

1문단	파라오라 불리는 이집트의 왕들은 신적인 존재로 여겨졌으며, 스스로를 지상의 신이라 믿었다.
2문단	파라오는 백성과 하늘의 신들 사이의 유일한 중재자요, 하늘의 신을 모시는 제사장으로서, 파라오의 말 자체가 신들의 법이요 국가의 법이었다.
3문단	파라오는 우주의 질서를 지상에 실현해야 할 책임을 지니고 있었다.
4문단	파라오의 책임에는 선한 목자의 역할이 포함되어 있다.

● **글의 구조 한눈에 보기**

```
                    파라오
          ┌───────────┴───────────┐
     파라오의 권력              파라오의 책임과 역할
 파라오의 말은 모든 백성들을   • 우주의 질서를 지상에 실현
 강제할 수 있는 신들의 법이     해야 할 책임이 있음.
 요, 국가의 법이었음.         • 백성을 먹이는 선한 목자로
                            서의 역할을 지님.
```

주제　고대 이집트의 왕 파라오가 가졌던 권력과 책무

| 교과 연계 | 중학교 역사 ①_세계의 고대 문명

1 정답 ②　　　　　　　　　　　○ 핵심 내용 파악

정답 풀이　이 글은 파라오가 다른 나라 왕들에 비해 절대적 권력을 갖게 된 이유와 그의 책임, 역할에 대해 분석적으로 설명하고 있는 글이다.

오답 풀이

① 신과 파라오의 권력 분배 방법은 제시되어 있지 않다.

③ 파라오는 하늘의 신을 모시는 제사장이다.

④ 파라오가 되기 위해 갖추어야 할 역량이 아니라 책임에 대해서 서술되어 있다.

⑤ 왕에 대한 사후 평가가 이루어지는 과정은 언급되어 있지 않다.

2 정답 ① ·· ◎ 정보 및 내용 추론

정답 풀이 반란이나 혁명이 원천적으로 불가능했던 이유는 파라오의 권력이 절대적이었기 때문이다. 파라오는 신을 대신하고 모시는 신적 존재였기 때문에 왕에 대한 반역은 신에 대한 반역이었다.

3 정답 | 파라오는 백성과 하늘의 신들 사이의 유일한 중재자요, 하늘의 신을 모시는 제사장이었다.

정답 풀이 2문단의 내용을 참고하되, 제시된 문장 형태로 서술하면 된다.

어휘 완성하기

1 (1) 이삭 (2) 대체 (3) 에너지   **2** (1) 구릉성 (2) 산간 (3) 원천적
(4) 중재자   **3** (1) 옹호 (2) 목자 (3) 구현

배경지식으로 사고력 키우기

🖉 **논술형 문제** 예 파라오는 고대 이집트의 왕으로, 백성들에게 신으로 추앙받으며 절대 왕권을 가졌다. 사람이 죽어도 영혼은 남는다고 믿었던 이집트인들은 파라오가 죽으면 미라로 만들어 피라미드에 보존하였다.

정답 풀이 파라오는 신적인 존재로 추앙받으며 백성들을 다스리고, 죽은 후에도 미라로 만들어져 피라미드에 보존되었다고 한다. 제시된 단어를 모두 사용하여 파라오에 대해 설명하는 글을 서술한다.

채점 기준
• 제시된 어휘를 모두 사용할 것.
• 파라오를 설명하는 성격의 글일 것.
• 문장과 문장 사이의 관계가 유기적이고 자연스러울 것.

DAY 23 [사회] 소비자 기본법의 효용

[독해 기술 적용] ❷

1 ①   **2** ④   **3** 한국 소비자원

🌱 지문 분석

≫ 한 문장으로 요약하기

❶ 문단	소비자 기본법은 소비자와 사업자 간에 발생할 수 있는 문제를 해결하는 데 필요한 법이다.
❷ 문단	소비자는 피해를 입었을 때 사업자에게 피해 구제를 요청한다.
❸ 문단	소비자는 피해를 입었을 때 소비자 단체에 도움을 요청할 수 있다.
❹ 문단	소비자는 피해를 입었을 때 한국 소비자원에 피해 구제를 신청할 수 있다.
❺ 문단	소비자 보호는 사업자와 소비자의 불균등한 관계를 보완하고 경제 질서의 근간을 튼튼하게 하는 데 궁극적 목표를 두고 있다.

● 글의 구조 한눈에 보기

```
         소비자 기본법:
    소비자가 피해를 입었을 때 적용
```

해결 방안 ①	해결 방안 ②	해결 방안 ③
사업자에게 피해 구제를 요청	소비자 단체에 도움을 요청	한국 소비자원에 피해 구제를 요청

⬇

• 사업자와 소비자의 불균등한 관계를 보완함.
• 경제 질서의 근간을 튼튼히 함.

주제 소비자 기본법의 의미와 소비자가 피해를 입었을 때의 문제 해결법

| 교과 연계 | 중학교 사회 ①_법의 종류와 특징

1 정답 ① ·· ◎ 핵심 내용 파악

정답 풀이 이 글은 소비자 보호가 지니는 의미가 무엇이고 소비자 보호를 위한 방법에는 무엇이 있는지 설명하고 있다. 소비자 보호는 소비자가 사업자에게 보상을 요구하거나, 소비자 단체나 한국 소비자원에 도움을 요청했을 때 이루어질 수 있다. 이런 내용을 종합해 보면 정답은 ①이다.

2 정답 ④ · · · · · · · · · · · · · · · · · · · 세부 내용 파악

정답 풀이 '소비자가 어마어마한 시간과 노력을 들였다면 그것은 합리적인 보상이라 할 수 없다.'라는 말은 효율적으로 문제를 해결해야 한다는 뜻이지 소비자가 적정한 보상액을 산출할 수 있어야 한다는 말이 아니다.

오답 풀이

① 소비자 기본법은 소비자가 피해를 입게 되었을 때 적용할 수 있는 법규이므로 소비자와 사업자 간의 분쟁을 해결하는 근거가 된다.

② 현실적으로 사업자는 소비자보다 물품에 대하여 월등한 정보를 가지는데 이는 물품의 생산, 유통 등이 모두 사업자에 의해 이루어지기 때문이다. 따라서 사업자는 물품에 대한 정확한 정보를 소비자에게 제공해야 하는 책무를 지니고 있다.

③ 소비자가 피해를 입게 되었을 때, 사업자에게 피해 구제를 직접 요청하거나 소비자 단체에 도움을 요청하는 방법은 사업자가 문제 해결을 이행하고자 하는 의지가 있어야 문제가 해결될 수 있다는 의미이다.

⑤ 현실적으로 사업자와 소비자의 관계에서 소비자는 물품에 대한 정보뿐만 아니라 경제적인 측면에서도 사업자와 균등하지 못하기 때문에 소비자 보호가 이를 보완하는 역할을 한다는 것이므로 ⑤의 설명 역시 적절하다.

3 정답 | 한국 소비자원

정답 풀이 4문단을 보면 '이 두 방법은 사업자가 이행하지 않으면 효용을 발휘할 수 없다. 또 이런 방법으로 피해 보상을 받기 위해 소비자가 어마어마한 시간과 노력을 들였다면 그것은 합리적인 보상이라 할 수 없다. 그래서 마지막 방법이 필요한데, 한국 소비자원에 물품 등의 사용으로 인한 피해 구제를 신청하는 것이다.'라고 서술되어 있다. 따라서 사업자가 피해 구제 요청에 응하지 않을 경우 소비자가 피해 구제 신청을 할 곳은 '한국 소비자원'이다.

DAY 23 기술 **유기농 채소의 판별 방법**

[독해 기술 적용] 유기농 채소들이 진짜인지를 가려낼 수 없다.

1 ⑤   **2** ③   **3** 동위 원소

지문 분석

>> 한 문장으로 요약하기

1 문단	인공 비료로 키운 채소를 먹어 몸에 질소 성분이 쌓이면 건강에 좋지 않다.
2 문단	동위 원소를 사용해서 질소의 구성 비율을 조사함으로써 유기농 채소인지 인공 비료를 사용한 채소인지 구별할 수 있는 방법이 개발되었다.
3 문단	N-15의 비율을 확인하면 퇴비와 인공 비료 사용을 구별할 수 있다.
4 문단	동위 원소를 사용한 검사법은 검사 결과를 조작할 수 없고, 비용이 저렴하며 채소가 자라는 동안 어떤 단계에서도 검사가 가능하다.

● 글의 구조 한눈에 보기

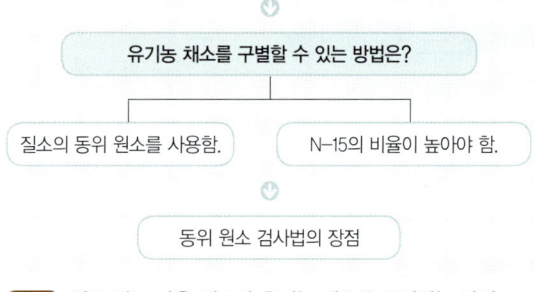

인공 비료 사용 채소와 유기농 채소의 구별이 어려움.

⬇

유기농 채소를 구별할 수 있는 방법은?

질소의 동위 원소를 사용함. / N-15의 비율이 높아야 함.

⬇

동위 원소 검사법의 장점

주제 인공 비료 사용 채소와 유기농 채소를 구별하는 방법

| 교과 연계 | 중학교 과학 ②_물질의 구성 입자

1 정답 ⑤ · · · · · · · · · · · · · · · 내용 전개 방식 파악

정답 풀이 글쓴이가 사용한 전략으로 전문가의 견해를 인용한 부분은 없다. 독일 과학자 프리츠 하버가 제시되어 있지만 그의 견해가 인용되지는 않았다.

오답 풀이

① 구체적 사례로 '옥수수'를 이야기하고 있다.

② '가벼운 원소는 무거운 원소보다 반응성이 더 좋다'는 것을 '몸이 가벼운 사람이 무거운 사람보다 활동성이 좋다'는 것에 유추하여 설명하고 있다.

44 • 똑똑 중학 국어 비문학 독해+어휘 1 기본편

③ 동위 원소 검사법은 채소가 유기농법으로 생산된 것인지 아닌지 구별해 내기 어렵다는 문제 해결을 위해 필요하다고 설명하였다.
④ '원자 번호가 같은데 무엇이 다를까?', '동위 원소로 농부가 사용한 비료가 인공 비료인지 퇴비인지는 어떻게 알 수 있을까?'와 같이 질문을 하고 답을 하는 자문자답의 형식이 쓰였다.

2 정답 ③ ⟡ 사례·상황의 적용

정답 풀이 동위 원소를 사용해서 질소의 구성 비율을 조사함으로써 유기농 채소인지 아니면 인공 비료를 사용한 채소인지 구별할 수 있는 방법인 ㉠은 여러 차례 화학 반응을 거칠수록 N-14가 많이 소모되어 N-15가 상대적으로 많아지는 현상을 이용한 것이다. 이와 유사한 원리가 적용된 사례는 젖산균의 증식을 통해 새 김치와 묵은 김치를 구별하는 ③이다.

3 정답 | 동위 원소

정답 풀이 2문단에 '동위 원소란 원자 번호에 따라 원소를 배열한 주기율표에서 같은 자리에 있는 원소라는 뜻이다.'고 한 데서 답을 알 수 있다.

본문 · 158쪽

어휘 완성하기

1 (1) 의무 (2) 구호 (3) 침해 2 (1) 효용 (2) 퇴비 (3) 조작 (4) 근간 3 (1) 배치 (2) 비치 (3) 소실

본문 · 159쪽

배경지식으로 사고력 키우기

✏️ **논술형 문제** 예 사회법은 근로자의 임금 체불 등의 나쁜 근로 환경, 기업 독점이나 빈부 격차의 심화 등 각종 사회 문제가 발생함으로 인해 그 필요성이 대두되면서 등장하게 된 것이다.

정답 풀이 제시된 그림은 근로자의 열악한 근로 환경, 기업의 독점, 빈부 격차의 심화를 나타낸 것이다. 사회법은 개인의 자유로운 경제 활동이 보장되는 과정에서 여러 문제점이 드러나자 국민의 사적 생활 영역에 국가 개입이 필요하다는 의견이 모아져서 만들어졌다.

채점 기준

• 제시된 그림을 예로 들며 사회법 등장 이유를 서술할 것.
• 두 가지 이상 예를 들어 서술할 것.

본문 · 160~161쪽

DAY 24 과학 별의 탄생과 성장 그리고 소멸

[독해 기술 적용] 글로뷸 / 아기별 / 청년별 / 적색 거성 / 블랙홀

1 ② 2 ⑤ 3 블랙홀

😊 지문 분석

≫ 한 문장으로 요약하기

❶ 문단	별들 사이의 공간에 성간 물질이 모인 것이 성간운이다.
❷ 문단	밀도가 매우 높아진 성간운이 바로 별 탄생의 모체가 되는 글로뷸이고, 글로뷸의 내부 온도가 올라가 아기별이 된다.
❸ 문단	아기별이 핵융합 반응을 통해 스스로 빛을 내는 청년별로 변신하고, 청년별은 내부 수소 핵융합 반응에 의해 밝은 빛을 낸다.
❹ 문단	별의 내부에 있던 수소 연료가 떨어지면 별은 적색 거성 혹은 거성이 되고, 이후 백색 왜성, 중성자별로 일생을 마감하거나 블랙홀이 된다.

• 글의 구조 한눈에 보기

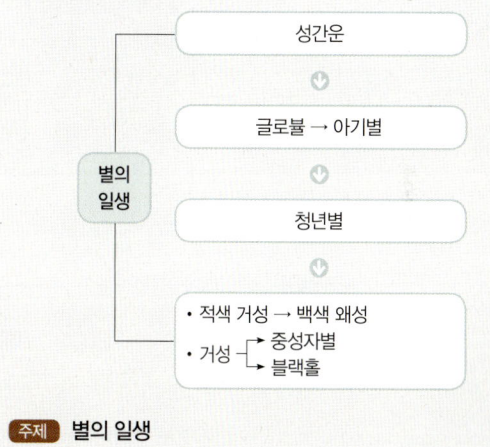

주제 별의 일생

| 교과 연계 | 중학교 과학 ②_활동하는 태양

1 정답 ② ⟡ 세부 내용 파악

정답 풀이 2문단에 따르면 글로뷸이 형성되면 덩어리는 급속히 작아지고 기체가 안으로 몰려들어 밀도는 점차 증가한다. 그리고 그에 따라 부피가 더욱 작아지고, 내부 온도는 올라간다고 하였다. 즉 아기별(㉴)은 글로뷸(㉰)의 부피가 작아졌을 때 생긴다.

오답 풀이
① 성간 물질이 모인 것이 성간운인데, 성간운 중에서도 밀도가 높아진 성간운이 글로뷸이 된다는 것을 2문단에서 확인할 수 있다.

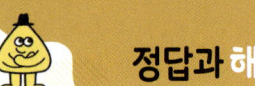
③ 아기별의 내부에서 수소가 헬륨으로 변하는 핵융합 반응이 일어나 수축하는 것을 멈추면 청년별로 변한다는 것을 3문단에서 확인할 수 있다.

④ 아기별이 수축하는 것을 멈추면 스스로 빛을 내는 청년별로 변신한다는 3문단의 내용에서 확인할 수 있다.

⑤ 청년별은 내부의 수소 핵융합 반응에 의해 밝은 빛을 낸다는 3문단의 내용과 질량이 태양과 비슷한 별은 내부에서 더 이상 핵융합 반응을 일으키지 못하고 적색 거성이 되었다가 백색 왜성으로 일생을 마감한다는 4문단의 내용에서 확인할 수 있다.

2 정답 ⑤ 　　　　　　　　　　　정보 및 내용 추론

정답 풀이 ㉠'백색 왜성'은 적색 거성이 변화한 것이다. 거성이 새로운 핵융합 반응을 일으킨 후에 만들어지는 것은 ㉡'중성자별'과 ㉢'블랙홀'이다.

3 정답 | 블랙홀

정답 풀이 마지막 문단을 참고하면 '별의 질량이 태양의 30배 이상 되는 큰 별은 더 수축되어 빛마저 빠져나올 수 없는 블랙홀이 된다.'는 내용을 확인할 수 있다.

본문 • 162~163쪽

DAY 24 기술　비누로 때를 제거하는 과정

[독해 기술 적용] 안쪽 / 바깥 / 공 / 친수성 / 꼬리

1 ①　　2 ③　　3 비누 분자가 친수성과 소수성을 모두 가지고 있기 때문이다.

지문 분석

〉〉 한 문장으로 요약하기

1 문단　물로 손을 씻을 때 잘 없어지지 않는 오염 물질은 소수성을 지닌 경우이다.

2 문단　비누가 때를 제거하는 원리는 비누 분자의 구조와 관련이 깊다.

3 문단　비누 분자의 머리 부분은 친수성, 꼬리 부분은 소수성이다.

4 문단　옷에 묻은 오염 물질이 제거되는 과정을 살펴보면 비누 분자는 물 분자와 오염 물질을 연결하는 다리 역할을 한다.

● **글의 구조 한눈에 보기**

소수성과 친수성의 성질

⬇

친수성과 소수성을 모두 갖춘 비누 분자

⬇

비누 분자의 구조

⬇

오염 물질이 제거되는 과정

주제　**비누로 때를 제거하는 과정**

| 교과 연계 | 중학교 과학 ②_물질의 구성 입자

1 정답 ①　　　　　　　　　　　내용 전개 방식 파악

정답 풀이 이 글은 세탁 시에 비누가 때를 제거하는 원리가 무엇인지를 오염 물질이 제거되는 과정을 통해 설명하고 있다.

2 정답 ③　　　　　　　　　　　세부 내용 파악

정답 풀이 심하게 오염된 옷의 물세탁이 불가능하다는 내용은 이 글에 언급되어 있지 않다.

오답 풀이

① 비누 분자의 머리 부분은 친수성 부분으로 물과 강하게 결합한다.

② 비누 분자의 머리 부분은 친수성, 꼬리 부분은 소수성이다.

④ 1문단을 참고하면 친수성을 지닌 오염 물질은 물로 씻으면 쉽게 제거가 가능함을 알 수 있다.

⑤ 4문단에 따르면 비누 분자에 의해 둘러싸인 오염 물질은 물리적인 힘을 가하면 섬유에서 떨어져 나온다고 하였다.

3 정답 | 비누 분자가 친수성과 소수성을 모두 가지고 있기 때문이다.

정답 풀이 2문단 마지막 문장에서 '비누가 때를 제거하는 원리는 비누 분자의 구조와 관련이 깊다.'고 설명하고, 3문단에서 이러한 비누 분자는 친수성과 소수성 부분을 함께 가지고 있다고 하였다.

본문 • 164쪽

어휘 완성하기

1 (1) 마무리 (2) 조직 (3) 연합 **2** (1) 팽창 (2) 밀도 (3) 질량 (4) 친수성 **3** (1) 수축 (2) 정화 (3) 소수성

본문 • 165쪽

배경지식으로 사고력 키우기

🖋 **논술형 문제** 예 과학자들이 태양의 활동을 연구하는 데 많은 노력을 기울이는 이유는 지구가 태양의 활동에 영향을 받기 때문이다. 태양 활동이 활발해지면 그 영향으로 지구 자기장이 갑자기 크게 변하거나 무선 통신 장애, 인공위성 고장, 대규모 정전과 같은 현상이 나타날 수 있다.

정답 풀이 제시된 글을 통해 태양의 활동이 무엇인지를 파악하고, 그 영향을 이해한 뒤 발문에서 언급한 조건에 맞춰 서술한다.

채점 기준
• 태양의 활동이 지구에 미치는 부정적 영향을 근거를 들어 서술할 것.
• 문장과 문장 사이의 관계가 유기적이고 자연스러울 것.

본문 • 166~167쪽

수능형 어휘 TEST

1 ② **2** ① **3** ④ **4** ①

1 정답 ②

정답 풀이 '사업자가 이행하다'의 '이행'은 '행하기 쉬움.'의 이행(易行)이 아니라 '실제로 행함.'의 뜻을 지닌 '이행(履行)'이다.

2 정답 ①

정답 풀이 조치는 '벌어지는 사태를 잘 살펴서 필요한 대책을 세워 행함. 또는 그 대책.'의 뜻이다. 따라서 '대책'과 가장 비슷하다.

3 정답 ④

정답 풀이 ㉠'발달'의 의미는 '학문, 기술, 문명, 사회 따위의 현상이 보다 높은 수준에 이름.'을 의미한다. 따라서 학문의 '발달'과 문맥적 의미가 가장 가깝다고 볼 수 있다.

오답 풀이
①, ⑤ '신체, 정서, 지능 따위가 성장하거나 성숙함.'에 해당한다.
②, ③ '지리상의 어떤 지역이나 대상이 제법 크게 형성됨. 또는 기압, 태풍 따위의 규모가 점차 커짐.'의 뜻이다.

4 정답 ①

정답 풀이 ⓐ의 '일으키다'는 '물리적이거나 자연적인 현상을 만들어 내다.'의 의미이다. 그런데 ①의 '일으키다'는 '무엇을 시작하거나 흥성하게 만들다.'의 뜻이다.

오답 풀이
② ⓑ의 '나타내다'는 어떤 일의 결과나 징후를 겉으로 드러내는 것으로 공부한 결실이 나타나는 것과 그 의미가 비슷하다고 볼 수 있다.
③ '쥐를 잡다'와 '물고기를 잡다'의 '잡다'는 '붙들어 손에 넣다.'의 뜻이다.
④ '목장을 경영하다'와 '기업을 경영하다'의 '경영하다'는 '기업이나 사업 따위를 관리하고 운용하다.'의 뜻이다.
⑤ '지능이 높다'와 '시청자들의 수준이 높다'의 '높다'는 '품질, 수준, 능력, 가치 따위가 보통보다 위에 있다.'의 의미이다.